Peter Schellenbaum:
Abschied von der Selbstzerstörung
Befreiung der Lebensenergie

Deutscher
Taschenbuch
Verlag

Von Peter Schellenbaum
sind im Deutschen Taschenbuch Verlag erschienen:
Die Wunde der Ungeliebten (35015)
Das Nein in der Liebe (35023)
Gottesbilder (35025)
Tanz der Freundschaft (35067)
Homosexualität im Mann (35079)
Nimm deine Couch und geh! (35081)

Ungekürzte Ausgabe
1. Auflage April 1990 (dtv 15078)
7. Auflage Februar 1995: 55. bis 60. Tausend
Deutscher Taschenbuch Verlag GmbH & Co. KG, München
© 1987 Kreuz Verlag, Stuttgart
ISBN 3-7831-0854-3
Umschlaggestaltung: Boris Sokolow
Gesamtherstellung: C. H. Beck'sche Buchdruckerei,
Nördlingen
Printed in Germany · ISBN 3-423-35016-4

Das Buch

»Warum entartet Lebenslust oft zur Todessucht, Selbstschöpfung zur Selbstzerstörung?« lautet die Frage, die sich Peter Schellenbaum stellt, und: »Wie können wir unsere negativen Vorstellungen loswerden?« Ursache des Zerstörerischen im einzelnen Menschen wie auch in der heutigen Gesellschaft ist, so Schellenbaum, die Todesfurcht. »Es ist die Angst des Individuums vor seiner Auflösung, die es in selbstzerstörerisches Verhalten treibt, und es ist dieselbe Todesangst, die uns über andere Mitmenschen Macht ausüben und Machtstrukturen in der Politik unterstützen läßt.« Die Erkenntnis unserer eigenen Verwundbarkeit und Sterblichkeit versetzt uns in Panik, und wir richten die Abwehr destruktiv gegen uns selbst und gegen andere.
Einen Ausweg sieht Schellenbaum nicht allein in der Analyse der zerstörerischen Tendenzen, sondern in dem, was er auf den Begriff der »Psychoenergetik« bringt. Im Gegensatz zur Psychoanalyse kommt es hier darauf an, »den Fluß der Lebensenergie in sich selbst und in anderen zu spüren«. Menschen, die das Leben ein Leben lang vermeiden, die sich verschließen und anderen gegenüber abblocken, will Schellenbaum helfen, indem er ihren seelischen Kraftquell wieder freilegt. Der Leser nimmt anhand vieler Beispiele an solchen Heilungsprozessen teil, und so wird der Blick dafür geschärft, wovon Abschied zu nehmen sich lohnt, um es gegen Lebendiges einzutauschen.

Der Autor

Peter Schellenbaum wurde am 30. April 1939 geboren. Nach dem Studium der Theologie absolvierte er eine Ausbildung zum Psychoanalytiker. 1992 gründete Schellenbaum sein Institut für Psychoenergetik im Tessin. Er veröffentlichte u. a. ›Das Nein in der Liebe‹ (1984), ›Die Wunde der Ungeliebten‹ (1988), ›Tanz der Freundschaft‹ (1990), ›Homosexualität im Mann‹ (1991), ›Nimm deine Couch und geh!‹ (1992).

Inhalt

»Wird auch aus diesem Weltfest des Todes,
auch aus der schlimmen Fieberbrunst,
die rings den regnerischen Abendhimmel entzündet,
einmal die Liebe steigen?«
(Thomas Mann, Der Zauberberg)

Erster Teil
Einstimmung

1 Können wir ohne Selbstzerstörung leben?

Ohne Zweifel: wir *möchten* ohne Selbstzerstörung leben. Mehr als in früheren Zeiten tun wir zu unserer Selbstentfaltung. Wir streben immer längere Erholungspausen zwischen den Arbeitszeiten an. Häufige Kurzferien sollen die Fristen zwischen den eigentlichen Ferien erträglicher machen. Therapiegruppen zur kreativen Selbstverwirklichung haben seit Jahren Hochkonjunktur. Sport fördert die körperliche, Fortbildung die geistige Kondition. Auch politisch wurde noch nie so viel unternommen, um die Menschen vor der drohenden kollektiven Selbstzerstörung zu bewahren, könnte diese doch in einer atomaren Katastrophe oder einer kaum mehr zu heilenden Umweltpest globale Ausmaße annehmen.

Viele von uns haben das Gefühl, mit all dem das Richtige und gleichzeitig das Verkehrte zu tun, nicht zu wenig zu unternehmen, sondern alles irgendwie falsch anzugehen, auf dem Platz zu treten, so zu tun als ob, unehrlich zu sein, obwohl sie sich ehrlich bemühen, unecht, obgleich die Not sie drängt, am falschen Ort zu strampeln, statt auf der richtigen Spur vorwärts zu gehen. Sie ahnen, daß der Rummel um die Selbstverwirklichung wenig mit »*Selbstschöpfung*«, Neuschöpfung des eigenen Lebens zu tun hat.

Wollen wir wirklich ohne Selbstzerstörung leben? Viel Widersprüchliches ist in unserem Drang nach Selbstverwirklichung. Indem wir in kürzeren Arbeitszeiten ebensoviel leisten möchten wie früher in längeren, fallen wir aus unserem natürlichen Rhythmus und machen uns genußunfähig. Indem wir immer mehr Wissen speichern, geraten wir in seelische Unbeweglichkeit. Wir trimmen unseren Körper in sportlichen Techniken, fördern aber dabei statt Lockerung und Wohlgefühl Zwang und Disziplin. Politisch hat sich die allgemeine menschliche Schwäche, den Andersdenkenden zum Bösewicht und Sündenbock zu stempeln, durch die Ideologie von zwei gegensätzlichen Weltblöcken ins Ungeheuerliche und Unheimliche gesteigert. Und nach dem Ölschock fließt das Öl reicher denn je, obschon das unwiderrufliche Ende der Ölressourcen auf der

Erde bevorsteht und die Wälder bei zunehmender Luftver-
schmutzung dahinsiechen. Atomkraftwerke zur Erzeugung
von Energie werden gebaut, doch spätestens seit Tschernobyl
wissen wir um ihr Zerstörungspotential.

Unzählige Male wurden und werden ähnliche Überlegungen
angestellt. Daher stellt sich die Frage, ob wir tatsächlich ohne
Selbstzerstörung leben *können*, obwohl wir es natürlich *möchten*. Ist unser *Wollen* zu sehr *gespalten*? Ist in uns Selbstzerstörung ein ebenso mächtiger Trieb wie Selbstentfaltung? Todeslust ebenso unbändig wie Lebens- und Liebeslust? Ist die Anfälligkeit für Krankheit, Zerwürfnis, Krieg, Feuersbrünste der
Leidenschaften und Feindschaften, Rodungen und Ausrottun-
gen nicht seit eh und je wie ein Selbstmordprogramm in der
menschlichen Anlage vorgesehen?

Der allgemeine Hinweis auf die Todesdimension des Lebens,
also auf das universale Gesetz von »Stirb und werde«, ist keine
Antwort auf diese Fragen. Wäre sie es, könnte dieses Buch
ungeschrieben bleiben. Sicher: wir sterben, solange wir leben.
Im Körper findet zur Aufrechterhaltung des Lebens ein ständiger Verbrennungsprozeß statt. Damit das Leben nicht zu toten
Formen gerinnt, sind wir zu Abschied und Aufbruch gedrängt.
In der Hingabe an das Leben lassen wir Überlebtes los und
ergreifen noch Ungelebtes. Zerstörung und Schöpfung sind die
beiden Gesichter des Lebens und der Welt überhaupt. Doch
dies ist nicht das Problem, das mich beschäftigt.

Leben, das sich im eigenen Vollzug verzehrt, ist keine Selbstzerstörung. Diese hat mit unserer Anfälligkeit zu tun, *den Tod
vom Lebensganzen zu isolieren,* also Leben zu zerstören nicht
um einer Neuschöpfung, sondern um der Zerstörung willen,
das Leben zu verweigern, statt es zu fördern. Daher grenze ich
die Fragen so ein: Warum überschießt Aggression oft in blind-
wütige Destruktivität? Warum *entartet* Lebenslust oft zur Todessucht, Selbstschöpfung zur Selbstzerstörung? Die negative
Dynamik, die in diesen Fragen zutage tritt, ist die tiefste Ursache aller psychischen Störungen.

Für Erich Fromm ist Aggression »eine Sicherheitsmaßnahme,
die dem eigenen Leben dienen soll und nicht gegen den Mitmenschen gerichtet ist. Destruktivität hingegen ist ein erworbe-
ner Zug, der dem Menschen nicht angeboren ist.«[1] Ist dem so?

Ist die überschießende Destruktivität, die das Leben zurückdrängt und den Tod verabsolutiert, nicht dem Menschen als Anlage mitgegeben, vorgebildet in Erdbeben, Vulkanausbrüchen, Seuchen auch in der Welt der Pflanzen und Tiere? Wie kommt es, daß sich der Mensch Bedingungen schafft, in denen die belebende Aggression regelmäßig in todbringende Zerstörung umschlägt und die ersehnte Wandlung in faktische Selbstzerstörung degeneriert? Wie kommt es, daß wir auf Schicksalsschläge wie Krankheit und schwere Verluste oft mit zerstörerischen Ausschlägen und neurotischen Überlagerungen reagieren? Selbstzerstörung entspricht offenbar einer natürlichen Disposition des Individuums, unter gewissen belastenden Umständen, die wir beleuchten werden, den Tod aus dem Erfahrungszusammenhang mit dem Leben zu reißen, bis die Todessucht zum einzigen Lebensgefühl wird. Wir neigen dazu, uns von Schicksalsschlägen so absorbieren zu lassen, daß wir dabei das Gespür für den Lebensfluß verlieren, der sich zu einem neuen, noch unbekannten Ort verlagert hat. Das muß nicht sein. Auch unter schwierigen individuellen und kollektiven Umständen können wir lernen, selbstzerstörerische Reaktionen wenigstens zum Teil in Lebensprozesse zu wandeln. Das zu zeigen ist mein Anliegen.

Im alten China, wo die ausgewogene Lebensweise mit dem Ziel des Wohlbefindens und der Langlebigkeit mit Sorgfalt bedacht und gepflegt wurde, galt eine perfekte Gesundheit als illusorisch und bildete daher auch nicht das höchste Ziel des Patienten und des Arztes.[2] Auch der leidvolle Verlust von uns nahen Menschen durch Trennung oder Tod ist an sich nichts Destruktives. Und doch kann er zu selbstzerstörerischen Reaktionen wie quälenden Schuldgefühlen, selbstzerfleischendem Streß, Alkohol- und Drogensucht, sogar Suizid verleiten. Ebenso können gesunder Streit zwischen Lebenspartnern in haßerfüllte Rivalität und politische Meinungsverschiedenheiten in ideologische Spaltungen ausufern.

Unsere Bereitschaft zu selbstzerstörerischen Reaktionsweisen hat mit verkehrten, unrealistischen Vorstellungen zu tun. Wir neigen dazu, in den leidvollen Wechselfällen des Lebens eine unheimliche, sinnlose, isolierte zerstörerische Kraft am Werk zu sehen. Und da wir sie so sehen, steigern sich auch erträgliche Übel ins Unerträgliche: Grübelzwang macht das Kopfweh schlimmer, als es ursprünglich war, und harmloser Streit wird zum bösartigen Zwist. Für unsere Erfahrung ist der Übergang von lebensfördernder Aggression zu lebensfeindlicher Destruktivität, von der natürlichen Dämpfung unseres Lebensgefühls bei Schicksalsschlägen und Krankheit zur aktiv angestrebten Selbstzerstörung oft fließend. Es scheint uns unmöglich, alles Selbstzerstörerische in der Hingabe an das Leben zu binden. Es bleibt ein entscheidender Rest, ein entscheidendes Übermaß an unnützer Zerstörung, die wir nicht in den Dienst einer Wandlung stellen können. Jeder Mensch, der einmal schwer krank war, weiß um den gefährlichen Hang, im Leiden schon den Tod und nicht mehr das Leben am Werk zu sehen, sich von einem »bösen« Organ abzuspalten, statt mit ihm Freundschaft zu schließen.

Unsere Verwundbarkeit und Sterblichkeit kann uns in solche Panik treiben, daß wir uns selbst und anderen gegenüber bösartig werden. Die unvermeidbaren Abweichungen vom unwirklichen Ideal einer perfekten Gesundheit, einer perfekten Partnerschaft, einer funktionierenden Politik verführen uns zu unruhiger Spannung und halluzinatorischer Vorwegnahme der totalen Katastrophe. Wir werden zu Soldaten, die panisch in den feindlichen Kugelhagel hineinlaufen. Wenn die Spannung zwischen Lebenswunsch und Todesbedrohung zu groß wird, überlassen wir uns leicht der gefürchteten Gefahr.[3]

Die Ursache für Zerstörung und Selbstzerstörung des Menschen ist nicht allein im pathologischen Befund einer destruktiven und todessüchtigen Gesellschaft und einiger Individuen zu sehen, die durch entsprechende Kindheiterfahrungen besonders verdorben wurden. Die Antwort auf die Frage nach der Ursache von Zerstörung und Selbstzerstörung muß umfassender angesetzt werden. Was ist es, das den Menschen seit eh und je immer wieder dafür anfällig macht, in entscheidenden Momenten selbstzerstörerisch zu reagieren? Warum sind nicht nur einige auffällige Psychopathen, die wir gerne als seelisch krank absondern möchten, sondern wir alle davon betroffen? Warum tritt die Selbstzerstörung nicht nur in besonders auffallenden Symptomen einiger weniger zutage, sondern auch in den schleichenden Gefühlen der Langeweile, Unruhe, Sinnlosigkeit und

Angst vieler? Wie können wir unsere negativen Vorstellungen loswerden und das Zerstörerische da klar erkennen, wo es wirklich am Werk ist?

Auf diese Frage zu antworten und einen Lernprozeß zur Eindämmung und Überwindung der Selbstzerstörung aufzuzeigen ist das Anliegen dieses Buches. Es ist die Angst des Individuums vor seiner Auflösung, die es in selbstzerstörerisches Verhalten treibt, und es ist dieselbe Todesangst, die uns über andere Mitmenschen Macht ausüben und Machtstrukturen in der Politik unterstützen läßt. Weil es sich um eine Angst des einzelnen handelt, richte ich mich an diesen. Doch da sich die Todesangst des einzelnen im gesellschaftlichen Kollektiv durch Resonanz verstärkt, werde ich die Erfahrungsbrücke von der Todesangst zur heutigen gesellschaftlichen Realität schlagen, zum Beispiel zur Destruktivität, die im Widerspruch zwischen der Abrüstungs- und der Abschreckungspolitik zum Ausdruck kommt. Gleichzeitig werde ich einen Weg aufzeigen, auf dem wir die Energie, mit der wir uns selber zerstören, zum Teil aus der Isolierung lösen, in die Richtung des Lebens leiten und unserem Entwicklungsfluß anschließen können.

Dieser Weg ist ein *Erfahrungsweg*, den ich selber ging und gehe und den andere mit mir gegangen sind und gehen, ein Erfahrungsweg, den mit mir zu gehen ich auch Sie einlade. Der Erfahrungscharakter macht dieses Buch nicht unwissenschaftlich. Im Gegenteil: keine Wissenschaft kann sich mehr erlauben, den beschreibenden Beobachter aus dem beschriebenen Prozeß auszuklammern. Wir sind daran, Abschied von einem Wissenschaftsideal zu nehmen, das als höchstes Ziel die Objektivität hat. Nichts ist subjektiver als die um jeden Preis erzwungene Objektivität, weil das betrachtende Subjekt seiner Grenzen und Bedingtheiten dabei unbewußt bleibt.

Selbstzerstörung ist einem *Kristall* vergleichbar mit einem zentralen *Grundmuster* – die Angst vor der Todesdimension, das heißt vor dem Leben als Bewegung und Wandlung – und *vielen Facetten*. Facetten sind geschliffene Flächen eines Kristalls oder Glases. Um das Grundmuster zu begreifen, müssen wir das Kristall in die Hand nehmen, umgreifen, sorgfältig und aufmerksam drehen – einmal in die eine, dann in die andere Richtung und wieder in eine neue Richtung, darauf etwas zurück und beim schon Betrachteten mit neuem Blick verweilen und so weiter. Zuviel Systematik würde eine umfassende Einsicht in das Wesen der Selbstzerstörung beeinträchtigen. Auch würde dies meiner Methode, nämlich der *Psychoenergetik*, wie ich sie erklären werde, widersprechen. Diese folgt dem natürlichen Fluß der Emotionen, Gedanken, Dinge und kommt auf Wegen, die sich dem Gelände anschmiegen, zu einer sonst nicht erreichbaren Vollständigkeit. Vor allem kann das Grundmuster eines Kristalls nur als Ganzes erforscht werden. So werde ich meine einzelnen Untersuchungen der verschiedenen Formen von Selbstzerstörung immer auf deren Grundmuster beziehen. Ich verwende absichtlich das mit positiven Assoziationen verbundene Bild des Kristalls für die negative Tatsache der Selbstzerstörung. Denn je unvoreingenommener wir diese betrachten, desto mehr wandelt sie sich in schöpferisches Leben.

Nach dem ersten Teil, in dem es im Anschluß an dieses einführende Kapitel zunächst um die Schilderung von persönlichen Erfahrungen, die mich zum Schreiben dieses Buches gedrängt haben, und dann um den Weg der Psychoenergetik geht, werde ich im zweiten Teil die wichtigsten Facetten der Selbstzerstörung beleuchten, im dritten Teil versuchen, Ihnen den Abschied von der Selbstzerstörung durch eine erotische Einstellung näherzubringen, und zum Schluß die heilende Erfahrung von der Ruhe in der Bewegung schildern, in der Leben und Sterben eins werden und für die Selbstzerstörung immer weniger Raum bleibt. Um Ihren Erfahrungsfluß zu beleben, werde ich Ihnen außerdem in allen Teilen des Buches Geschichten erzählen.

Ich schrieb, daß Menschen seit jeher für selbstzerstörerische Verhaltensweisen anfällig waren. Doch nehmen diese heute zweifellos zu. Wahrscheinlich fühlte sich das Individuum noch nie so fremd in seiner Welt wie heute. In den vielen von mir analysierten Träumen werden für mich die Ohnmachtsgefühle vieler Menschen angesichts übermächtiger Bedrohungen am greifbarsten. Im Wachzustand verdrängen wir leicht den enormen Umfang der Gefahr. Doch das Verdrängte brodelt im Untergrund. Wir fühlen und verhalten uns wie in permanenter Notwehr. Die Zunahme des sogenannten Narzißmus ist zu einem wichtigen Teil auf unsere zunehmende Fremdheit in der

Welt zurückzuführen, in der der einzelne wie in einem Gefängnis steckt. Ein tragisches Leiden am Selbst drückt die Menschheit. Das aus Angst vor der Weltsituation sich isolierende und einspinnende Individuum verliert den Kontakt zu seiner Lebendigkeit. Es gibt keine Identität ohne das Gefühl strömender Verbindung zur Welt. Wenn dieses fehlt, befinden wir uns in einer ängstlich abwartenden und das Schlimmste erwartenden Unbeweglichkeit. Wir schützen uns vor dem schwelenden Feuer um uns her, indem wir unser Herz zu Eis gefrieren lassen.

Daher ist die Frage, die ich vorangestellt habe – der letzte Satz aus Thomas Manns Roman ›Der Zauberberg‹ –, auch für diese Jahre um die Jahrtausendwende von größter Dringlichkeit. Zwar wütet keine offene Feuersbrunst wie im Ersten Weltkrieg um uns her. Doch die Bedrohung ist umgreifender, auswegloser, fataler geworden. Uns unter diesen Umständen in offener Lebendigkeit zu entfalten und mit der Welt zu verbinden, erfordert einen hohen Grad an Bewußtheit.

In unserer permanenten Bedrohungsangst können wir nicht mehr zwischen überflüssigem und notwendigem Leiden unterscheiden. Das überflüssige Leiden hindert uns daran, das notwendige zu bewältigen.[4] Die Vernichtungsangst erschwert es uns, unvermeidbares Leiden, etwa eine Krankheit, eine Trennung oder eine mit dem Einsatz aller Kräfte verbundene Aufgabe, oder einen notwendigen Streit als sinnvollen Prozeß anzunehmen und zu durchleben. Wir haben Mühe, die Zerstörung auf ihr natürliches Maß zu reduzieren, weil uns die ganzheitliche Erfahrung des verbindenden Lebensflusses oft fehlt. Wir wollen den Tod vermeiden und sterben vor der Zeit, in jedem Augenblick.

Erfahren, was Leben heißt, bedeutet auch: eigene Fehler, Abweichungen von der Lebensbewegung, destruktive Ausschläge in sinnlose Wut oder bodenlose Trauer nicht mehr als dunkle Bestätigung eines bösen Schicksals zu verkennen, sondern daraus zu lernen. Ohne solche Abweichungen und Fehler gibt es kein Leben.

Ich glaube nicht, daß sich die Grundformen menschlicher Selbstzerstörung heute im Gegensatz zu früher wesentlich geändert haben. Doch bekommen sie eine neue, weltumspannende Bedeutsamkeit und Resonanz. Der einzelne ist sowohl in seinem Lebensschwung als auch in seinem Todeswahn von denselben Lebens- und Todesmustern bewegt, wie sie auch in der Gesellschaft als Ganzes herrschen. So kann die Destruktivität eines einzelnen zur Metapher der Destruktivität in der Gesellschaft werden. Ein Alkoholiker etwa, der versucht, durch Trinken seinen »unerträglichen Gefühlen des Schmerzes, der Angst und der Frustration zu entfliehen«[5], ist gleichzeitig Metapher einer Gesellschaft, in der menschlichen Gefühlen kein Wert zugemessen wird und die wie eine tote Maschine funktioniert.

Das Thema dieses Buches lautet: ›Abschied von der Selbstzerstörung‹. Sogar die Selbstzerstörung kann zu einer Art kalter Heimat werden. Da viele sich nicht anders als mit diesem Stück trügerischer Heimat kennen, zögern sie, vom Bekannten Abschied zu nehmen und es gegen das Unbekannte einzutauschen. Ihr heimliches Argument lautet: »Ich habe damit bis heute gelebt. Folglich kann man damit leben. Wer weiß, ob man auch anders leben kann. Und ich will nicht sterben.« Mit diesem Widerstand können sie das Leben ein Leben lang vermeiden.

Im Gegensatz zu solchen ängstlichen Menschen nehmen heute viele einzelne Abschied von Zerstörung und Selbstzerstörung. Dabei geht es um ein menschheitliches Anliegen, das ich mit diesem Buch bewußter machen möchte.

Als Autor, der über die Wandlung der Selbstzerstörung in Lebensprozesse schreibt, möchte ich nicht in koketter Schamhaftigkeit meinen eigenen Erfahrungshintergrund verbergen. Seelische Entwicklung beruht auf der belebenden Ansteckung. Daher teile ich mich Ihnen im Rahmen unseres Themas freimütig mit, nicht um mich zur Schau zu stellen und Ihre Neugierde zu befriedigen, sondern um einen wirklichen Dialog zu ermöglichen und vielleicht ähnliche Erfahrungen bei Ihnen zu verstärken. Daher möchte ich Ihnen von drei Kernerfahrungen berichten, in denen ich gewandelt wurde, und drei Autoren vorstellen, deren Zusammenwirken zur Entstehung dieses Buches beigetragen hat.

Die *drei Kernerfahrungen* beziehen sich alle auf ein und dasselbe Ereignis, nämlich auf die plötzliche körperliche und seelische Erschütterung, die ich aufgrund einer schweren notfallmäßigen Operation am 8. Januar 1985 erlitt. Es galt als unwahrscheinlich, daß ich die Operation überlebte und daß ich, falls ich sie überlebte, in geistiger Gesundheit erwachte, war doch mein Gehirn drei Stunden lang unterkühlt und lag ich doch drei Tage im Koma. Seither weiß ich um meine Verwundbarkeit, Hinfälligkeit, Sterblichkeit. Seither ist jeder Augenblick für mich gleichzeitige Schöpfung und Zerstörung, Aufbruch ins Leben und Abschied vom Leben. Dies mag pathetisch klingen, aber im Schreiben dieser Zeilen fühle ich mich ganz nüchtern. Ich notierte die drei Kernerfahrungen im Krankenhaus, sobald ich wieder schreiben konnte. Diese Notizen habe ich jetzt vor mir.

Als ich aus dem Koma erwachte, wurde mir bald eine intensive Traumvision bewußt, die ich wohl hatte, als ich noch an die Herz-Lungen-Maschine angeschlossen war. Ich befand mich nachts mitten im Urwald, wie neun Jahre zuvor, als ich eine Nacht in einer Blockhütte im Urwald Guatemalas verbrachte. Wie damals, doch jetzt im Traum, hörte ich durchdringendes, alles ausfüllendes Affengekreische, das in stets gleichem Rhythmus einsetzte, nach einer Zeitspanne plötzlich aussetzte und einer absoluten Stille Platz machte, um wie aus unendlicher Zeitlosigkeit heraus plötzlich und unerwartet wieder einzusetzen, und so unzählige Male. Sicher wurde diese Traumvision durch die Herz-Lungen-Maschine ermöglicht, die nach einem anhaltend höheren Ton des »Einatmens« und einem anhaltend tieferen Ton des »Ausatmens« plötzlich still und unbeweglich war, bis ein neuer Atemzug einsetzte. Dies konnte ich in der Intensivstation beobachten, als ein neuer Patient an sie angeschlossen war.

Die ersten Stichworte, die ich dazu notierte, waren: »Lebens- und Todesbrunst«, und: »absolute Wertgleichheit von Leben und Tod«, und: »nach der Todespause weiß niemand, ob es weitergeht«. – Das Merkwürdigste und Unbegreiflichste an dieser Traumvision war meine völlige Übereinstimmung mit dem weltausfüllenden Rhythmus von Leben und Tod. Außerhalb dieses Rhythmus war ich nichts, so daß es mir gar nicht wichtig sein konnte, ob ich als einzelner weiterlebte oder nicht: Lebens- und Todesrhythmus würden weitergehen und »ich« wäre nicht tot. Die Angst vor dem Untergang kam erst später, als ich mich wieder als einzelner vom Ganzen zu unterscheiden begann. Doch sogar dann erlebte ich meine Todesangst gewissermaßen als unecht und unglaubwürdig, blieb mir doch dieses Bewußtsein, das mich als Individuum überschritt, erhalten. Auch mitten in den später einsetzenden Schmerzen und der Vernichtungsangst war mir klar, daß ich nicht völlig mit dem Menschen, der Schmerz und Angst empfand, identisch war. Es gab eine Art »inneren Zeugen«, der davon nicht berührt war und meinen Kampf zwischen Leben und Tod gelassen zur Kenntnis nahm. Dieser Zeuge war jedoch keineswegs ein von Angst und Schmerz ausgesparter Teil meiner selbst, sondern ausschließliche Aufmerksamkeit auf das Geschehen.

Die *zweite Kernerfahrung* geschah mit mir einige Stunden später. Plötzlich setzte die Körper, Geist und Seele durchdringende Gewißheit ein: »Ich lebe! Ich bin!« Trotz meiner Hinfälligkeit und Verwundbarkeit hatte ich noch nie dieses Gefühl von plötzlich einbrechendem und sich fraglos durchsetzendem Leben, vergleichbar dem Erlebnis, aus einer stillen, kühlen Kirche in den lauten, heißen Großstadtverkehr einzutauchen. Doch war diese zweite Erfahrung – das Einsetzen meines Ich-

Bewußtseins – von der ersten – dem »kosmischen«, im Lebens- und Todesrhtyhmus fluktuierenden Bewußtsein – nicht getrennt. In Anbetracht der Tatsache, daß ich überhaupt lebte, wurden alle Besonderheiten meiner Existenz wie die berufliche Laufbahn, diese oder jene Beziehung relativiert und die Identifizierung mit ihnen aufgelöst. Im nachhinein würde ich es so ausdrücken, daß mein Ich als Ganzes relativiert wurde. Als große umfassende Erfahrung blieb mir die »ichleere« Urwalderfahrung mit dem sich stets aufs neue zeugenden und verschlingenden Leben intensiv gegenwärtig. Das sich erinnernde Wiedererleben der Abwesenheit, der Leere, des Nichts in den »Todespausen« gab mir eine im Bauch sitzende unbändige Lust zu lachen und ein unerschütterliches Gefühl von Freiheit, das die tiefste Dimension meines Lebensgefühls geblieben ist. Einige Zeit später notierte ich mir dazu, daß Individuation und Selbstwerdung gleichzeitig auch »Desindividuation« und »Entselbstung« sind.

Die *dritte Kernerfahrung* betraf meine Frau Heike. Ich weiß, daß ich ohne sie nicht mehr am Leben wäre. Nicht nur weil – wie sie sich später ausdrückte – etwas in ihr einfach »wußte«, was zu tun war, sie also mit traumähnlicher Instinktsicherheit vor der Operation alles Nötige rasch veranlaßte, sondern weil sie, wie mein Freund Helmut sich ausdrückte, »ganz in mir drin« war. Ihr Leben trug mein vom Tod umzingeltes Leben in seinem Fluß mit. In den drei Tagen des Komas ersetzte ihr Leben meines, bis ich wieder zu eigenem Leben fähig wurde. Diese dritte Kernerfahrung hat mich zu einer der Überlegungen über die Stellvertretung im dritten Teil dieser Arbeit veranlaßt. Indem Heike auch an meiner Stelle gelebt hat, ermöglichte sie mein Weiterleben. Dem Gesagten könnte ich Wichtiges hinzufügen. Doch muß Wertvolles manchmal geheim bleiben, um sich nicht im Verströmen zu verlieren.

In den letzten Wochen vor meiner plötzlichen Erkrankung träumte ich mehrmals deutlich von meinem Tod. In einem dieser Träume befand ich mich nachts um drei Uhr auf dem Weg zum Starnberger See und überlegte, daß mein Vater um diese Uhrzeit gestorben war. Mein Vater starb tatsächlich um drei Uhr nachts, während ich zwölf Jahre vor diesem Traum in der Nähe des Starnberger Sees im Zelt die Pfingstferien verbrachte.

Im gleichen Traum schlug hernach aus schwarzem Himmel nahe von mir ein Blitz ein. Er entfachte ein Feuer, das sich in rasender Geschwindigkeit ausbreitete und mir immer näher kam. Ich rief aus: »Welche Katastrophe!« Jemand antwortete: »Bevor du da warst, gab es keine.« Also betraf die Katastrophe mich selbst.

Als ich diesen Traum vor einigen Tagen wieder las, wurde ich in meiner Absicht bestärkt, Thomas Manns letzte Frage aus dem ›Zauberberg‹ zur »schlimmen Fieberbrunst, die rings den regnerischen Abendhimmel entzündet«, diesem Buch voranzustellen.

Drei Denkern verdanke ich für die Sicht, die ich auf diesen Seiten entfalte, Entscheidendes: dem Naturwissenschaftler Pierre Teilhard de Chardin, dem Tiefenpsychologen Carl Gustav Jung und dem Philosophen Martin Buber. In dieser Reihenfolge habe ich sie kennengelernt.

Gegen Ende meiner theologischen Ausbildung kam ich mit dem Werk des Jesuiten, Paläontologen und Naturphilosophen Teilhard de Chardin in Berührung. Durch seinen Neffen Régis erhielt ich 1965 als erster Zugang zu einem noch vom Verfasser selbst verschnürten Paket, das neun in kleiner, dichter Schrift beschriebene Hefte mit Tagebuchnotizen aus den Jahren 1915 bis 1925 enthielt. Im Château de Murol, dem Wohnsitz des Neffen, schnürte ich das Paket auf und verbrachte eine ganze Nacht lesend, kopierend und kommentierend am Kaminfeuer. Teilhard befreite sich schreibend von der dogmatischen Enge einer angelernten und »aufgezwungenen« Theologie und stellte als einziges Wahrheitskriterium das Potential an seelischer Belebung auf. Es wurde mir deutlich, daß diese »energetische Methode«, wie ich sie darauf nannte und ausarbeitete, den einzigen Leitfaden für seine gesamte spätere naturphilosophische Arbeit bildete. Durch seine Befreiung aus dem Gefängnis unpassender Strukturen und dank der ständigen Rückbesinnung auf das energetische Anliegen bekam sein Denken Kraft, Freiheit, Weite.

Diese Nacht gab mir die Orientierung für meine Dissertation und deren spätere Überarbeitung in einem Buch.[1] Im Laufe der Auseinandersetzung mit Teilhard erwarb ich mir ein geistiges Instrument, um mich vom erfahrungsfremden Bekenntnischarakter der Theologie zu lösen. Ich näherte mich dem Grundanliegen der Psychoenergetik, nämlich der unmittelbaren Erfahrung der Lebensenergie.

Durch meine Beschäftigung mit Teilhards Energetik stieß ich auf C. G. Jungs Schrift ›Über die psychische Energetik und das Wesen der Träume‹. Auch in diesem Buch beeindruckte mich der Bezug auf menschliche Energiebewegungen jenseits aller trennenden Wertungen. Als ich mich entschloß, nicht mehr im Rahmen einer Kirche, sondern nach dem erforderlichen Zweitstudium als Psychotherapeut und Analytiker zu arbeiten, zog mich die Jungsche Richtung hauptsächlich aufgrund dieses ersten Eindrucks an.

Von der gemeinsamen energetischen Basis aus fand ich den Zugang auch zu den anderen Teilen im Werke Jungs, so zu der Komplextheorie, den Archetypen als dynamische Entwicklungsmuster der Psyche, den psychologischen Typen und dem Weg zur Vereinigung psychischer Gegensätze. Doch meine stärkste Faszination galt und gilt nach wie vor der vorstrukturellen, inhaltsfreien Erfahrung der Lebensenergie als Voraussetzung für Jungs Tiefenpsychologie.

Fast gleichzeitig mit Jung kam ich mit dem jüdischen Philosophen Martin Buber in Berührung, dank einem Freund, der mir dessen Schrift ›Ich und Du‹ schenkte. Für Buber ist die Beziehung zur Welt ein ständiger Dialog. Die »Welt als Du« ist nie dies oder jenes: dieser oder jener Mensch, diese oder jene Aufgabe, die ich als fixierbaren Inhalt vergöttlichen könnte. In der Sprache der Psychoenergetik heißt dies, daß der Ort des größten Energiepotentials unaufhörlich »wandert«. Die Lebendigkeit der Beziehung kommt aus der nomadenhaften Freiheit des Du. Daß sich mir die Welt als Du im Fluß des Augenblicks stets neu offenbart und neu entzieht, ist das einzige »Besondere« an ihr.

Bubers »dialogisches Prinzip« fasse ich kurz so zusammen: Wenn wir uns vollständig in das »Zwischen« der Beziehung zur Welt hineinbegeben, befindet sich das uns rufende Du eben da, wo wir emotional und geistig ganz gefordert sind. Teilhard de Chardin drückt das gleiche mit anderen Worten aus: »Gott ist auf der Spitze meiner Schreibfeder« (wenn er gerade schrieb), »auf der Spitze meiner Hacke« (wenn er als Paläontologe Feldarbeit leistete), »an der vordersten Front meines Denkens« (also nicht in übernommenen Denkinhalten). Das nämliche sagt der Zen-Buddhismus: »Wenn ich esse, esse ich, wenn ich lache, lache ich.« Für Buber ist die Welt als Du das, was ihn im jetzigen Augenblick zentral anspricht und sein Tun und Denken belebt. Gleichzeitig ist sie nichts, weil sie jetzt bereits etwas anderes ist. Letzteren Satz würde vielleicht der Zen-Buddhismus Bubers Gedanken beifügen.

Daß Buber das dialogische Prinzip so sehr hervorhebt, daß er im Moment innigsten Gewahrseins das Wort Du ins Nichts ruft, berührt mich heute noch tief. Die Gleichzeitigkeit von Bindung und Freiheit in der Erfahrung des sich ständig verschiebenden Energiefokus ist eine beunruhigende und doch erlösende Wahrheit.

Obgleich dieses Buch nicht in erster Linie als Fachbuch für den Psychotherapeuten angelegt, sondern vor allem für Sie bestimmt ist, insofern Sie Abschied von der Selbstzerstörung nehmen wollen, bringe ich an dieser Stelle einige Bemerkungen zu meinem theoretischen Begriffsrahmen an. Auch wer dieses Kapitel überspringt, wird den anderen leicht folgen können, weil ich meine Ausführungen stets auf Erfahrungstatsachen zurückkoppeln werde. Wer jedoch einen Verständniszusammenhang für das Folgende suchen und dieses innerhalb der Entwicklung der Psychologie situieren will, tut gut daran, auch dieses schwierigere Kapitel zu lesen. Ich setze mich darin nicht inhaltlich mit dem ›Abschied von der Selbstzerstörung‹ auseinander, sondern beleuchte die psychologische Methode im Umgang mit der Selbstzerstörung, nämlich die Psychoenergetik, das heißt jenen Aspekt der Tiefenpsychologie, der sich mit dem Zugang zur Erfahrung der Lebensenergie und deren Nutzung beschäftigt.

Allerdings können selbstzerstörerische Neigungen durch keine bloß theoretischen Einsichten aufgelöst werden. Im Gegenteil: nur die konkreteste aller Erinnerungen, nämlich das Gespür für den eigenen Lebensfluß mit seinem Gefälle, seinen Stockungen und Stauungen, kann uns von ihnen befreien. Diese unmittelbare Erfahrung ist für uns erwachsene Zivilisationsmenschen nicht ohne weiteres gegeben. Das vitale Gespür ist vielen von uns verlorengegangen.

Die Vermittlung geschieht zunächst unbewußt über die *affektive Ansteckung*. Dies durfte ich kürzlich einmal mehr erleben, als ich mit meinem Freund Manfred in den Alpen wanderte und der runde Rhythmus seiner kräftigen Bewegungen sich auf mich übertrug. Ohne es zu wissen, half er mir, mit einer situationsbedingten Ängstlichkeit fertig zu werden. Auf dem Prinzip der affektiven Ansteckung beruhen zum Teil die körperorientierten Therapieformen: Der Therapeut teilt dem Klienten seinen körperlichen Bewegungsfluß mit.

Wir sind es jedoch gewohnt, Erfahrungen der Lebensenergie

auch mit dem Kopf zu verarbeiten und »einzuordnen«. Dies ist hilfreich, denn oft scheitert die direkte Erfahrung an gedanklichen Fixierungen und Vorstellungen. Daher ist es sinnvoll, daß wir jetzt versuchen, auch theoretisch zu begreifen, was wir nur durch die direkte Erfahrung erlernen können.

Der Abschied von der Selbstzerstörung muß bei der *Energieerfahrung, die vorinhaltlich* und *vorstrukturell* ist, beginnen. Was heißt das? Wir neigen zu der irrigen Meinung, ein intensives Lebensgefühl sei für uns an die Erfüllung bestimmter Bedingungen gebunden. Wir meinen, nur dann wir selbst sein zu können, wenn wir zum Beispiel unsere Aggressionen ausleben oder ein befriedigendes Sexualleben haben, mystischen Interessen nachgehen oder mit einem bestimmten Menschen zusammen sind. Ohne es zu wissen, definieren wir die Lebensenergie und grenzen sie in unsere Vorstellungsinhalte und Erlebnismuster ein: »Eigentlich« ist Energie dann für uns identisch mit der Aggression, der Sexualität, der Mystik oder der seelischen Verschmelzung mit einem Menschen. Wenn wir dieses eine nicht haben, ist uns das ganze Leben vergällt. Wir entfernen uns vom Ort, wo unser Leben einen neuen Anfang finden könnte, weil dieser Punkt auf unserer privaten Landkarte noch nicht eingetragen ist. Statt die veraltete Karte zusammenzufalten und uns von der Nase dahin leiten zu lassen, wo unser Herz am stärksten schlägt, versteifen wir uns darauf, Wasser in der Wüste, nämlich in einer Fata Morgana, zu suchen. Die uns bestimmte Oase geht über unseren Horizont hinaus, obschon sie wahrscheinlich ganz nahe liegt.

Aus der stets beweglichen, an keine bestimmten Inhalte, Muster und Strukturen gebundenen Energieerfahrung leitet sich mein Energiebegriff ab. Zwar belebt die Energie immer bestimmte Inhalte, zum Beispiel für mich jetzt beim Bemühen, Ihnen das Anliegen der Psychoenergetik verständlich darzustellen, und gewisse Strukturen, zum Beispiel die im Laufe eines Lebens erworbene Charakterstruktur oder eine bestimmte Beziehungsstruktur, oder dem Menschen angeborene Verhaltensmuster. Aber sie läßt sich von diesen nicht in Beschlag nehmen. Sie ist von einer unendlichen Beweglichkeit. Es bleibt uns nichts anderes übrig, als ihre Bewegungen mitzuvollziehen, wenn wir nicht am Ufer unseres Lebensflusses dem Ungelebten

24

nachtrauern wollen. Viele verbringen ihr Leben damit, Wallfahrten zu den Stätten vergangenen Glücks zu unternehmen. Dort sitzen sie dann wie Lorelei und wissen nicht, warum sie so traurig sind. Das tragischste mir bekannte Beispiel dafür war ein Mann, der über das Zerbrechen seiner Ehe nicht hinwegkam, mit ganzer Inbrunst an der Frau, die ihn verlassen hatte, kleben blieb, trotzdem nochmals heiratete, mit der zweiten Frau die Hochzeitsreise zum gleichen Ziel unternahm wie zehn Jahre zuvor mit der ersten und an dieser Stätte des vergangenen »Glücks« einen tödlichen Herzschlag erlitt. Ich werde noch von einem ähnlichen Fall berichten. Eben da kann unser Lebensfluß zum Stocken kommen, wo er einmal am kräftigsten strömte.

Der ungebundene Energiebegriff fördert keineswegs die individuelle und gesellschaftliche Anarchie. Im Gegenteil: er läßt die jeweils passenden Lebensinhalte und Strukturen mühelos finden und die unpassenden verlassen. Anarchie entsteht als Gegenbewegung dort, wo künstliche Ordnungen mit Gewalt aufrechterhalten werden. So münden manchmal auch Therapien, die von festen Vorstellungen des Klienten oder Therapeuten oder beider fehlgeleitet werden, in destruktive Prozesse. Stellen wir uns zum Beispiel einen Therapeuten vor, der ein unausgesprochenes Vorurteil über den einzigen Ort hat, wo sich seiner Ansicht nach belebende Energieerfahrungen ereignen können, nämlich in der Sexualität. Auch wenn die Träume des Klienten eine Phase notwendiger Innerlichkeit anzeigen, suggeriert er ihm atmosphärisch, er möge doch die leichte depressive Verstimmung durch sexuelles Ausleben überwinden. Das hat vielleicht zur Folge, daß der Klient erst richtig in die Depression fällt. Das könnte einem schlechten Freudschen Therapeuten passieren. Wenn umgekehrt die therapeutische Suggestion auf mehr Innerlichkeit und Abkehr von der Außenwelt zielt, obgleich der Klient im gegebenen Moment am stärksten von Beziehungsfragen betroffen ist, führt dies vielleicht in ein Beziehungschaos. Das könnte einem schlechten Jungschen Therapeuten passieren.

Im Gegensatz zu Sigmund Freud, der jede Art von Triebenergie – die Libido – auf den Sexualtrieb zurückführt, wandte sich sein früherer Schüler Carl Gustav Jung als erster Tiefenpsychologe von einer inhaltlichen Bestimmung des psychologischen Energiebegriffes ab und sprach ganz allgemein von *Lebensenergie*. Auch den Begriff der psychischen Energie lehnte er ab, sind doch psychische Prozesse nichts anderes als Lebensvorgänge. Um den psychologischen Gesichtspunkt in seiner Beschäftigung mit der Lebensenergie zu signalisieren, bezeichnete auch er diese als Libido, obgleich im erwähnten weiteren Sinn als Freud. Ich selber kehre in diesem Buch wieder zu dem Begriff der Lebensenergie oder verkürzt der Energie zurück, den übrigens auch Jung gleichzeitig mit dem Begriff Libido weiter verwendete, zunächst um die immer wieder auftretende Verwechslung mit dem Freudschen Libido-Begriff zu vermeiden, dann um im anschaulicheren Begriff der Lebensenergie die psychischen Prozesse als Äußerungen des Gesamtorganismus in Erscheinung treten zu lassen, und schließlich, um das Überindividuelle der Energieerfahrung zu unterstreichen. Die psychologische Methode, die sich um die Erschließung der Lebensenergie bemüht, nenne ich, wie erwähnt, die *Psychoenergetik*. Zwar gibt es keine isolierte psychische Energie, aber einen psychologischen Zugang zur Lebensenergie.

Jung erweist sich vor allem in seinen Werken ›Symbole der Wandlung‹ und ›Über die psychische Energetik und das Wesen der Träume‹[1] als Psychoenergetiker. In den Träumen suchte er nicht nur wie Freud verschlüsselte Hinweise auf frühkindliche Verdrängungen und Fixierungen, sondern folgte gleichzeitig dem aktuellen Gefälle des Lebensflusses. Freuds kausalen Gesichtspunkt ergänzte er somit durch den finalen, die Frage nach den Ursachen durch die Frage nach der Entwicklungsdynamik. Dabei bemerkte er, daß der Energiefluß regelmäßig und in allen Menschen ähnliche Entwicklungsmuster belebt, deren Verwandtschaft trotz aller individueller und kultureller Unterschiede deutlich erkennbar sind. Dieselben Entwicklungsmuster finden sich auch in den Märchen und Mythen der Völker. Jung nannte diese prägenden Grundmuster der Psyche Archetypen. Diese drücken sich in bestimmten Motivverknüpfungen aus, zum Beispiel in dieser: Der Held muß ein Tier, oft einen Drachen besiegen, um einen Schatz rauben oder eine Frau befreien zu können.

Was bedeutet diese Motivfolge? Nur wenn ein Mensch seine

animalische Unbewußtheit und seine Sehnsucht nach passiver Geborgenheit bei der nährenden Mutter und seine Angst vor Tod und Wandlung überwindet, entdeckt er das für ihn Wertvollste, nämlich seine Individualität. Dann kann er sich mit bisher unbewußten Teilen seiner selbst, vor allem mit seiner gegengeschlechtlichen Seite bewußt verbinden. Der Mann bezieht jetzt auch weibliche Werte in sein Leben ein, wie die Fähigkeit hinzuhören, aufzunehmen, sich einzufühlen, Geborgenheit zu schenken, und die Frau umgekehrt auch männliche Werte, wie die Fähigkeit zur Abgrenzung, Auseinandersetzung, zum aktiven Eindringen in neue Bereiche. Inwieweit diese Metaphern des Männlichen und Weiblichen bloß kulturell bedingt sind, spielt in diesem Zusammenhang keine Rolle. Wichtig ist allein das Prinzip der *Gegensatzvereinigung*: Bisher Ungelebtes wird ins eigene Leben einbezogen.

Aus dieser kurzen Zusammenfassung ersehen Sie, daß Jung einen inhaltlich nicht fixierten Energiebegriff voraussetzte. Trotzdem beschäftigte er sich nicht weiter mit diesem, sondern konzentrierte sich darauf, jene archetypischen Entwicklungsmuster zu analysieren, in die unsere Energie fließt, um eine neue Progression zu ermöglichen. Daher nennt Jung seine spezifische Richtung der Tiefenpsychologie Analytische Psychologie und nicht Psychoenergetik. Nur Strukturen und Inhalte können analysiert werden, nicht aber eine Energiebewegung, insofern sie einfach Bewegung ist.

Das gleiche gilt auch für seine Komplexlehre:[2] Jung stellte experimentell fest, daß jedes Individuum bestimmte gefühlsgeladene Komplexe hat, die sich durch eine hohe Energiebesetzung auszeichnen. Sie haben mit der eigenen Lebensproblematik zu tun. So kann das Bild eines autoritären Vaters, einer guten Mutter, einer Schlange oder eines langen Messers für einen bestimmten Menschen einen dauernden komplexhaften Charakter haben, der sich in komplexhaften Reaktionen, wie verlängerte oder verkürzte Reaktionszeit, und in starken Affekten äußert. Auch in seiner Komplexlehre setzte Jung die Idee einer frei fluktuierenden Energie voraus, wandte sich aber hauptsächlich den Strukturen zu, in denen sich die Lebensenergie blockiert. Daher nennt er seine tiefenpsychologische Richtung auch Komplexe Psychologie.

Die strukturelle Arbeit bleibt ein wesentliches Anliegen jeder tiefenpsychologisch orientierten Psychotherapie und spielt selbstverständlich auch in meiner Arbeitsweise eine wichtige Rolle. Gleichzeitig jedoch hat der inhaltlich und strukturell nicht fixierte Energiebegriff auch eine unmittelbare therapeutische Auswirkung von größter Wichtigkeit, sofern wir ihn zu nutzen wissen. Dies hatte auch Jung noch kaum erkannt. Ähnlich wie in allen Religionen das nicht näher definierbare Heilige psychologische Voraussetzung für alle entstehenden und sich wandelnden Gottesbilder ist, bedeutet auch die nicht festzumachende Lebensenergie einen psychologisch äußerst wichtigen Faktor. Der Titel dieses Kapitels ›Von der Psychoanalyse zur Psychoenergetik‹ meint keine Gegensätzlichkeit, sondern eine Erweiterung der einen durch die andere. Unter Psychoenergetik verstehe ich von nun an die psychologische Erschließung einer wertfreien und an keine festen Muster definitiv gebundenen Lebensenergie. Wie fruchtbar dieser Ansatz zur Auflösung selbstzerstörerischer Neigungen im einzelnen und in der Gesellschaft ist, wird hoffentlich aus den Ausführungen dieses Buches hervorgehen. Es geht im wesentlichen um ein ganzheitliches Hinlenken der Aufmerksamkeit und des Interesses zum Ort der stärksten Lebensströmung. Dabei achte ich nicht nur auf die jeweils neuen seelischen Inhalte, die belebt werden, sondern vor allem auch auf die Übergänge von strukturellen Fixierungen zur energetischen Erlebnisweise. In diesen Übergängen wird das Strömen der Lebensenergie zur einzigen erfahrbaren Wirklichkeit. Dabei verliert das erlebende Subjekt den Status eines bloßen Beobachters und wird im Erlebnisfluß bewußt mit dem Geschehen identisch. In der energetischen Erlebnisweise sind Subjekt und Objekt eins, in der strukturellen Anschauung dagegen sind sie zumindest unterschieden. Der strukturelle und der energetische Weg in der Psychologie bilden eine natürliche Einheit.

Wie der Übergang von der strukturellen Fixierung zur energetischen Erlebnisweise sich vollzieht, veranschauliche ich an drei Beispielen.

Nehmen wir als erstes Beispiel einen Psychotherapeuten, der aufgrund einer starken persönlichen Wertordnung in Gefahr steht, seine Klienten zu konditionieren und zu manipulieren, ohne es zu wollen. Er kann dies jedoch weitgehend vermeiden, wenn er sein Augenmerk und seine Sensibilität regelmäßig auf die im Moment stärkste Emotion des Klienten lenkt, dabei jedoch weniger darauf achtet, um welche Emotion es sich handelt – etwa um Traurigkeit, Schmerz, Wut, Angst oder Entzükken –, sondern vor allem die Intensität des Energiegefälles im Auge behält und daher die therapeutische Intervention richtig situiert. Ich verdanke dieses Vorgehen auch Stefano Sabetti, einem Schüler Alexander Lowens, dem Begründer der Bioenergetik. Seine Auffassung von der Lebensenergie ist jedoch viel umfassender als die Lowens, wie aus seinem Buch ›Lebensenergie‹ hervorgeht. Sie integriert auch fernöstliche Erfahrungswege und erweitert so die Bioenergetik um eine spirituelle Dimension, die dieser bisher fremd war. Doch geht auch Sabetti im Gegensatz zur Psychoenergetik vom Körper aus.

Die erwähnte neue Einstellung des Psychotherapeuten – die unvoreingenommene Aufmerksamkeit für das Energiegefälle des Klienten – hat erstaunliche Folgen. Viel öfter als früher wird der gleiche Therapeut erleben, daß der Klient es wagt, intensivste Emotionen auszudrücken. Ich spreche nicht vom hysterischen Ausagieren unechter Gefühle, mit denen Stockungen des Lebensflusses überspielt werden. Ich meine vielmehr Emotionen, die aus tiefster Seele kommen und sich manchmal sogar in Heulen, Jammern, Zähneknirschen, Haareraufen, aber auch in erlösendem Weinen oder stillem, seligem, innerem Strahlen äußern können. Dank dem ungehinderten Ausdruck der Emotionen bekommt das psychotherapeutische Gespräch augenblicklich neue Intensität und Tiefe. Für die ungerichtete Aufmerksamkeit eines solchen Therapeuten ist das einzig wirklich Wertvolle das wertfreie, nämlich das an keine bestimmte »Wahrheit« gebundene Energiegefälle. Die Dinge haben noch keinen Namen und erscheinen in ihrer ursprünglichen Frische. Die ungerichtete Aufmerksamkeit bringt die Energie zum Strömen, bevor die gerichtete Aufmerksamkeit sich ihrer bemächtigt und ihre Nutzung in einem bestimmten Lebensbereich, zum Beispiel in der Partnerschaft oder im Beruf, ermöglicht.

Das zweite Beispiel unterstreicht den Unterschied zwischen dem strukturellen und dem energetischen Ansatz in der Verarbeitung eines Problems. Nehmen wir an, daß ein Bekannter, den Sie seit langem nicht mehr gesehen haben, Sie besucht. Kaum tritt er ein, spüren Sie ein vages, aber intensives Unbehagen. Sie haben zwei Möglichkeiten, dieses Mißgefühl zu verarbeiten: Gemäß dem strukturellen Ansatz fragen Sie sich, was Ihnen an dem Menschen so mißfällt. Ist es seine direkte, forsche, angriffige Art, mit der er gleich auf Sie zugegangen ist? Dann gibt es für Sie Anlaß zu vermuten, daß er Ihnen das Spiegelbild einer verdrängten dunklen Seite Ihrer eigenen Persönlichkeit vorhält, etwa der Ihnen völlig unbewußten eigenen Penetranz. Diese ersetzt in Ihrem Leben die direkte Angriffigkeit, die man Ihnen in der Kindheit ausgetrieben hat, obschon sie zu Ihrem Wesen gehört. Ihr Bekannter hält Ihnen also ein Spiegelbild dessen vor, was sich aus Ihrer Anlage heraus noch entwickeln möchte. Wenn Ihnen dies gelingt, wandelt sich Ihre Penetranz wieder in mutige Direktheit zurück, und Sie werden zu einem Menschen, der auch seinen Aggressionen Ausdruck geben kann. Ich bin diesem strukturellen Therapieansatz vor allem in meinem letzten Buch ›Das Nein in der Liebe‹ im Zusammenhang mit der sogenannten Leitbildspiegelung nachgegangen. In Fällen großer Lebensangst jedoch versagt dieser Weg oft, da die Freiheit der offenen Wahrnehmung zu sehr eingeschränkt ist.

Wie sieht die zweite, nämlich die energetische Möglichkeit aus, Ihr heftiges Mißgefühl über die Gegenwart Ihres Bekannten zu verarbeiten? Sie beginnen ebenfalls mit der Feststellung Ihres großen Unbehagens. Sie versuchen jedoch nicht gleich, dieses von Ihrer Lebensgeschichte her zu begreifen. Ohne zu werten, nehmen Sie die momentane Stockung Ihres Lebensgefühls als eine gegebene Tatsache an und wehren sich nicht gegen sie. Das ekelhafte Gefühl gehört einfach zu Ihnen, ja eigentlich *sind* Sie jetzt nichts anderes als dieses ekelhafte Gefühl, denn Ihre Energie ist ganz und gar von ihm absorbiert. Sie spalten es nicht mehr ab und schauen es nicht mehr durch das Raster Ihrer fixierten Vorstellung an (»Direktheit ist verabscheuungswürdig«). Ohne darüber nachzudenken, nehmen Sie es als zu Ihnen gehörig an. Dadurch löst sich Ihr Mißgefühl nach und nach auf und macht einer entspannteren, offeneren Haltung auch zu Ihrem Bekannten Platz. Denn dieser verkörpert jetzt für Sie nicht mehr etwas, was Sie verabscheuen, sondern einfach etwas, was

Sie bewegt. Jetzt fühlen Sie sich nicht mehr gespalten, weil Sie Ihre seelische Bewegung nicht mehr von sich abspalten. So kann Ihnen zunehmend wohler werden. Leise beginnt die Energie wieder zu strömen. Unwillkürlich fangen Sie an, sich auf Ihren Bekannten einzustellen und vielleicht sogar sich an seiner sprudelnden Lebendigkeit zu freuen. Sie geraten in eine gemeinsame Gemütsbewegung mit ihm, eine gemeinsame seelische Bewegtheit, weil Sie sich von Ihrer negativen Wertung frei gemacht haben. Sie sind daran, Ihre Spontaneität wiederzufinden. In der neuen Bewegung fühlen Sie sich geerdet und stabil. Jetzt verstehen Sie Jean Tinguelys paradoxen Satz: »Das einzig Stabile ist die Bewegung« – einen Grund-Satz der Psychoenergetik.

Am fruchtbarsten ist es, den ersten und zweiten Weg miteinander zu verbinden. Der psychoenergetische Gesichtspunkt schärft Ihr Gespür für alle unechten, oberflächlichen »Verarbeitungen« eines Problems. Solange die Energie nicht fließt, ist noch nichts Wesentliches geschehen. Der strukturelle Gesichtspunkt dagegen verhindert, daß Sie sich im Leben mit zeitweiligen Happenings begnügen, zwischen denen die Grauzonen eines schlecht strukturierten, widersprüchlichen Alltags liegen. Es gibt Gruppen- und Einzeltherapien, die nicht viel mehr als solche Happenings sind. Kaum fehlen die Ausstrahlung und Anweisung des Therapeuten, verfließt die Energieerfahrung, und alles bleibt beim alten.

Das dritte Beispiel stammt aus meiner analytischen Praxis. Es zeigt die Atmosphäre der psychoenergetischen Arbeitsweise. Ich schildere diese kurze Episode, ohne sie weiter zu erklären: Ein sympathischer junger Mann, der so starke Ängste hatte, in einer sexuellen Beziehung zu versagen, daß er immer wieder vor dem Versuch zurückschreckte, begann eine Sitzung mit der ätzenden Bemerkung: »Ich spüre, daß Sie große Erwartungen in mich in bezug auf meine Freundin haben. Das blockiert und ärgert mich.« Ich antwortete: »Was ist jetzt mit Ihnen, in diesem Moment? Sie zerplatzen fast vor Energie. Das ist Ihre Realität. Sie brauchen gar nichts zu erwarten.« (Letzteres sagte ich, weil ich merkte, daß er seine eigenen Erwartungen auf mich projiziert hatte und weil eben diese seine ängstlichen Erwartungen ihn auf eine zu erbringende sexuelle Leistung fixierten und die unmittelbare Erfahrung seiner Vitalität verhinderten.) Mehr sagte ich nicht. Die Muskulatur des jungen Mannes entspannte sich schnell. Seine Haut rötete sich leicht, und er zeigte glückliche Verwirrung.

Meine Bemerkung war kein Trick zur Ermutigung dieses von seinem Vater besetzten Menschen. Wenn das analytische Gespräch in Gefahr steht, als bloße Alibiübung die gemeinsame Öde zu überdecken, wechsle ich oft schnell zur energetischen Ebene. Dies ist mir allerdings nur möglich, wenn ich das Energiepotential des Klienten zu erspüren vermag. Sonst wären solche Deutungen peinlich und wirkungslos. In diesem Falle erspürte ich die sprungbereite Vitalität des jungen Menschen sehr intensiv. Nach dieser Episode vollzog sich bald eine entscheidende Wende im Leben meines Klienten. Im Moment unseres kurzen Schlagabtauschs war seine Sexualangst tatsächlich von der Dynamik her bereits überwunden. Natürlich gab es hernach noch viel zu tun, doch die Orientierung war gegeben.

Die Psychoenergetik hat einiges mit der *Bioenergetik* gemeinsam, vor allem das Gespür für den leib-seelischen Gesamtorganismus. So versucht auch Alexander Lowen den Menschen von seiner Ganzheit her zu betrachten. Auch für ihn ist die Voraussetzung für sexuelle Reife ein »offenes Herz«. Weil sein Herz offen ist, »gibt sich der sexuell reife Mensch denen ganz, die er liebt«.[3] Das Augenmerk der Bioenergetik richtet sich auf die sexuelle Reife, aus der sie die Hingabefähigkeit ableitet, während das Augenmerk der Tiefenpsychologie sich bisher auf die Hingabefähigkeit richtete, aus der sie die sexuelle Reife ableitete.

Die Psychoenergetik steht zwischen beiden. Wie die Bioenergetik achtet sie auf den Körper, doch tut sie dies vor allem in bezug auf solche seelischen Äußerungen des Körpers, die sich mit den Kategorien der körperorientierten Bioenergetik wie Spannung und Entspannung nur sehr unvollständig erfassen lassen. Insofern ist sie ein Teil der Tiefenpsychologie. Weder leitet sie Seelisches aus Körperlichem noch Körperliches aus Seelischem ab. In der energetischen Augenblickserfahrung, die ich als »winzige Bewegung« bezeichne, ist die letzthinnige Einheit und Identität von Körper und Seele unmittelbare Erfahrungstatsache. Körper und Seele erscheinen dann als bloße Außen- und Innensicht des gleichen Gesamtorganismus.

Die Psychoenergetik richtet ihre Aufmerksamkeit *gleichzeitig* auf die »winzige Bewegung« des Körpers und die verbale Äußerung. Würde sie das eine oder andere aus dem Auge oder dem Ohr verlieren, wäre das Gespür für die derzeitige Energiebewegung oder -stockung verloren. Die Betrachtungsweise der Psychoenergetik ist weder kausal wie die Freuds noch final wie die Jungs, sondern *simultan*: Die letztliche *Identität* von Körper und Seele und anderer Gegensatzpaare ist in der Augenblicksbewegung als *Gleichzeitigkeit* unmittelbar erlebbar.

Wer den Menschen vor allem vom Körper her sieht, steht in Gefahr, die Vielfalt seelischer Äußerungen zu reduzieren. So kann ein generell schwacher Muskeltonus auf vielerlei zwar verwandte, aber doch unterschiedliche und zum Teil sogar gegensätzliche seelische Regungen hinweisen, etwa auf Niedergeschlagenheit, Entmutigung, Resignation, momentane Müdigkeit, Überdruß, aber auch auf bewußte, reife Ergebenheit in einen Schicksalsschlag. Um zu begreifen, um welche seelische Regung es sich konkret handelt, bedürfen wir des »seelischen Ausdrucks« zum Beispiel in der Stimme, der Ausstrahlung der Haut und Augen, der unendlich nuancierten Körperausdünstungen, der Sprache der Augen, Hände, Füße. Nur so läßt sich in der Tiefe erfassen, ob ein Mensch mit seiner Lebensbewegung identisch ist oder abseits steht, ob er sich in wacher Ergebenheit auf das Unausweichliche einstimmt oder sich im Gegenteil resigniert von ihm abwendet. Die Psychoenergetik achtet daher eher auf *Zeichen* als auf leicht deutbare körperliche Äußerungen. Es geht dabei nicht um konventionelle, auf Übereinkunft beruhende Zeichen, sondern um eine archetypische, allen Menschen gemeinsame, unendlich subtile Körpersprache, deren Deutung aber nur beschränkt möglich ist. Durch die Betrachtungsweise der Psychoenergetik wird das Gespür für solche symbolische Zeichen verfeinert. Nur so können wir in einer gegebenen Situation die einfache Grundfrage der Psychoenergetik beantworten: Befinde ich mich in einer ganzheitlichen Lebensbewegung, oder stocke ich?

In vielen Fällen erlaubt erst die Deutung der erwähnten Zeichen eine Antwort auf die Frage, ob der gegenwärtige Augenblick eine lebensfördernde oder zerstörerische Dynamik hat. So gibt es zum Beispiel gefühlskalte, grausame Menschen, die von ihrer Muskulatur her einen »strömenden« Eindruck machen. Der kalte, seelenlose Glanz in ihren Augen jedoch weist auf ihre Destruktivität hin. Letzteres Beispiel zeigt allerdings auch, daß wir bei der Deutung der beschriebenen Zeichen leicht Projektionen zum Opfer fallen. Nur ein Mensch, der mit seiner eigenen Energiebewegung weitgehend identisch ist, vermag solche Zeichen bei anderen Menschen richtig zu deuten. Dies allerdings bleibt eine nie ganz erreichbare Idealvorstellung.

Die Psychoenergetik paßt in unsere Zeitsituation, heilt sie doch Gleiches mit Gleichem: Dem unbeabsichtigten Zerfall der Werte, Strukturen, überlieferten Denkinhalte setzt sie die beabsichtigte Wertfreiheit entgegen, dem Verlust von Vergangenheit und Zukunft, von verbindlichen Prägungen und tragenden Zielvorstellungen die seelische Stabilität in der Bewegung, dem Rückzug der Energie aus überlebten Anschauungen, illusorischen Hoffnungen die »Energie, die Präsenz wird«, gegenwärtig und ihrer selbst gewahr.[4] Wie im einzelnen ermöglicht sie auch in der Gesellschaft die Bildung neuer, passender Werte, Vorstellungen und Verhaltensmuster. Als psychologische Methode ist sie somit spezifisch auf diese unsere geschichtliche Übergangszeit ausgerichtet.

In Übergangszeiten bekommt die Destruktivität des Menschen leicht eine gefährliche Eigendynamik. Durch den ständigen Rückbezug zur Energiebewegung des Augenblicks entwickelt die Psychoenergetik in uns das Gespür für solche fatale Eskalationen der Zerstörungswut. Diese können sich dadurch auflösen. Dem Übergang zum zerstörerischen begegnet sie mit dem Übergang zum schöpferischen Chaos dank der Hingabe an den fließenden Augenblick.

Das Schlimmste, was uns passieren kann, ist, aus Angst vor einer unsicheren oder gar fehlenden Zukunft körperlich und seelisch zu *erstarren*. Nach der Katastrophe von Tschernobyl am 29. April 1986 sah ich viele Menschen in dieser Weise reagieren. Der bedenkliche Satz: »Das Alter ist trübe, weil es keine Hoffnung hat« gilt von der Grundstimmung her nach Tschernobyl für viele Menschen jeden Alters: »Die menschliche Existenz ist trübe, weil sie keine Hoffnung hat.« In der Tat: wenn wir uns nur von der Zukunft her verstehen, diese jedoch keinen Halt mehr bietet, wird unser Leben trübe, weil es erstarrt. *Nar-*

ziß aus der griechischen Mythologie, der sich unbeweglich im Wasserspiegel *anstarrt,* wie wir bei Ovid lesen, ist in seiner angstvollen Unbeweglichkeit ein eindringliches Bild der spezifischen Selbstzerstörung des heutigen Menschen.

Das Wasser, in das Narziß starrt, ist wie jedes Wasser in unaufhörlicher Bewegung. Gerade jetzt, da ich diese Zeilen schreibe, blicke ich immer wieder auf das Meer, das etwa fünfzehn Meter senkrecht unter meinem Fenster brandet. Das alte Haus in Tellaro, wo ich zur Zeit arbeite, ist auf einen Felsen gebaut, der aus dem Meer steigt. Mein Auge sieht nichts als wogendes Wasser. Diese ständige Bewegung verursachte in mir in den ersten zwei Tagen eine permanente leichte Übelkeit. Jetzt, da ich in diese Bewegung eingegangen bin, dünkt es mich, daß ich besser im Fluß meiner Gedanken bin. – Narziß schützt sich vor dem sich unaufhörlich bewegenden Wasser, vor seinem instabilen Erlebnisfluß, indem er seelisch erstarrt und sich in dieser Erstarrung zerstört: Selbstzerstörung als Schutz vor dem Leben.

Die Psychoenergetik hilft dem narzißtischen Menschen, mit dem sich wellenden Wasser, in dem er sich sucht, eins zu werden, das heißt seine Identität in der seelischen Beweglichkeit zu finden. Heinz Kohut steckte als Therapieziel für den narzißtischen Menschen ein Selbst, das »abgegrenzter, dauerhafter, unabhängiger Mittelpunkt von Antrieben ist«.[5] Dieses Ziel jedoch ist meines Erachtens nicht primär. Es ergibt sich fast von allein, wenn die seelische Beweglichkeit erreicht ist. Kohut verwendete zur Erreichung seines Therapieziels die sogenannte *Empathie.* Diese bedeutet gefühlshafte Zuwendung und bewirkt die erwähnte *affektive Ansteckung* des Klienten durch die lebendige Beweglichkeit des Therapeuten. Ich betrachte die Beweglichkeit der Lebensenergie als das eigentliche Therapieziel. Wird dies dem Therapeuten und Klienten bewußt, dann wirkt die Empathie des ersteren stärker und verliert jeden Anflug einer gezielt eingesetzten bloßen Technik. Die Empathie ergibt sich mühelos aus dem Gespür für den seelischen Ort, wo sich beim Klienten das größte Energiepotential anstaut.

In einem Referat wandte sich Teilhard de Chardin einmal an Psychoanalytiker und forderte ausdrücklich von ihnen »die Ausarbeitung einer Energetik (einer Psychoenergetik)«. Es solle für den Psychoanalytiker nicht mehr darum gehen, »Phantome zu vertreiben«, sondern die »großen Bedürfnisse und wesentlichen Appelle zu befriedigen, die in uns ersticken (und die uns ersticken)«, also »die geheimsten und allgemeinsten Triebfedern unserer psychischen Dynamik aufzudecken«.[6] Obschon Teilhard de Chardin unter Psychoenergetik nicht in jeder Hinsicht das gleiche verstand wie ich, bleibt doch die Grundintuition dieselbe.

Zum Schluß der drei einführenden Kapitel erzähle ich eine Geschichte, die vom Umgang mit zerstörerischen Kräften in uns handelt und die Aufgabe der Psychoenergetik veranschaulicht. Es ist die mythische Geschichte von Orpheus, der mit Freunden auf dem Schiff Argon nach Kolchis am Schwarzen Meer fuhr. Dort wollten die sogenannten Argonauten eine schwer erreichbare Kostbarkeit, nämlich das Goldene Vlies – ein goldenes Widderfell, das in einem Baum hing –, rauben. Es wurde von einem Drachen bewacht. Der Anführer Jason kämpfte mit ihm, ermattete und unterlag. Schon hatte der Drache ihn halb verschlungen, als Orpheus begann, auf der Leier, einem mit Saiten bespannten Schildkrötenpanzer, zu spielen. Der Drache besänftigte sich und wurde so ruhig, daß er schließlich einschlief und die Argonauten das Goldene Vlies holen konnten.

Der Drache ist ein Bild für unsere Angst vor Tod und Wandlung. Je verzweifelter wir gegen sie kämpfen, desto mehr verschlingt sie uns. Wir möchten den Tod meiden – Sterben und Entwicklung von Moment zu Moment – und können deshalb nicht leben. Wir weigern uns, den Tod als eine Bedingung für Wandlung und Leben anzunehmen. Deshalb zerstören wir das Leben in uns und anderen. Orpheus dagegen spielt auf der Leier und stimmt den Drachen auf seine Frequenz ein, so daß sich die Gegensätze von Leben und Tod in ihrer schroffen Feindseligkeit auflösen und der Drache friedlich einschläft. Der Drache, Bild des Todbringenden, schwingt im natürlichen Rhythmus von Leben und Tod mit und verliert seine Destruktivität. Damit finden wir zu unserem *Selbst,* der schwer erreichbaren Kostbarkeit. – Musik ist Abfolge von Tonschwingungen. Indem wir in diesen aufgehen, befreien wir uns zur eigenen Lebensfrequenz: ein energetisches Bild für das Selbst.

Zweiter Teil
Facetten der Selbstzerstörung

Es gibt Zeiten, in denen uns die Lebensenergie wie durch die Finger rinnt, etwa in einer »auslaufenden« Beziehung oder in einer Krankheit, in der das Leben zunehmend »verfällt« oder sich »verzehrt«. Dann fällt es uns besonders schwer, mit einem schwächeren Lebensrhythmus, einem geringeren seelischen Magnetfeld, einem herabgesetzten Tonus im Einklang zu bleiben und unter der Eisschicht unserer Stockung das lebendige Plätschern des Wassers zu vernehmen, also lebendig zu bleiben. Besonders bedroht ist unsere Lebendigkeit bei unumkehrbaren Minderungen des Lebens. Dann neigen wir dazu, einen festen, aber künstlichen Standpunkt außerhalb dessen, was jetzt an Traurigem mit uns geschieht, zu suchen, einen festen Pflock in den morastig nachgebenden Grund zu schlagen, uns an ihn zu krallen, als wäre er unser Leben. Doch eben dadurch verlieren wir den Zugang zu dem rätselhaften Leben, das sich gerade jetzt in uns ereignet. Könnten wir doch auch jetzt am Ball bleiben, statt Hilfe bei den Phantomen von festen und unbeweglichen Götzen zu suchen! Die unerschrockene, nicht störbare Aufmerksamkeit für das, was jetzt lebendige, wenn auch schmerzhafte Realität ist, kann uns als einziges Halt geben: den Bodenhalt eines breiträdrigen Fahrzeuges. Solange wir uns nicht stören lassen, können wir nicht gestört werden. Doch dieses Einfachste ist auch das Schwierigste. In Zeiten schwerster Belastung neigen wir besonders zur Selbstzerstörung.

Der Satz, den ich als Titel dieses Kapitels gewählt habe, stammt von einem krebskranken Mann: Peter Noll. Er diktierte ihn seiner Nichte drei Wochen vor seinem Tod: »Wenn ich nur Energie speichern könnte. Ich hätte nicht nur das Problem dieses Planeten gelöst, sondern auch mein eigenes, höchst persönliches. Abends, wenn die Stimmung für das Diktieren gut ist, fehlt mir meistens jeder Elan.«[1]

Die Schwierigkeit, mit dem Strom nicht nur der positiven, sondern auch der negativen Erfahrung zu fließen,[2] zeigt sich besonders in außergewöhnlichen, bedrohlichen Lebenssituationen. Wenn der Mensch, den Sie lieben, Ihnen eröffnet, daß er sich von Ihnen trennen will, oder wenn der Arzt Ihnen mitteilt, daß Sie Krebs haben, oder wenn Ihre Stellung gekündigt wird, brauchen Sie zumindest eine gewisse Zeit, bis Sie in diese Ihre neue Lebensbewegung eingehen und hinter der negativen Erfahrung nichts als Ihre negative Wertung sehen können. Wer dies nicht in einfacheren Situationen geübt und die tiefe Wahrheit dieser Haltung über längere Zeit erfahren hat, wird es damit schwer haben. Doch gibt es dazu keine Regeln. Ich kenne einige Menschen, die jahrzehntelang gegen ihren Lebensstrom angekämpft haben und in einer plötzlichen erschütternden Krise eine Art Ruck in ihre Mitte machten, als würde ein ausgerenktes Glied wieder eingerenkt, und von nun an im Lot, oder besser: im beweglichen Punkt der stärksten Lebensströmung bleiben.

Ich behaupte nicht, daß sich die Lebensenergie in keiner Hinsicht speichern läßt. Es gibt natürliche Phasen der Stauung von Energie, die sich später mit einem kräftigeren Gefälle kreativ entladen kann. Zeiten der Antriebsarmut können solche Phasen sein. Bis ein gültiges Werk den gemäßen Ausdruck findet, braucht es oft eine schmerzliche Zeit unerlöster Spannungszustände. Das ›Tao der Liebe‹ ist der Ansicht, daß die Speicherung der Energie durch seltenere Ejakulationen bei Männern die Intensität, Tiefe und Häufigkeit der sexuellen Begegnungen zu steigern vermag und außerdem das Leben verlängert.[3]

Solche Formen von Energiestauung sind ebenfalls Ausdruck des natürlichen Lebensrhythmus. Die Lebensbewegung vollzieht sich nur innerlicher, unsichtbarer, »seelischer«. Die natürliche Stauung ist nie eine absolute. Unter ihr ist intensive Bewegung: Die Lebenskeime ordnen sich neu. Eine neue Orientierung bereitet sich vor.

Die ängstliche Erstarrung des Lebens zu seiner bloßen Erhaltung ist eine Stauung der Lebensenergie ganz anderer Art. Sie stammt aus der Abwehr einer negativen Emotion, die sich entladen möchte: von Schmerz, Angst, Wut oder Traurigkeit. Krebs wird oft als Ausdruck und Auswirkung langjähriger emotionaler Rückstauungen gedeutet. In vielen konkreten Einzelfällen scheint dieser Zusammenhang zuzutreffen. Doch dürfen wir angesichts eines krebskranken Menschen keinesfalls, auch nicht heimlich in uns selbst, Krebs und emotionalen

Rückstau gleichsetzen. Die Gesetze der Psychosomatik, nämlich der sich im Körper ausdrückenden Seele, sind so subtil, daß sie für uns praktisch Geheimnis bleiben.

Mit zwanghafter Sicherheit stellt Fritz Zorn in seinem Buch ›Mars‹ einen solchen Zusammenhang für seine Krebserkrankung her. Dahinter verbirgt sich die unausgesprochene Hoffnung: »Wenn ich den Weg kenne, der mich krebskrank werden ließ, kann ich ihn vielleicht auch wieder zurückgehen.« Doch macht die Art und Weise, wie der Autor die seelischen Ursachen für seine Krebserkrankung schildert, offensichtlich, daß er nach wie vor in einem Zustand der Abwehr negativer Emotionen steckt. Lassen wir folgenden Satz aus seinem Buch rhythmisch auf uns wirken: »Auch die Wendung, daß ich von Frustration zerfressen sei, ist mehr als eine bloße Redensart, sondern findet auch auf körperlicher Ebene konkret statt. Ich werde ja wirklich zerfressen, nämlich vom Krebs. *Das* ist in Wirklichkeit der Krebs, sein Grund, sein Ursprung, seine Verzweiflung, weit über alles bloß Medizinische hinaus.«[4]

Die geschraubte, verzahnte, zerhackte Ausdrucksweise läßt den Leser spüren, daß Fritz Zorn seine sogenannte Frustration nicht wirklich seelisch *erlebt*. Wie vielen Menschen unserer Zeit bietet auch ihm das »Fremd-Wort« Frustration Gelegenheit, geladene Worte zu vermeiden, damit in ihm keine negativen Emotionen ausbrechen: lebendige »Nah-Worte« wie Traurigkeit, Haß, Wut, Zorn, Angst. Sein Körper kann diese Gefühle nur in Selbstzerstörung umsetzen, da der natürliche direkte Ausdruck ihnen verwehrt ist. Das Buch ›Mars‹ ist der verzweifelte Versuch, die Angst vor dem Zorn zu überwinden, doch weil der Versuch so verzweifelt ist, kann er nur zu einer Verstärkung der Angstabwehr führen.

Dagegen kann Fritz Zorn freimütig von seinem Bedürfnis nach positiven Gefühlen schreiben: Er möchte sexuell empfinden und frei lachen können. Er möchte unbedingt glücklich sein. Sogenannte »Krebspersönlichkeiten« – ich brauche dieses Wort aus dem erwähnten Grund mit Reserve – können in ergreifender Weise ihre Sehnsucht nach Glück zum Ausdruck bringen. Wer das Glück magisch herbeibeschwört, verleugnet reale negative Gefühle. Fritz Zorn schreibt, das erste Ziel des Menschen sei »doch« das Glück. Das ist falsch. Das erste natürliche Ziel des Menschen ist die Einstimmung in den Rhythmus der Lebensenergie, sogar bei dunklen Ereignissen wie Trennung, Verrat, Leiden, Krankheit und Tod, denen auf seelischer Ebene negative Gefühle entsprechen. Dante mußte zunächst in die Hölle hinabsteigen, bevor er über das Purgatorium in den Himmel gelangte. So will es immer wieder der natürliche Rhythmus unserer Emotionalität. Die belebende Grundstimmung, die durch das Einschwingen in den eigenen Todes- und Lebensrhythmus entsteht, hat mit dem herbeigeglaubten Glück des ängstlichen Menschen nichts zu tun.

Ihr Körper wird zu einer Metapher des Lebens, wenn es Ihnen gelingt, einen krampfartigen inneren Schmerz, von dem Sie nicht genau sagen können, ob er körperlich oder seelisch ist, als Ihren Schmerz ruhig anzunehmen und für ihn den passenden sprachlichen Ausdruck zu finden, im Gegensatz zum Körper des Krebskranken, der eine »Metapher der Selbstzerstörung«[5] ist.

Menschen, die ständig Angst haben, ihre Lebensenergie reiche nicht aus, sind sich nicht im klaren darüber, daß ihr Problem nicht im Quantum, sondern in der Verfügbarkeit der Energie liegt. Durch ihre Angst, zu wenig zu haben oder zu kurz zu kommen, entfernen sie sich von der Quelle ihrer Lebendigkeit und erleben sich als kraft- und saftlos, als in jeder Hinsicht »depotenziert«. Aus dem Gefühl des Ungenügens heraus ziehen sie sich von allen starken, geladenen Lebenssituationen zurück. Hinter dem Gebaren der sich versagenden »Luxusprimadonna« verbergen sie die Not der Einsamkeit aus Lebensangst. Ätzt sich die Not zu brennend in ihre Seele ein, suchen sie Rettung in der Außenwelt, zum Beispiel in Aufputschmitteln, um sich für eine sexuelle Begegnung zu »präparieren« – und werden ihrer Lebendigkeit immer fremder.

Statt mit dem natürlichen Auf und Ab lebendig mitzufließen, gehen viele dieser Menschen den qualvollen Leidensweg von abwechselnder chemischer Aufputschung und chemischer Dämpfung: ein Teufelskreis der Selbstzerstörung. Auch die Drogensucht ist auf die Sehnsucht nach der Lebensenergie zurückzuführen. Diese wird halluzinatorisch erlebt, doch real verloren.

Die Angst vor Energieverlust kann auch zur *Überstimulie-*

rung führen, weil die angestaute Energie nicht abgelassen wird, ähnlich wie stark aufgeladene Batterien zum Schwitzen kommen können. Überstimulierte Menschen sind gespannt, unruhig, nervös, fahrig, entweder gereizt oder exaltiert, immer überempfindlich. Ein Bekannter, der diesen Zustand selber in Perioden der Belastung regelmäßig erlebte, erzählte mir, er merke das Einsetzen einer solchen Phase manchmal daran, daß er vergesse, die Scheinwerfer seines Autos abzustellen. Dann sei seine Batterie leer. Die Energie nicht freisetzen zu können kommt aus der Angst, sie zu verlieren. Diese Angst bindet viel Energie. Deshalb bewirkt gerade sie den Energieverlust: das Leerwerden der Batterie.

Der gegenwärtige Augenblick, der als einziger Zeitfaktor real ist, ergießt sich aus dem Nichts und verströmt sich ins Nichts hinein: Das ist die radikale Beschreibung der Energieerfahrung. Das Nichts, nicht die Vergangenheit, ist die Wiege des Augenblicks. Das Nichts, nicht die Zukunft, ist sein Grab. Der Augenblick ist eine »creatio ex nihilo et destructio in nihil«: eine Schöpfung aus dem Nichts und eine Zerstörung ins Nichts hinein, weil im gegenwärtigen Augenblick, sofern wir seiner intensiv gewärtig sind, die künstliche Objektivierung des Vergangenen und Zukünftigen wegfällt. Das Nichts macht angst. Vor dem Ort, wo das Leben am intensivsten ist, haben wir Angst, weil die Fülle dieses Ortes gleichzeitig das Nichts ist. Totale Hingabe ist immer mit der Aufgabe von so beruhigenden Dingen wie Halt, Sicherheit, Kontinuität verbunden. Je mehr wir in der Fülle des Augenblicks aufgehen, desto mehr sind wir im Nichts. »*Mitten* im Leben sind wir vom Tod umfangen.«

Davon zu sprechen darf nicht den Philosophen vorbehalten sein. Solange die Psychologie nicht in diese Tiefe ihres Themas, nämlich der menschlichen Psyche, vorstößt, sind ihre Heilungsmöglichkeiten zu beschränkt. An der Wurzel all seiner Ängste, nämlich der Angst vor dem Nichts, läßt sie dann den Menschen im Stich. Eine bloß strukturelle Psychologie ist dieser Aufgabe nicht gewachsen. Die Erfahrung der Verbindung von Fülle und Nichts, Leben und Tod läßt sich nur durch die energetische Ausdrucksweise vermitteln.

Der Versuch, Energie zu speichern, stammt aus der wie im

Falle Peter Nolls sehr begreiflichen Angst vor dem Nichts. Er etabliert die *Herrschaft der Unbeweglichkeit*. Was auf extremste Weise in der Schizophrenie als katatoner Stupor, das heißt oft völlige Bewegungslosigkeit, beeindruckt, kann jeder von uns in Ansätzen erleben. Der Unterschied zwischen den Geisteskrankheiten und den Störungen des »normalen« Menschen liegt »nur« darin, daß in der Psyche des Geisteskranken die Vernichtungsdynamik stärker als die Lebensdynamik, die Selbstzerstörungstendenz dominierender als die Selbstentfaltungstendenz geworden sind, was sich in einem radikalen Ich-Verlust äußert.

Die Psychoenergetik geht von einem Erfahrungshintergrund aus, dem nichts Menschliches völlig fremd ist, nicht einmal die psychotischen Erkrankungen, obschon die herkömmliche Psychiatrie gerade deren Uneinfühlbarkeit für den »normalen« Menschen als Kennzeichen hervorhebt. Diese trifft nur für das die ganze Persönlichkeit erfassende Ausmaß einer psychotischen Erkrankung zu, nicht aber für deren Dynamik. Die Erfahrung der Lebensenergie ist ebenso unteilbar wie diese selber. Sie vermittelt eine neue Form der Wahrnehmung. Ohne die realen Unterschiede zu bagatellisieren und die Welt in einem blubbernden Einheitsbrei aufgehen zu lassen, sieht die Psychoenergetik die Unterschiede und Abtrennungen – so auch im Bereich der seelischen Schwierigkeiten und Störungen – nicht als Trennungslinien, die leicht zu »Gefechtslinien« und »Kampffronten« werden, wie Ken Wilber in seinem grundlegenden Werk ›No Boundary‹ (Keine Grenze) in bestechender Logik ausführt,[6] sondern als »Berührungslinien«.

Die Macht der Unbeweglichkeit ist auch eine mathematische Größe. Teilhard de Chardin bezeichnet sie als die »Summe der verlorenen Energien«.[7] Die Lebensenergie wird widernatürlich in die Aufrechterhaltung der seelischen Unbeweglichkeit investiert. Dieser unfruchtbare Energieeinsatz ist das Gemeinsame an allen Abwehrmechanismen, die die Psychoanalyse beschreibt: der Verdrängung, Verleugnung, Verkehrung ins Gegenteil, des Ungeschehenmachens,[8] um die hier wichtigsten zu nennen. Das Grundmuster aller Abwehrmechanismen ist dasselbe. Um es zu begreifen, müssen wir möglichst viele Facetten der Selbstzerstörung kennenlernen.

Der junge italienische Autor Andrea de Carlo beschreibt in seinem Roman ›Vögel in Käfigen und Volieren‹ die modernen Wohnungen. Diese Beschreibung läßt sich in jeder Hinsicht auf die »Seelenwohnungen« heutiger Menschen übertragen, die sich von ihrer Umwelt isolieren. De Carlo läßt die Freundin des Ich-Erzählers sagen: »Weißt du eigentlich, daß diese Wohnungen richtige *Energiekäfige* sind? Ja, Käfige, überall und rundum *isoliert,* oben und unten und an den Seiten, und *die ganze Energie, die du freisetzt, staut sich,* weil sie nicht raus kann, *und schlägt auf dich zurück,* und am Ende wirst du ganz krank oder verrückt oder jedenfalls so gespannt und nervös, daß du mit keinem mehr kommunizieren kannst.«[1]

Der Grund für unsere Energiekäfige ist die Angst vor dem Nichts im gegenwärtigen Augenblick. Sie bildet die tiefste Dimension aller seelischen und vieler körperlicher Krankheiten. Sie ist *Thanatophobie:* eine dauernde und zwanghafte Todesangst, die als solche oft unbewußt ist, die Angst, unsere Käfige zu sprengen, also zu leben. Die *Todesvergessenheit* führt zur *Todesverfallenheit.* Um das Sterben totschweigen zu können, bringen wir uns um das Leben. Denn intensiv leben bedeutet immer auch weitergehen, Abschied nehmen, loslassen, sterben. Leben ist Verzicht auf die trügerische Geborgenheit in Energiekäfigen und Einstimmung in den fließenden Augenblick. Dies veranschauliche ich durch eine erfundene, etwas makabre Geschichte: Ein Mann mittleren Alters befragte vor seiner Entlassung aus dem Krankenhaus, wo er nach einer schweren Operation einen Monat gelegen hatte, den Arzt, wie lange er nach dieser schlimmen Geschichte wohl noch zu leben habe. Dieser antwortete, er habe gute Chancen. Der Mann mittleren Alters beharrte auf seiner Frage: »Gibt es denn keine Statistiken, die darüber Auskunft geben, welches Alter man nach dem, was ich erlebt habe, erreichen kann?« Der Arzt holte ein Buch mit Statistiken aus dem Regal, blätterte darin und sagte schließlich: »Nach Ihrer statistischen Lebenserwartung können Sie noch dreißig Jahre leben.« Frohgemut, wenn auch noch unsicheren

Schrittes stieg der Mann die Treppe zum Erdgeschoß hinunter und vergaß, am Krankenhauskiosk die Zeitung zu kaufen, wozu er vor dem Gespräch mit dem Arzt noch Lust gehabt hatte. Während er die Straße vor dem Krankenhaus überquerte und dabei vor sich hin lächelte – sah er doch im Geiste noch den Arzt mit dem Statistikbuch vor sich –, übersah er ein Auto, das in rascher Fahrt von links her kam, wurde von ihm überfahren und war auf der Stelle tot. Weil er über das *vergangene* Gespräch, das seine *Zukunft* betraf, nachdachte, war er in der *Gegenwart abwesend* und übersah die tatsächliche Gefahr, die ihn *jetzt* bedrohte. Diese Unaufmerksamkeit kostete ihn das Leben. So macht die Todesangst blind für Erfreuliches und Bedrohliches in der einzigen Zeit, die wirklich ist, nämlich in der Gegenwart.

Die Todesvergessenheit stammt aus unserer Angst, aus einem vertrauten Gefängnis entlassen zu werden und die gefährliche Luft der Freiheit einzuatmen – die Geborgenheit hinter Gittern mit einer Welt ohne unüberwindbare Grenzen und Gefängniswärter einzutauschen –, aus der Angst, den Kindergarten unserer zivilisierten Welt mit den Millionen von Verbotsschildern im Geiste zu verlassen und auf die eigene Spürnase zu achten. Das Eigenste, nämlich die Freiheit, ist uns zum Fremdsten geworden, daher meiden wir es. Wir wählen die Lethargie im Gefängnis anstelle der lebensgefährlichen Welt, Energiekäfige statt offene kommunizierende Systeme, in denen die Lebensenergie ungezwungen fluktuieren und erstarken könnte.

Lieber speichern wir unsere Energie für bessere Tage, die aber hoffentlich nicht kommen, denn das wäre gefährlich. Lieber sitzen wir unser Leben ab, als es im Gehen Schritt um Schritt zu verlieren. Wir vergessen, daß der sein Leben verliert, der es bloß zu bewahren sucht – *Thanatophobie* hat eine heimtückische Dynamik. Sie verbirgt sich hinter einer verwirrenden Vielzahl von Problemen und Symptomen. Zwar wollen wir frei von ihnen werden. Daher beschäftigen wir uns mit ihnen. Doch gleichzeitig verdrängen wir die Herkunft unserer Übel und Leiden und verstecken uns einmal mehr im Ufergebüsch am Rande unseres Lebens, das vorbeifließt.

»Warum, wenn Gottes Welt doch so groß ist, bist du ausgerechnet in einem Gefängnis eingeschlafen?« fragt der persische

Sufi-Mystiker Rumi im 13. Jahrhundert.[2] »Weil ich hier meine Energie speichern kann«, würde ich im Sinne des imaginären Gesprächspartners von Rumi antworten. Und: »Weil ich in diesem Energiekäfig mein Leben bewahre.« Und: »Weil ich den Tod ausschalten will.«

Der *Urgegensatz* der Welt ist der *von Leben und Tod,* Alles und Nichts, Sein und Nichtsein. Er liegt allen anderen Gegensatzpaaren zugrunde, zum Beispiel der nährenden und verschlingenden Mutter, dem lieben Gott und dem bösen Teufel, der Lust und dem Schmerz, Jubeln und Klagen, Liebe und Haß. Der Urgegensatz von Leben und Tod ist mit dem natürlichen Urrhythmus der Welt identisch: mit dem Rhythmus von Tag und Nacht, Sommer und Winter, Berg und Tal, und so weiter. Auch unsere hellen und dunklen Lebenserfahrungen drücken ihn aus. Sie sind die beiden Seiten der einen ungeteilten Lebensbewegung.

Begehen wir jedoch den fundamentalen Irrtum, sie zu trennen und aus dem Urgegensatz einen Urwiderspruch zu machen, wird jeder von uns zum eigenen Widersacher, zum unversöhnlichen Gegner der gesamten Lebensbewegung. Wir identifizieren uns dann mit dem Hellen und Guten und Positiven, können aber auch dieses nicht richtig leben, weil wir es aus dem natürlichen Zusammenhang mit dem Dunklen und Bösen und Negativen reißen. Wenn Sie die Schwingung eines Pendels von der linken Seite her behindern, kann es auch auf die rechte Seite nicht mehr ausschlagen. Jetzt wird das Dunkle erst richtig dunkel, das Böse erst richtig böse und das Negative erst richtig negativ, der »gute Teufel« zum »Widersacher von Anbeginn«. Die Lebensenergie wird von allen Seiten behindert und »schlägt auf dich zurück«: Die Selbstzerstörung ist im Gange!

Die Vereinigung der getrennten Gegensätze ist letztlich weniger ein strukturelles als ein energetisches Problem. Wir können den Tod und das Dunkle in unser Leben nicht integrieren, indem wir ihm bloß ein Zimmer in unserem Haus zugestehen. Die Gegensatzvereinigung geschieht im wesentlichen von allein und mühelos durch das, was Whitehead »vibrierende Existenz« nannte.[3] Was heißt das?

Wenn Sie merken, daß Ihr Nacken verspannt ist, lockern Sie ihn durch kreisende Bewegungen des Kopfes: Jetzt ist auch der

Kopf an die Vibration Ihres Körpers angeschlossen. Das gleiche gilt für Ihre Psyche: Wenn Sie eine unmoralische Vorstellung plagt, etwa das Bedürfnis, sich für erlittenes Unrecht zu rächen, gestehen Sie sich doch zu, daß auch dieser Wunsch nach Rache ohne das Verdikt eines schlechten Gewissens kräftig in Ihnen pulsieren darf: Ein dunkler Ton braucht einen großen Resonanzkasten. Ob es angezeigt ist, die Rache wirklich auszuführen, ist eine andere Frage. Nur freie Menschen, in denen auch tiefe Töne kräftig klingen, können ethische Entscheidungen treffen. Wo immer ein Energiekäfig ist – etwas, das Sie einengt und isoliert –, zerreißen Sie das Urteil, öffnen Sie die Tür! Was in Ihnen lebt, ist lebenswert: Das ist die Grundaussage. Die Art und Weise, wie Sie es in Ihrem sozialen Umfeld schließlich leben, ist das zweite Problem. Erst jetzt tritt die strukturelle Arbeit der Integrierung auf den Plan.

Das erste also ist dieses: sich nicht gegen das Leben stemmen, wie immer es sich ankündigt: durch Faszination, Anziehung, aber auch durch Empfindungen von Druck, Verspannung, Blockierung, Stauung. Wer gegen die eigene Anlage kämpft, statt sich mit ihr zu versöhnen, verzehrt sein Leben in ungesunder Eile. Strecken Sie die Waffen! Welch glückliche Niederlage! Welch ein Gefühl von Morgenfrische, wenn Ihr Leben zu einem großen, reichen Akkord anschwillt, weil ein Instrument mitspielt, das Sie bisher in der Rumpelkammer Ihres schlechten Gewissens verstauben ließen! Was Sie überwunden haben, war ein völlig überflüssiger Verzicht, ein überflüssiges Sterben: Wem nützt ein abgestelltes Instrument! Dagegen ist die Absage an eine Moral, die sogar die Freiheit von Gedanken, Vorstellungen und Wünschen geknebelt hat, ein notwendiges Sterben: Jetzt befinden Sie sich im natürlichen Rhythmus von Tod und Leben, weil Sie loslassen, was Ihr Leben behindert.

Das »Zurück zur eigenen Anlage« ist kein bloß gefühlshaftes »Zurück zur Natur«. Es ist alles andere als naiv. Der konkrete Integrationsweg ist oft langwierig und kompliziert. Ohne die fundamentale Intuition einer alle Saiten unseres Wesens erfassenden Lebensschwingung fehlt uns die Kraft dazu. Eben dafür will uns die Psychoenergetik sensibilisieren.

In der vibrierenden Existenz erleben wir die völlige, einzige

Ruhe, nämlich die Ruhe in der ungehinderten Bewegung, in der sich die Gegensätze zu einer einzigen großen Schwingung vereinigen. Die vielen Konflikte, mit denen wir uns rastlos beschäftigt hatten: der Konflikt von Trieb und Geist, Freiheit und Anpassung, ich und mein Partner, Beruf und Freizeit und so weiter, bestehen zwar weiterhin, doch ist ihre Zuordnung im einen Zusammenklang unmittelbar gegeben.

Jetzt wird es einfacher, die vielen nach wie vor bedrängenden Einzelprobleme anzugehen. Sollten wir uns jedoch wieder in ihrem Labyrinth verlieren, weist die verbindende Erfahrung der vibrierenden Existenz die Spur aus dem Energiekäfig.

In Indien pilgern die Menschen mit Vorliebe zu Stätten, wo ein kleinerer Fluß in einen größeren, etwa den Ganges, mündet. Dort, am heiligen Ort der sich vereinenden Strömungen und des neuen kräftigeren Gefälles, suchen sie ihr Heil, indem sie ins Wasser tauchen und sich mit Wasser übergießen. Dies ist ein tiefes Bild für eine nicht konstruierte, sondern erfahrene dynamische Gegensatzvereinigung.

Die absolute Trennung der Gegensätze macht eine ethische Grundhaltung unmöglich. Kann nicht die christliche Demut in ihrer Einseitigkeit ebenso unheimlich sein wie der unchristliche Hochmut? Ist das Jesuswort »Wer sich selbst erniedrigt, wird erhöht werden« nicht auch Ausdruck eines subtilen Hochmuts von Gottes Gnaden? Die konkrete geschichtliche Rezeption dieses Wortes legt diese Deutung jedenfalls nahe. Der verteufelte Gegensatz findet immer den Dienstboteneingang, durch den er unerkannt einzieht. Dazu ein deutliches Beispiel: Augustinus prägte einen Satz, in dem die verfeindeten Gegensätze messerscharf aufeinanderprallen, nämlich: »Die Demut tötet den Hochmut.« Einer der größten Machtpolitiker auf Petri Thron, nämlich Innozenz IV., benützte 1245 dieses augustinische Diktum, um seine weltlichen Ansprüche durchzusetzen. Auf dem Konzil von Lyon ließ er Kaiser Friedrich II. für abgesetzt erklären. Das war für ihn ein Akt christlicher Demut gegenüber einem Hochmütigen.[4] – Psychologisch müssen wir den Satz »Die Demut tötet den Hochmut« so umformulieren: »Die Demut erzeugt den Hochmut.« Beide Formulierungen, die destruktiv erbauliche und die konstruktiv kritische, setzen das gleiche Übel voraus, nämlich die Trennung von Gegensätzen, die sich im Zusammenspiel mildern und ergänzen könnten: Die Demut würde sich zum Beispiel in Einfühlung und der Hochmut in Standfestigkeit wandeln.

Ein weiteres Beispiel dafür, daß die Spaltung der Gegensätze eine humane Ethik unmöglich macht: Die sich bedrohlich ausbreitende, meist tödlich verlaufende Viruskrankheit Aids veranlaßt viele zu einer eifernden moralischen Anklage gegen die Homosexualität und jede »ungezügelte Lust«. Vertreter von christlichen Sekten bezeichnen diese schreckliche Krankheit als Geißel Gottes für einen unmoralischen Lebenswandel. Wer eine solche Ethik des Bösen vertritt, hat in seinem Leben viel Lust abgewürgt. Die verklemmte Haltung vereitelt eine humane Ethik der Nächstenliebe.

Erich Neumann plädiert für die Abkehr von der »alten Ethik«. Denn diese fuße »auf dem Gegensatzprinzip. Der Kampf zwischen Gut und Böse, Licht und Finsternis ist ihr Grundproblem.«[5] In der neuen Ethik dagegen indentifizieren wir uns bewußt auch mit abgelehnten negativen Vorstellungen und Emotionen, die im Zusammenspiel mit den zugelassenen positiven Vorstellungen und Emotionen etwas Neues, ein Drittes ergeben, von dem wir keine Ahnung haben, solange es sich eben nicht ergibt. – Eine Frau, die jahrelang von quälenden Mordphantasien gegen ihren Mann und ihre beiden Kinder, trotz ihrer *gleichzeitigen* Liebe zu diesen, geplagt wurde, lernte diese furchterregenden negativen Vorstellungen zuzulassen, ohne sie zu verurteilen, *gleichzeitig* mit den Liebesgefühlen. Dadurch wurden die beiden isolierten seelischen Bewegungen zueinander in Beziehung gesetzt. Nach und nach ergab sich daraus eine einzige dritte Bewegung, nämlich die Freiheit in einer Liebe, die nicht mehr auf affektive Verschmelzung und Gegenliebe angewiesen war. Das verstehe ich unter dem *Prinzip der Simultaneität* oder Gleichzeitigkeit in der Psychotherapie. Oft, wenn auch nicht immer, bewirkt es die *Auflösung der Selbstzerstörung*, so auch in diesem Fallbeispiel.

Das Prinzip der Simultaneität ist mit der Art von Wahrnehmung, wie sie die Gestalttheorie entwickelt, verwandt: Wir nehmen niemals ein Objekt oder eine Figur oder ein Ereignis wahr, es sei denn in Beziehung zu einem kontrastierenden Hintergrund.[6] Eine Figur kann nur auf einem dunklen Hintergrund als hell erscheinen und umgekehrt. Leicht übersehen wir, daß der dunkle Hintergrund auch zum Gesamtbild gehört, ebenso wie die helle Figur. Wenn wir von dieser fasziniert sind, sind wir es auch von jenem: eine Einsicht, die auch in mancher Beziehungskrise hilfreich sein kann.

In meiner Jugend besuchte ich ein Gymnasium in der französischsprachigen Schweiz. Im Fach »Französische Literatur« zitierte mein Lehrer Viatte einen Satz des Dichters Paul Valéry: »Die Liebe zu jemandem ist immer die Liebe zu etwas anderem.« Dieser Satz geht mir seither regelmäßig durch den Kopf. Valéry meinte damit nicht die trügerische Projektion, die uns einen Menschen aufgrund eigener Bedürfnisse verkennen läßt, sondern die affektive Einheit im Gewahrsein eines Gesamtbildes. Die Liebe zu diesem bestimmten Menschen ist immer Zeichen einer umfassenderen Liebe. Nehmen wir an, daß Sie sich an einem späten Sommerabend am Meer in einer Gemütsstimmung nachdenklicher Innerlichkeit in den Menschen, der Sie begleitet, verlieben. Nie mehr werden Sie diese Liebe von deren umfassendem Ausgangsbild trennen können. Die Liebe zu diesem Menschen bleibt für Sie auch Zeichen Ihrer Liebe zur nachdenklichen Innerlichkeit. Diese ist das »andere«, von dem Paul Valéry spricht.

Solche Zusammenhänge zu übersehen ist selbstzerstörerisch. Auch die »nachdenkliche Innerlichkeit« wie alle anderen ausgeblendeten Gegensätze wollen mitleben, weil sie zu unserem Lebenspotential gehören. Eingeschlossen in Energiekäfige, ihrer natürlichen Expansion beraubt, revoltieren sie gegen den Gefängniswärter, nämlich gegen Sie. Die Mordphantasie, die nicht leben darf, wird zur unerträglichen Zwangsidee, die ein Menschenleben zerstören kann. Sie wollen die Zerstörung, den Tod meiden, indem Sie das, was Ihr Gewissen für zerstörerisch hält, einkerkern. Und eben dies bewirkt die Zerstörung.

Auch das getrennte Ausleben der Gegensätze ohne deren Verbindung in einem Lebensfluß bewirkt Selbstzerstörung. Dies zeigt ein Satz aus Thomas Manns ›Tonio Kröger‹: Tonio war »zerfressen von Ironie und Geist, verödet und gelähmt von Erkenntnis, halb aufgerieben von den Fiebern und Frösten des

Schaffens, haltlos und unter Gewissensnöten zwischen krassen Extremen, zwischen Heiligkeit und Brunst hin- und hergeworfen, raffiniert, verarmt, erschöpft von kalten und künstlich erlebten Exaltationen, verwüstet, zermattet, krank – und schluchzte vor Heimweh«.[7]

Sisyphos ist eine der bekanntesten mythologischen Gestalten.[1] In ihm erkennen sich die modernen Technokraten der Selbstverwirklichung wieder, für die menschliches Leben fast ebenso konstruierbar wie ein Computer ist, ebenso mit Ersatzteilen theoretisch unbeschränkt reparierbar wie dieser und somit potentiell unsterblich. Das Wort »Sisyphusarbeit« kommt uns immer dann über die Lippen, wenn wir an den Folgen unseres fundamentalen Irrtums zu leiden beginnen.

Weil Sisyphos, obgleich sterblicher Mensch, Unsterblichkeit erlangen will, wird er vor die Richter der Toten gestellt. Diese erlegen ihm eine passende Strafe auf. Ja, Sisyphos soll unsterblich werden, doch unter einer Bedingung: Diesen Stein muß er mit Händen und Füßen zum Gipfel in der Unterwelt hinaufstemmen und ihn dann auf der anderen Seite hinunterrollen lassen. Sisyphos macht sich an seine Arbeit. Er weiß noch nicht, daß es eine »Sisyphusarbeit« wird. Nämlich: Kurz bevor er den Gipfel erreicht, wird das Gewicht auf einmal so groß, daß Sisyphos den Stein nicht mehr halten kann und dieser mit Wucht zurückrollt. Das geht nicht mit rechten Dingen zu: Das Gewicht eines Steines muß doch konstant bleiben und kann nicht einmal größer und einmal geringer sein. So macht sich Sisyphos erneut an die Arbeit, um das Los der Sterblichkeit von sich abzuwälzen. Doch wieder und wieder passiert ihm dasselbe Mißgeschick. Das Unverständliche daran macht Sisyphos immer verkrampfter und verbissener, aber auch mutloser.

Diese subjektive Reaktion steht zwar nicht in den griechischen Quellen verzeichnet, doch kennen wir sie von Menschen, die das Schicksal des Sisyphos verkörpern. Es sind Menschen, die gleichzeitig einen heroisch angestrengten und resigniert gedrückten Eindruck machen, Menschen, die nie die Kontrolle über sich verlieren und trotzdem im Laufe ihrer Lebensgeschichte immer wieder schlimme Dinge erleben, die sich offensichtlich ihrer Kontrolle entziehen: Phasen völliger Antriebsarmut, Zusammenbrüche von Beziehungen, berufliche Fiaskos, kurz, Ereignisse, in denen über lange Zeit mühsam Aufgebautes plötzlich einreißt und in sich zusammenfällt. Wir wissen nicht, ob wir ihren heldenhaften Mut, stets von neuem aufzustehen und anzufangen, bewundern oder uns über ihre Sturheit ärgern sollen. Glückliche Menschen sind es nicht, wie Albert Camus meint, höchstens Helden des Absurden, für die Goethes Satz über Sisyphos zutrifft: »Der wunderbarste Irrtum aber ist derjenige, ... daß wir nach einem Ziel streben, das wir nie erreichen können.«

Menschen, die dem Mythos des Sisyphos verfallen sind, tun mehr als andere, um ihr Leben in den Griff zu bekommen und unter Kontrolle zu bringen. Radikaler als andere verlieren sie jedoch auf einmal jede Kontrolle und sacken total in sich zusammen. Darüber erschrecken sie selbst und kennen keine andere Reaktion, als wieder und wieder, und wenn möglich noch entschlossener als beim letzten Mal, mit Willenskraft ihr Leben an die Kandare zu nehmen. So folgt Aufstieg auf Aufstieg, Kollaps auf Kollaps. In Homers Odyssee lesen wir von Sisyphos während seiner Arbeit: »Der Körper triefte vor Schweiß, aber um den Kopf kreiste eine Staubwolke.« In der Tat, welch ein Widerspruch zwischen der ungeheuren Anstrengung des Sisyphos und der Vernebelung seines Kopfes durch die Absicht, sein Leben in den Griff zu bekommen und den Tod auszuschalten, wie er es schon einmal versucht hatte, als er Thanatos, den Gott des Todes, in Fesseln legte!

Nach und nach entwickeln Sisyphos-Menschen eine bemerkenswerte, raffinierte Schlauheit, die sie anderen zu verheimlichen wissen – man könnte ja ihre Mühe unterschätzen! –, um sich, wenn nicht auf direktem Wege, so doch durch das undurchsichtige Gestrüpp kleinerer Tricks und größerer »tours de force« Gelingen zu erschleichen. Sisyphos galt als listiger Held. Doch auch die Schlauheit führt auf Dauer nicht zum Ziel. Dazu drei Geschichten.

Eine Studentin, die seit Jahren über einer mäßig umfangreichen Arbeit saß, weil sie Angst hatte, ihre Gedanken aufs Papier hinfließen zu lassen, sich also ihrem Gedankenfluß zu überlassen, suchte die Lösung in einem immer ausgeklügelteren Kontroll- und Organisationssystem. Sie veränderte häufig die Dosis ihrer stimulierenden Medikamente, ihren Wach- und Schlafrhythmus, die Aufteilung von Arbeit und Freizeit. Jeder

Veränderung folgte meist eine gewisse Erleichterung, doch dann erwies sich die Maßnahme wieder als unwirksam. Eine neue, differenziertere wurde gefunden, mit Erfolg angewandt, bald bezweifelt und am Ende verworfen. Den Zwang, alle Fäden in den Fingern zu behalten, konnte sie jedoch nicht auflösen. Wie Sisyphos wich auch sie vor der Einsicht aus, daß nur die Hingabe, in der wir das Ich-Gefängnis öffnen, nicht aber die starre Kontrolle über alle Lebensvorgänge unserem natürlichen Schicksalsfluß entspricht.

Sisyphos ist der unerotischste aller Helden, weil sich sein ganzes Trachten gegen das Gesetz der Schwerkraft, gegen die Neigung, sich in die Welt und den Eros fallen zu lassen, richtet. Er will nur hinaufsteigen. Stellvertretend für ihn fällt dann der Stein.

Auch der Protagonist der zweiten Geschichte ist ein Held des Absurden. Ein Geschäftsmann korrigierte seine Jahresbilanz, nicht aus Unehrlichkeit, wie er sagte, sondern um den Staat wegen dessen ungerechten Steuerforderungen zu überlisten, also aus einem »gerechten Anliegen«. Das bedingungslose Engagement, das er dazu aufbrachte, hätte für den Erwerb des Doktorgrades in Mathematik gereicht, doch ein kleiner dummer Fehler von entwaffnender Plumpheit passierte ihm dabei, und jetzt ist er in Konflikt mit dem Gesetz – schon zum dritten Mal. Sisyphos ist der Held der total vergeudeten Lebensenergie.

Auch die dritte Sisyphos-Geschichte hat den Reiz des Absurden und die Tragik des Aussichtslosen. Ein vierzigjähriger, dreimal geschiedener Mann gab wieder einmal eine verlockende Heiratsannonce auf. Hunderte von Briefen flogen ihm zu. Eine wahrhaft schwierige Aufgabe, hier die richtige Wahl zu treffen. Zuerst wurden die uninteressanten Fälle aussortiert: »Die guten ins Töpfchen, die schlechten ins Kröpfchen.« Die dreißig, die er ins Töpfchen geworfen hatte, unterzog er einer scharfsinnigen Zergliederung. Er wandte die gleichen zehn Kriterien gerecht auf alle Fälle an, mit ehrfürchtiger Sorgfalt, als handele es sich um das Feststellen der anatomischen Merkmale eines echten Buddhas. Elf Fälle verblieben. Diesen schrieb er individuell nach umsichtigem Bedenken der Eigenarten, die er aus den jeweiligen Briefen herausgelesen hatte. Acht antworteten innerhalb weniger Tage, ein Beweis für die analytische Begabung des

Heiratswilligen. Zwei davon jedoch fielen unerwartet enttäuschend aus. Die restlichen sechs rief er an, um den ersten direkten Kontakt herzustellen, aber nicht alle am gleichen Tag, wollte er doch den Eindruck des Routinemäßigen vermeiden. Alle wünschten ein baldiges Treffen. Doch mußte er die sechs Frauen auf sechs verschiedene Wochenenden verteilen, um die Spontaneität der ersten Begegnung nicht zu beeinträchtigen. Dies hatte natürlich zum voraus die Aufstellung eines entsprechenden Terminplans unumgänglich gemacht. Schließlich traf er die Frauen. Von früheren Heiratsexkursionen her zwar bekannte, aber doch wieder unerwartete Schwierigkeiten traten dabei auf. Die erste Frau zum Beispiel war sympathisch. Und doch schlief er nicht mit ihr, wollte er doch jede affektive Voreingenommenheit bei sich ausschalten, um die Verbindung mit einer der fünf folgenden Frauen, von denen eine vielleicht objektiv passender wäre, nicht zu gefährden. Bald jedoch realisierte er, daß sein Verzicht auf das Schlafvergnügen einer gewissen Logik entbehrte. Denn wie kann man eine Frau wirklich kennenlernen, es sei denn, sie kann ihre Hingabefähigkeit unter Beweis stellen? So koitierte er denn mit der dritten Frau. Die zweite hatte er übrigens auf den ersten Blick verworfen; beschämend, daß er ihre hysterische Seite nicht schon bei den drei Vorprüfungen entlarvt hatte! – Die Geduld, die mir und wahrscheinlich auch Ihnen fehlt, diese Sisyphos-Geschichte in allen notwendigen Einzelheiten weiterzuerzählen und weiterzulesen, ist dem Protagonisten nie abhanden gekommen. Bei Sisyphos-Geschichten können wir an jedem Punkt anfangen und unterbrechen. Die Aussage wird dadurch nicht beeinträchtigt. Das Leben des Sisyphos fließt nicht in wechselnden natürlichen Rhythmen. Sisyphos tritt auf der Stelle wie ein Jogger, der sich auf seiner elektrischen Laufbahn zu Hause das Herz aus dem Leibe rennt.

Wo liegt der Fehler? Etwa in einem versteckten Mangel innerhalb der doch so bewundernswerten Konstrukte des im Mythos als verschlagener Erzschelm bezeichneten Sisyphos? Das wäre die systemimmanente Antwort des Sisyphos selbst. Nein, der Fehler liegt in der Absicht der umfangreichen Unternehmungen, nämlich die menschliche Sterblichkeit zu überwinden. Diese Absicht ist es, die alles, was Sisyphos in die Hand nimmt, zu einer Sisyphos-Arbeit werden läßt. Die Sterblichkeit läßt sich nicht überwinden. Man kann sie eine Zeitlang mit Brachialgewalt vor sich herschieben, doch abschieben läßt sie sich nicht.

Sich der eigenen Sterblichkeit im Gegensatz zu Sisyphos zu fügen heißt: den zwanghaften Griff des Thanatophoben zu lokkern, loszulassen, sich einzulassen ohne Absicherungssystem, freiwillig die Waffen zu strecken, um vom Unmöglichen frei zu werden, Hingabe im Augenblick, die Fruchtblase zu zerreißen und den großen Atem der Welt zu atmen, in Aufgaben aufzugehen, mit anderen Menschen zu einem Gefälle zusammenzufließen, Identität nicht im Schwimmen gegen den Strom, sondern im wachen Mitschwimmen zu suchen. Dann verschwindet der Stein des Sisyphos, wie sich eine Illusion auflöst. Die Sterblichkeit ist kein Stein des Anstoßes, sondern die natürliche Grundbedingung des Lebens.

Sisyphos aber verzehrt seine Lebenskraft in fiebriger Hast, indem er seine Sterblichkeit, das heißt seine Lebendigkeit, bekämpft. Er ist ein Held der Selbstzerstörung auf Raten. Auf jede Phase krampfhafter Kontrolle folgt eine Phase hilflosen Kontrollverlustes und Abfalls des Tonus, auf den unmenschlichen Kraftaufwand im Hochstemmen des Steines die plötzliche Schwäche in dessen Entgleiten. Wenn er nur realisieren könnte, daß er sich selbst diesen Stein, diese schwerwiegende Illusion der Unsterblichkeit – eines Lebens ohne Wandlung, eines Augenblicks ohne Fluß – aufgehalst hat! Dann würde auch der ferne Gipfel verschwinden, weil nicht mehr ausstehende Ziele, sondern der gegenwärtige Augenblick ihm wertvoll und kostbar würde. Er könnte ohne heroische Anstrengung Ewigkeit gewinnen. *Ein* Augenblick verstreicht im Nu, weil wir ihn von außen – einem Ziel oder einer Erinnerung – her anschauen. *Der* Augenblick aber ist ewig, weil wir ihn, solange wir in ihm sind, nicht verlieren können.

Das Leben der Sisyphos-Menschen ist eine packende Parabel für unsere Sterblichkeit. Daß sie selber die Parabel nicht verstehen, gehört zum Schicksalsmythos, mit dem sie identisch sind. Alles an ihrem Leben ist Zeichen der Sterblichkeit, zum Beispiel der alternierend hektische und gelähmte Rhythmus ihrer Sprache, der Widerspruch zwischen der gehemmten Stimme im

Sprechen und dem enthemmten Lachen, die gebremste Gestik, die Körperhaltung erstarrter Resignation oder verzweifelten Dranges nach vorwärts und allgemein in allen Lebensäußerungen eine unharmonische Zickzack-Bewegung mit scharfen Spitzen. Lähmung, Hemmung, Gebremstsein, Erstarrung, Verzweiflung, Mangel an Harmonie: Alles an ihnen offenbart die selbstzerstörerische Verneinung der Sterblichkeit. Der sich vom Lebensganzen isolierende Sisyphos meint, »er müsse immer alles selber tun«. Er ist der Gegentypus zu Laotse, der sagt: »Nichts tun und doch bleibt nichts ungetan.« Nicht zufällig sind zwei Protagonisten meiner drei Geschichten Männer. Frauen, die den lunaren Rhythmen von Leben und Tod oft näher sind, leiden seltener unter dem Zwang des Sisyphos, der menschlichen Bedingtheit zu trotzen.

Die Christophorus-Legende, die vorchristlichen Ursprungs ist, zeigt eine gewisse Ähnlichkeit mit dem Sisyphos-Mythos. Auch Christophorus war ein kräftiger Mann: ein Hüne. Auch er hatte eine Last zu tragen, die immer schwerer wurde, bis er unter ihr fast zusammenbrach. Auch er hat mit der Bannung des Todes zu tun: Im Volksglauben schützt er gegen einen jähen Tod. Noch heute kleben viele Katholiken Christophorus-Amulette in ihre Autos. Doch gibt es zwischen den beiden Gestalten wesentliche Unterschiede, die andeuten, wie aus dem selbstzerstörerischen Sisyphos-Komplex eine Energiequelle entspringen kann.

Christophorus ist der gewandelte, geheilte, erlöste Sisyphos. Die Aufgabe des Christophorus war es, Menschen durch einen Fluß zu geleiten: ein archetypisches Motiv, welches das Leben als Übergang, Wandlung, Rhythmus darstellt. Der Übergang vom einen zum anderen Ufer des Flusses versinnbildlicht die Vereinigung der Urgegensätze von Leben und Tod und aller anderen Gegensätze.

Das Hin und Her des Christophorus hat demgemäß einen Sinn, nämlich die Menschen, die er über den Strom geleitet, mit ihren Gegensätzen zu verbinden: die Aufgabe des Therapeuten. In seiner Arbeit ist Christophorus überdies mit allen Menschen, die ihm zufallen, verbunden. Das Hin und Her des Sisyphos dagegen ist sinnwidrig: Es dient der Aufrechterhaltung einer irrealen Wunschvorstellung, nämlich der eigenen Un-

sterblichkeit. Deshalb ist die Aufgabe des Sisyphos so hoff-
nungslos anstrengend, weil sie nicht in Einklang mit der eigenen Anlage geschieht. Sie isoliert ihn überdies von den anderen
Menschen, weil er sich über deren Sterblichkeit zu erheben
sucht. Der Jesusknabe mit der Weltkugel, den Christophorus
auf seinen Schultern trägt, sagt diesem: »Du trägst die ganze
Welt«, das heißt die Ganzheit jenseits der Spaltungen. Das
scheint zunächst die schwerste aller Aufgaben zu sein. Wie
mühselig sind oft Therapien und Analysen, bevor der Klient
seinen Fuß auf das andere Ufer setzt, also die unmittelbare
Erfahrung der strömenden Gegensatzvereinigung macht. Dann
aber geht es auf einmal leichtfüßig und locker vorwärts. Christophorus kann seine Last absetzen, die ihm gestellte Aufgabe
ist im wesentlichen erfüllt. Der Bann des Sisyphos-Komplexes
ist durchbrochen. Nun können Klient und Therapeut zusammen die vielen Länder durchstreichen, die der Klient bisher im
fixen Blick auf den zu bezwingenden Berg ausgeblendet hat,
vor allem das Neuland der Hingabe. Die vielen Reisen, die sie
jetzt unternehmen, dauern weniger lang, als das Überqueren
des einen Flusses gedauert hat.

Theodor Reik gibt in seinem Buch ›Aus Leiden Freude‹ eine
einfühlende Beschreibung des *Masochismus,* die wie eine verstärkte Variante des Sisyphos-Mythos anmutet, allerdings mit
einem wichtigen Unterschied, den ich gleich erklären werde.
Der Masochist erträgt die Angst nicht, die mit der erotischen
Annäherung verbunden ist. Es handelt sich dabei aufgrund
meiner Erfahrungen nicht um die Angst vor der Lust, sondern
allgemein vor der Verschmelzung mit einem anderen Menschen, das heißt vor der zeitweiligen Auflösung des Ich, letztlich also um die Angst vor dem Loslassen, dem »kleinen Tod«
in jedem Augenblick. Um diese Todeserfahrung zu vermeiden,
hält er seine Erregung schwebend. Dies hat eine unerhörte
Spannung zur Folge, vergleichbar der Anstrengung des Sisyphos, der seinen Unsterblichkeitswahn aufrechterhalten will
und die Hingabe an das wirkliche Leben scheut. Der Masochist
verlängert den Aufschub so lange wie möglich, da er Angst hat,
im Sexualakt unterzugehen. Die wachsende Angst vor der natürlichen »Zerstörung« seines Ich in der sexuellen Verschmelzung treibt ihn schließlich in die Selbstzerstörung: »Er wirft die

Angst über den Haufen, überschreitet die früher so sorgsam gehütete Grenze.«[2] Seine Flucht nach vorn dient der Abwehr, um die unerträgliche Angstspannung loszuwerden. »Dieser Weg wird oft beschritten, wenn ein Ende mit Schrecken einem Schrecken ohne Ende vorgezogen wird.«[3] Nun ist für ihn die Lust untrennbar mit Angst und Schmerz verbunden. Aber – dies ist der entscheidende Punkt zum Verständnis des Masochismus – es ist nicht die Angst selbst, die die Lust steigert, sondern die Angstüberwindung im Erleiden von Angst, Qual und Schmerz.

Hier sind wir wieder bei Sisyphos angelangt, der schließlich den Stein, Bild seiner zur Lebenshaltung verfestigten Todesangst, in die Tiefe fallen läßt: in Antriebslosigkeit, Resignation, Depression. Auch der Masochist läßt sich schließlich wie ein Desperado fallen: in Gefahr, Angst und Qual, denen er sich nach einer langen Pause der Angstspannung überläßt. Doch hat sich im Masochisten der Kreis der Selbstzerstörung zu einem funktionierenden Ganzen geschlossen. In der Lust findet er immer wieder die Erlösung von der Angst. Sisyphos dagegen bleibt diese trügerische Selbsterlösung versagt. Er wird von seiner Todesangst nicht befreit. Er kann sie nicht in der Lust am Leiden binden. Für seine Erlösungssehnsucht findet er keinen Ersatz. Im Gegensatz zum kranken Masochisten ist er eine tragische, dunkle Gestalt, die aus dem hellen Hintergrund der Erlösung wirkt, die er nicht wahrnehmen kann.

Wer diese Beschreibung des Masochismus mit einer gewissen inneren Distanz gelesen hat, kann sich vielleicht doch an eigene Erlebnisse erinnern, in denen er, ohne es zu wissen, auch masochistisch handelte. Nehmen wir einmal an, wir verspüren eine starke Sehnsucht, einem bestimmten Menschen zu begegnen. Doch gleichzeitig haben wir Angst davor, Angst, uns in die Begegnung fallen zu lassen. So sagen wir unter Vorwänden das Treffen einmal, zweimal ab, halten unsere Erregung in der Schwebe und verschieben den schrecklich schönen Tag. Entschließen wir uns dann doch, in plötzlicher Überwindung der Angst, zur Begegnung, und findet diese endlich statt, tun wir entgegen unserer Absicht alles, um den anderen zu ärgern, etwa indem wir viel zu spät kommen, provokative Äußerungen machen oder Regeln der Höflichkeit grob mißachten. Gleichzeitig lassen wir ihn spüren, wie sehr wir ihn trotzdem mögen. So beginnt er auf unser Spiel einzugehen und uns durch Sticheleien, Vorwürfe und Verletzungen halb liebevoll, halb bösartig zu quälen, und wir, auf einmal seltsam entspannt, empfinden dabei Schmerz und Lust zugleich, Lust, weil wir jetzt endlich die Angst überwunden haben, uns in die Begegnung zu ergeben. Wie gerne nehmen wir die kleinen Quälereien des anderen in Kauf, haben wir doch eine Strafe dafür verdient, daß wir auf seine Zuwendung so angewiesen sind!

Wenn Ihnen Ähnliches nicht unbekannt ist, ahnen Sie etwas vom seelischen Bewegungsablauf, der im Masochisten vor allem in der Sexualität zu einem festen, ritualisierten, die ganze Persönlichkeitsstruktur bestimmenden System geworden ist. Dasselbe gilt auch für das komplementäre Bewegungsmuster, nämlich für die Lust, den anderen zu quälen, also für den Sadismus. Auch der Sadist sucht nur das eine, nämlich die Möglichkeit, sich in eine Beziehung fallen zu lassen.

Der Masochist leidet an einer seelischen Störung. Sisyphos dagegen ist eine mythologische, archetypische Figur. Sie versinnbildlicht die allen Menschen gemeinsame Neigung, die eigene Sterblichkeit zu verleugnen. Dies wird durch den Mythos klar herausgestellt. Sisyphos weiß um sein Ziel. Im Masochisten dagegen bleibt die Angst, sich fallen zu lassen, unausgesprochen und unbewußt. Deshalb kann Sisyphos dem Masochisten zwar nicht Erlösung, aber doch Bewußtheit über das Motiv seiner seelischen Störung bringen, nämlich die Angst, in der Hingabe als Ich zu sterben.

In einem Kaffeehaus wurden mehrere Paare, die sich neu kennenlernten, ohne ihr Wissen gefilmt. Nach anfänglich mangelhafter gegenseitiger Koordination der Gesten, Körperbewegungen, der Körperhaltung und des Mienenspiels kam es bei einem Teil der Paare immer mehr zu einer Übereinstimmung, zu einem in den kleinsten Bewegungen bezogenen »Tanzspiel« der Partner, wie die Verhaltensforschung dies auch von Tieren in der Paarungszeit beschreibt. Bei den anderen Paaren kehrte trotz anfänglicher Bemühungen um Gleichklang jeder der beiden Partner in den je eigenen Rhythmus zurück. In einigen Fällen setzten sogar deutlich erkennbare Gegenrhythmen ein: Bewegte sich der eine vor, lehnte sich der andere zurück, lachte der eine, verspannten sich die Züge des anderen, hob der eine seine Arme, preßte der andere die seinen an den Körper, und so weiter. Sie bildeten keine Einheit, sondern eine Zweiheit, erkennbar an den sich gegenseitig aneckenden und abstoßenden, unkoordinierten Bewegungen.

Was die ersten Paare betrifft, die zu zunehmender Übereinstimmung und Koordination, zu einer melodiösen Ganzheit zusammenfanden, können wir annehmen, daß auch ihre Stimmen einen gemeinsamen Ton fanden und die Ausdünstung der beiden Körper in einen gemeinsamen »Duftakkord« mündete. Eindeutiger als Worte und Beteuerungen gibt die Körpersprache über Liebe oder Haß, Hingabe oder Abgrenzung, Sympathie oder Antipathie zweier Menschen Auskunft.

In Beziehungen aller Art ist es wichtig, auf solche feinen, aber unmißverständlichen Äußerungen von Resonanz oder Dissonanz zu achten. Wir machen uns dann über unsere Beziehungen weniger vor und lassen uns weniger vormachen. Vielleicht geht es um Wahrnehmungen, die Ihnen wenig vertraut sind. In diesem Falle ist Ihnen meine Art der Darstellung von Beziehungsabläufen etwas fremd. Eine Sprache, die Energieprozesse ausdrückt, hat in deren Wiedergabe etwas Fließendes, nicht Festzumachendes und Definierbares. Wie dem sich wellenden Wasser mangelt es ihr an scharfen und bleibenden Konturen.

Die Nuancen einer energetischen Darstellung sind nie fotografisch starr, sondern immer beweglich wie der Übergang von einer Filmsequenz zur anderen. Wenn es Ihnen gelingt, sich mit mir in die gemeinsamen Rhythmen oder Gegenrhythmen zweier Partner einzufühlen, machen wir überaus konkrete, belebende Erfahrungen zusammen. Diese wiederum bleiben nicht ohne Auswirkungen auf unsere eigenen Beziehungen. Wer für Schwingungen und Rhythmusmuster zwischen Menschen sensibel wird, läßt selbst Berührungen aller Art leichter zu. Spitze, feindliche Rhythmen können sich dann seltener durchsetzen. Wir ecken weniger an, weil unsere Bewegungen dank der neuen Wahrnehmungsfähigkeit runder geworden sind. Es ist nicht gleichgültig, welche Sprache wir für ein bestimmtes Thema – in diesem Kapitel für zerstörerische Liebesbeziehungen – wählen. Nicht nur, weil die Sprache zu ihrem Gegenstand passen muß, sondern vor allem deshalb, weil die Sprache, die wir verwenden, in jedem Moment auf unser Erleben zurückwirkt. Daher ist meine Bemühung um eine psychoenergetische Sprache nichts anderes als die eigene Bemühung um ein »flüssigeres«, strömenderes Leben, ein Leben also, in dem Partnerschaft nicht als Bedrohung des Ich, sondern als dessen Verstärkung und Ergänzung empfunden wird, nicht als »tödliche Zweiheit«, sondern als belebende Verbindung.

Was bedeutet der Ausdruck *tödliche Zweiheit*? »Wie ein geschlossenes System in der Natur verliert eine geschlossene Beziehung an Energie.«[1] Eine »tödliche Zweiheit« ist destruktiver als eine »Wetterhäuschen-Beziehung« (scheint bei dir die Sonne, stehe ich im Regen), in der Partner relativ friedlich miteinander leben können, allerdings ohne wirklichen Austausch. In der »tödlichen Zweiheit« dagegen sind die Partner im Hick-Hack-Stil zusammen: Sie lassen sich nicht leben, sondern leben gegeneinander. Ihr Austausch ist rege, aber eigentlich bloßer Schlagabtausch. Sagt der eine Partner: »Es ist schönes Wetter heute«, antwortet der andere: »Morgen wird es um so schlechter.« Schwärmt der eine über ein neues Buch, nimmt es der andere aus diesem Grund nicht zur Hand, und so weiter. Diese Beispiele klingen harmlos und sind den Stimmungswidersprüchen bei »Wetterhäuschen-Partnern« ähnlich. Und doch hat die abweisende Gegenhaltung, die in ihnen zum Ausdruck kommt, eine so gefährliche Eigendynamik, daß wir darin bereits Ansätze zu einer »tödlichen Zweiheit« sehen müssen. Ich verzichte hier darauf, die Ursachen für die Eskalation einer Partnerschaft in die »tödliche Zweiheit« zu untersuchen. Ich habe dies früher getan.[2] Ich möchte in Ihnen hier das Gespür für Energiebewegungen in solchen Partnerschaften wecken.

Alle lebendigen Beziehungen haben manchmal Phasen der »tödlichen Zweiheit«. Doch je mehr sich diese ausbreiten und die Grundstimmung einer Partnerschaft ausmachen, je mehr also die »tödliche Zweiheit« zur dominanten Beziehungsform wird, desto lebensgefährlicher kann sie für die beiden Partner werden.[3] Das ist keine Übertreibung. Die radikale Verneinung des eigenen Wesens durch den Lebenspartner wirkt ansteckend. Oft scheint der Organismus des einen Partners das Todesurteil auszuführen, das der andere über ihn gefällt hat. Der Ausruf »Du bringst mich noch ins Grab!« trifft in solchen Fällen zu.

Die Gefährdung durch die »tödliche Zweiheit« ist dann besonders groß, wenn beide Partner bei intensiver gegenseitiger Anziehung sehr verschieden sind und außerdem jeder für den anderen problematische Erfahrungen mit dem gegengeschlechtlichen Elternteil in der Kindheit wachruft. Der Satz »Du bist wie mein Vater« oder »Du bist wie meine Mutter«, zum ersten Male ausgesprochen, ist wie das Leitmotiv, das in der Ouvertüre zur »tödlichen Zweiheit« anklingt.

Es scheint mir verkehrt, die Frage nach dem Umgang mit der »tödlichen Zweiheit« mit sturem Ernst zu erörtern. Starrheit und Mangel an Humor sind geradezu Kennzeichen der »tödlichen Zweiheit«. Würden wir im Sprechen über die »tödliche Zweiheit« deren verbissene Stimmung übernehmen, käme das einer ungewollten negativen Verstärkung gleich. Ich kenne diese Gefahr von vielen Partnerschaftsgesprächen her. Die Geschichte, die mir ein Bekannter kürzlich erzählte, er hat sie als fünfzehnjähriger Bub erlebt, kann einen Aspekt »tödlicher Zweiheit« verdeutlichen und reizt doch zugleich zur Heiterkeit.

In der Nähe seiner Schule auf dem Lande nisteten im nahen Wäldchen Pirole. Die Kinder lernten, den flötenden Ruf des Männchens mit seinem wunderschönen gelben bis grünen Gefieder nachzuahmen. Es gelang ihnen auf diese Weise, einen Pirol anzulocken, der auf den Ruf der Kinder antwortete. Dieses Spiel dauerte bis zum August. Dann zogen die Pirole nach Süden und wurden erst Ende April zurückerwartet. Doch eines Tages mitten im Februar hörten die Kinder zu ihrem Erstaunen den Ruf des Pirols. Sie antworteten, und so kam es wieder während längerer Zeit zu einem regen Singspiel. Eines Tages erblickten die Kinder den Vogel. Es war kein Pirol, sondern ein Star, der den Ruf des Pirols nachgeahmt hatte und auf diese Weise mit den Kindern in Verbindung treten konnte.

Um Austausch und Zusammenspiel zu ermöglichen, ist der Star zum Pirol geworden. Zumindest hat er seine Stimme verstellt und jenen Ruf gelernt, auf den er eine Antwort bekam. Viele Menschen, die sich in Beziehungen anpassen, sind solche Stare, die zu Pirolen werden. Manche haben wie die Stare eine besondere Gabe zur Verstellung. Gleichzeitig wissen sie dunkel, daß sie nicht um ihrer selbst willen geliebt werden. Sie passen sich der Melodie des Partners an und geben vor, es sei ihre eigene. Was nach außen wie ein gelungener Gleichklang tönt, beruht auf der Dämpfung der eigenen Klangfiguren. Die scheinbar harmonische Ehe ist oft nichts anderes als der »Einklang« zwischen der Sprache des einen und der Sprachlosigkeit des anderen. Auch dies ist der Versuch eines Zusammenspiels, wenn auch ein mißlungener.

Warum hatte der eine Partner nicht die Tapferkeit, eventuell in Kauf zu nehmen, als gewöhnlicher »Star« ungeliebt zu bleiben, nicht bei allen Menschen, aber bei diesem einen? Und warum hörte der andere Partner in der Stimme des »Pirols« nicht den Mißklang heraus? Beide haben offensichtlich Angst, es gebe für sie keine Beziehung, es sei denn durch Vorspielen falscher Tatsachen. Doch die Isolierung erstickt jede Resonanz. Durch den mangelnden Widerhall werden Sie in Ihrer alten Ansicht bestärkt, daß Sie Ihre Stimme nur im schalldichten inneren Geheimverlies, ihrem »Energiekäfig«, erheben dürfen. Da Sie Töne kaum aussenden und fremde kaum empfangen, nähert sich Ihre Stimme dem dünnen Piepston des in einen Käfer verwandelten Gregor Samsa in Kafkas Erzählung ›Die Verwandlung‹.

Nicht nur der sich anpassende Partner – der Star, der ein Pirol sein will –, sondern auch der tonangebende Partner, der im Star den Pirol sucht, hat zu wenig Raum für die Vielfalt seiner Klangfiguren. Nur durch die Resonanz in anderen Menschen kommt die eigene Stimme zum Tönen. Die Liebesbeziehung gleicht einem Saitenspiel. Saiten tönen nur, wenn sie an zwei Enden befestigt sind: im Ich und im Du. Beide erkennen sich individuell in der Geburt des gemeinsamen Klangs wieder, jeder auf eigene Art. Gleichzeitig ist jeder der beiden nichts als dieser gemeinsame Zusammenklang. Jeder findet zu sich selbst, wenn er seinen Energiekäfig öffnen kann.

Verweilen wir etwas beim Gegenbild der »tödlichen Zweiheit«, nämlich der belebenden Einheit. Die große Schwierigkeit liegt darin, sich den *Übergang* von der isolierten seelischen Unbeweglichkeit zur verbindenden Bewegung vorzustellen. Es ist kein Weg, den wir Schritt um Schritt gehen und beschreiben können. Der Übergang geschieht *unvermittelt und plötzlich* wie jeder Übergang von der strukturellen Erlebnisebene zur energetischen Erfahrungsebene. Was auf dieser passiert, ist so ungeteilt und ganzheitlich, daß für den Beobachter oder Leser, der sich im Momet noch auf der strukturellen Ebene befindet, das Gesehene oder Beobachtete wie eine regressive Vereinfachung oder Idealisierung erscheint.

Am leichtesten können Sie vielleicht diesen Übergang in der Beschreibung einer Liebesbeziehung mitvollziehen. Hören wir dazu einen wunderbaren Text aus Andrea de Carlos' erwähntem Roman: »Wir sehen uns fest in die Augen, die dünne *Hülle*, die unsere beiden *Magnetfelder* abgrenzt, dehnt sich und spannt sich, bis sie *zerreißt* wie ein transparentes Häutchen, und *sofort* fließen unsere Magnetströme ineinander, unsere Gedanken, Gesten, Hände und Finger lassen sich widerstandslos voneinander anziehen, gehen voll ineinander auf. Wir stehen sehr nah, sehr eng beieinander, ich kann nicht mehr unterscheiden zwischen ihren und meinen Konturen, ihren und meinen Bewegungen.«[4]

Dieser Text enthält wichtige Motive der Psychoenergetik: die *Isolierung* der Lebensenergie im Ich, die daraus entstehende *Spannung*, der *plötzliche Übergang* zur energetischen Erfahrungsweise in der dynamischen Verbindung mit anderen Menschen, mit Aufgaben, Ideen oder Einsichten. Das Leben zieht auf einmal in Ihnen an wie ein Pferd, das vom Trab in den Galopp übergeht. Letzteres kennen Sie von der sexuellen Erregung her. Sie werden unvermittelt von der Lebensenergie erfaßt. Das wache Geschehenlassen spüren Sie als größtmögliche eigene Aktivität. Das Lebensgefühl steigt: ein Zeichen der Aktivierung Ihrer Energie. Es ist, wie wenn etwas in Ihnen einhängt, einrastet, durchbricht, wie wenn aus einem ungelenken, vom Kopf gemachten Tanzschritt unerwartet eine runde, ganzheitliche Bewegung wird. Die energetische Erfahrung hat vom Schlaf das Geschehenlassen und vom Wachzustand die Bewußtheit. Sie bedeutet seelische Gesundheit. Wäre seelische Gesundheit bloß Abwesenheit von Krankheit, würde die analytische Ausrümpelung der seelischen Störungen zu ihrer Erlangung ausreichen. Doch dem ist nicht so. Der Übergang zur energetischen Ebene ist der entscheidende Schritt zur Gesundung. Es ist notwendig, daß wir ihn am gleichen Tage viele Male machen können. Er muß zu einem immer leichter verfügbaren seelischen Reflex werden.

Kehren wir nach dieser kurzen Beschreibung der energetischen Erfahrung zur »tödlichen Zweiheit« zurück, in der sich zwei isolierte Systeme gegenseitig beschießen und zerstören. Dieser Zerstörungsprozeß beginnt in der passiven Anpassung. Wer sich dem Unpassenden fügt oder die Anpassung des Partners stillschweigend akzeptiert, kann sich nicht vorstellen, daß sein Leben im Saitenspiel der Welt erklingen kann. Welche Gegenkräfte blockieren diese doch so natürliche, einleuchtende Vorstellung? Die Antworten können auf verschiedenen Ebenen angesetzt werden. So auf der obersten: die schlechten Erfahrungen mit früheren Partnern, die uns mißtrauisch gemacht haben, oder tiefer: die übermäßige Anpassung in der Kindheit an Eltern und Geschwister, oder das Schicksal des dominierenden, isolierten Einzelkindes. Und noch tiefer: die leeren Augen der Mutter im Frühkindalter, der Mangel an Glanz, ermutigender Spiegelung, affektiver Bejahung und Stimulierung. Auf dem Grund, die oberen Ebenen umgreifend und deutend, finden wir die Thanatophobie: die zähe Angst, jeder Schritt hinaus aus der Isolierung würde Zerstörung und Tod mit sich bringen. »Ich bin dem nicht gewachsen«, sagen Sie vielleicht, weil Sie meinen, Sie müßten Ihr Wachstum selber machen. Doch Wachstum geschiet von allein, wenn Sie es nur zulassen, das heißt die Angst vor der Relativierung Ihres Ich in einem vorübergehenden Tod überwinden.

Alle Antworten sind richtig. Wir sollten sie alle möglichst genau kennen. Jede tiefere Antwort bringt eine zusätzliche Befreiung. Doch die eigentliche Heilung geschieht nur im unmittelbaren Innewerden des einen Prozesses von Leben und Sterben in diesem Augenblick, nicht ein für allemal, sondern stets von neuem. Nur von hier aus können wir auch die oberen Ebenen wirklich begreifen und ihre Einsichten fruchtbar einsetzen. Der Heilungsweg ist meist ein stufenweises Hinabsteigen von oberflächlicheren zu tieferen Ursachen, bis wir schließlich als umfassende Ursache die radikale Illusion einer unbeweglichen Welt, an der wir uns festklammern könnten, und die Angst vor Heraklits Einsicht, daß alles fließt und somit der Tod Grundbedingung des Lebens ist, erkennen und sie auflösen. Wenn wir dann von diesem tiefsten Grund aus wieder Stufe um Stufe emporsteigen, ist es uns so, als würden wir die oberen Ebenen, die unsere destruktive Lebenseinstellung erklären, zum ersten Male sehen und erst jetzt richtig begreifen.

Manche Menschen, etwa solche, die einen schweren Schicksalsschlag erlitten haben, gelangen mit oder ohne fremde Hilfe direkt in die befreiende Urerfahrung von Leben und Tod, ohne den Stufenweg in die Tiefe ihrer Lebensgeschichte gegangen zu sein. Doch dann müssen auch sie, keine Stufe überspringend, die vielen Tarnungen der Todesangst auf ihrem Lebensweg kennenlernen. Menschen, die diesen geduldigen, aktiven Weg nach oben für überflüssig halten, leben mit »ihrer« passiven Urerfahrung ähnlich wie Drogensüchtige in einer halluzinatorischen Welt der Zeitlosigkeit. Weil sie die Mühe scheuen, im Rückblick auf ihren vergangenen Weg ihre zerstörerischen Lebensmuster zu durchschauen, können sie auch im Jetzt zum Akkord der Welt keinen eigenen Ton beitragen. Sie meinen, in einem »kosmischen Bewußtsein« mitzuschwingen, und sind doch nur Blätter, die der Wind anrührt, keine Instrumente mit eigener Struktur und Klangfarbe.

Nicht nur die Anpassung, sondern auch die Kritik- und Bekehrungssucht, die in Partnerschaften grassiert, dient der Abwehr gegen eine Erweiterung des eigenen seelischen Horizonts.

Als aktive *Einwirkung* auf den Partner erreicht sie somit das gleiche wie die passive Anpassung an ihn, nämlich die Aufrechterhaltung der Isolierung. Sie ist ein Nein *gegen* die Liebe, nicht ein Nein *in* der Liebe, wie es ein erfrischender, dynamischer Streit sein kann. Sie macht aus zwei Menschen eine sterile Zweiheit.

Natürlich gibt es ständig und in gewisser Hinsicht auch zu Recht vielerlei beim Partner zu kritisieren. Die Kritik, die »man nur noch *einmal*« anbringen *muß*, ist einfach unbedingt wichtig. Und doch besteht die einzig wirksame Einwirkung auf den Partner darin, daß ich im Einklang mit mir selbst bin. Die Übereinstimmung mit dem Fluß meines eigenen Lebens hat auch auf den Partner eine befreiende Ausstrahlung. Entspricht die Reaktion des Partners trotzdem nicht meinen Vorstellungen, bin ich darüber nicht tief gekränkt und verbittert, als würde er »mir zu Leide« sein Unglück wählen. Zwar schmerzt mich die mangelnde Verbindung. Doch das zwängelnde Bedürfnis, das eigene Heil in der Bekehrung des anderen zu suchen, fällt weg.

In welchen Phasen sind Sie besonders kritiksüchtig? Ich verstehe darunter nicht kritische, direkte Auseinandersetzungen, die Zeichen von Lebendigkeit sind. Ich vermute, daß Sie immer dann zum *Fehlerjäger* des anderen werden, wenn Sie selbst in der Beziehung nicht lebendig sind. »Ja«, antworten Sie mir vielleicht, »das mag wohl stimmen. Doch meine Unlebendigkeit und mein Widerstand in der Beziehung stammen ja gerade aus den Fehlern des Partners, die ich kritisieren muß. Sehen Sie denn nicht, wie bequem und egoistisch er ist?« Ist dem wirklich so? Wo lag der Anfang? Gehen Sie Schritt um Schritt zurück. Öfters, als Sie denken, werden Sie auf die eigene Verweigerung, lebendig bezogen zu sein, stoßen, eine Verweigerung, die mit Ihrem Partner nichts mehr zu tun hat. In diesem Sinne sind Partnerschaftsprobleme immer nur *Spurenprobleme*, wie Stefano Sabetti meint. Wir sind kritiksüchtig, weil wir die Verständigung nicht finden.

Nicht nur der »Fehlerjäger«, auch der *Schürzenjäger* hält sich für sehr beziehungslustig, kann er doch vom Jagen nach Beziehungen nicht genug bekommen. Aufgeklärte Feministinnen haben seinen Trick mittlerweile durchschaut. Wenn Sie als Frau die Rollen umkehren und einem Schürzenjäger nachjagen, ergreift er die Flucht. Er hat Angst vor Ihnen und hatte die Angst schon als Jäger. Seine *Beziehungssucht* ist eigentlich eine *Beziehungsflucht*. Können Sie sich vorstellen, mit einem Schürzenjäger in eine vertrauensvolle, tiefe, gemeinsame Schwingung hineinzufinden? Der Schürzenjäger ist einsam: Er macht nur isolierte, keine gemeinsamen Erfahrungen.

Ob Sie nach Fehlern, Schürzen oder Hosen jagen: Sie fliehen vor der Ruhe in die Bewegung, vor jener Ruhe, die Sie vielleicht erschaudern macht, weil sie an den Tod erinnert.

Anpassung und Einwirkung als Kennzeichen der »tödlichen Zweiheit« kommen im gleichen Menschen meist zusammen vor, wenn auch oft nur eine der beiden offen zutage tritt. Dies sei durch ein schreckliches Beispiel veranschaulicht. Ich erinnere mich an einen Mann, der in Ehe und Beruf überaus angepaßt, unauffällig, »ausgelöscht« war. Der gleiche Mann hatte durch mehrere Jahre eine inzestuöse Beziehung mit zweien seiner drei Töchter: eine Form von Einwirkung, die deren Autonomie vergewaltigte und schwere Entwicklungsschäden verursachte. Beide Mädchen konnten ihr Eigenleben später nur unter großen Schwierigkeiten entfalten. Dieser Mann, der in der »Schaltung« anpasserischer Unterwürfigkeit keinen Pieps von sich gab und in der Schaltung der gewaltsamen Einwirkung jeden Widerstand übertönte, war immer der gleiche Mann: voller Angst gegenüber jeder lebendigen Öffnung auf andere Menschen hin, voller Angst, in einem erotischen Austausch unterzugehen. Statt Beziehungen kannte er deshalb nur die »tödliche Zweiheit«, entweder durch Anpassung oder Einwirkung.

Ein weiteres, ebenfalls sehr verbreitetes Muster »tödlicher Zweiheit« zeigt deutlich die Gegenrhythmen, welche die Partner trennen. Der eine reagiert in Belastungssituationen durch Überdrehtheit, Anspannung, Übererregung, also durch Aufladen der Lebensbatterie, der andere durch Rückzug in Stummheit und Erstarrung, also durch Leeren der Lebensbatterie. Während der erste fiebrig und hektisch seine Spannung loszuwerden versucht und dadurch immer angespannter wird, fühlt sich der andere wie gelähmt und zu keiner Bewegung fähig.

Wenn nun diese beiden Menschen zusammen vor einer schwierigen Situation stehen, bedrohen sie sich gegenseitig, weil das Reaktionsmuster des einen eine Verstärkung im Reaktionsmuster des anderen zur Folge hat. Jeder hat den Eindruck, der andere könne nie eine wirkliche Hilfe für ihn sein. In entscheidenden Situationen würde er ihn allein lassen. Daß auch er den Partner allein läßt und vor allem diese seine eigene Reaktion ihn beschäftigen sollte, wird ihm nicht klar.

Daraus ergeben sich auch in der Sexualität zerstörerische Bewegungsabläufe. Zum Beispiel fühlt sich ein bestimmter Mann durch den Verdacht verunsichert, seine Frau steige aus der wachsenden Erregung aus oder er selber könne seine Erektion nicht aufrechterhalten. Statt nun innezuhalten und auf seine eigenen Körpergefühle im Zusammensein mit seiner Frau zu achten, wählt er die Flucht nach vorne in einen verfrühten Orgasmus. Die Frau im gleichen Beispiel dagegen zieht sich beim ersten Verdacht zurück, ihr Mann sei nicht bereit, auf ihre Erregungskurve einzugehen.

Dieses Muster, das in vielen Partnerschaften nur in Andeutungen auftritt, artet in einigen zur wahren Hölle aus. Jeder meint, der andere verstehe ihn nicht und weise ihn ab. Jeder verdächtigt den anderen und fühlt sich regelmäßig in seinem Verdacht bestätigt. Das Grundgefühl in der »tödlichen Zweiheit« ist angstvolles Mißtrauen. Es wäre verkehrt, in dieser Situation die Lösung des Problems vom Partner zu erwarten, obschon man ihm mißtraut. Ebenso abwegig wäre der Versuch, es jahrelang immer wieder neu miteinander zu wagen. Jetzt gilt es, sich zumindest für eine gewisse Zeit aus der sexuellen Beziehung zu lösen und das Gefühl für den eigenen Lebensfluß auf eine Weise zu fördern, wie ich dies in allen Teilen dieses Buches darlege. Mangel an Vertrauen innerhalb einer Partnerschaft, falls er nicht eindeutig durch die äußere Situation gerechtfertigt ist, geht auf den mangelnden direkten Zugang zur eigenen Lebendigkeit zurück.

In ihrer Verzweiflung meinen solche Menschen vielleicht, es sei ja doch alles »verlorene Liebesmüh«. Solange in der Beziehung »Mühe« herrscht, möge jeder in sich selber Lockerung suchen. Vielleicht breitet sich dann die Liebe wieder aus – ohne Mühe. Wenn nicht, muß ein Trennungsstrich gezogen werden. Sonst stehen wir in Gefahr, es wie dieser Mann zu machen: »Als er erkannte, daß sie nicht zusammenpaßten, beschloß er, von ihr Abschied zu nehmen. Aber das zog sich noch eine Weile hin. Er brauchte ein ganzes Leben.«[5] An die Stelle des »ewigen Abschieds« muß der »Abschied von der Selbstzerstörung« treten.

Es gibt auch Partnerschaften, die zwar keine »tödlichen Zweiheiten« sind, aber doch durch vergangene negative Schlüsselerlebnisse des einen oder anderen oder beider, zum Beispiel im Stich gelassen oder verraten worden zu sein, oder durch Verletzungen, die sich während Jahren wiederholt haben, Schaden genommen haben. Solche Menschen sagen dann etwa, ihre Partnerschaft habe einen »Sprung in der Schüssel«. Dieser sei nicht mehr reparierbar. Und sie klagen bitter über ihr hartes Schicksal.

Es gibt jedoch keine länger dauernden Partnerschaften ohne mehr oder weniger tiefe »Sprünge in der Schüssel«, sowenig wie es ein Einzelleben ohne Narben gibt. Es ist nicht meine Absicht, Ihnen einen »Sprung in der Schüssel« aufzuschwatzen. Doch habe ich viele Male erlebt, daß Menschen, die eine gewisse innere Gebrochenheit in ihrer Partnerschaft leugnen, an einem entscheidenden Punkt unlebendig sind, weil sie sich vor einem seelischen Schmerz schützen. Wenn Sie tief genug gehen, werden auch Sie einen »Sprung in der Schüssel« Ihrer Partnerschaft entdecken, auf ein Zeichen eines einsamen Schmerzes stoßen. Solche irreparablen Beziehungsschäden sind ebenso Ausdruck unserer Sterblichkeit wie Schmerzen und Krankheiten. Wenn zwei Menschen in der Kraft einer sich erneuernden Liebe diese Schäden, Sprünge, Risse, Narben in die Komposition ihrer Beziehungsmelodie einflechten, werden die schmerzhaften Dissonanzen zum Ausdruck einer umfassenden und echten Harmonie.

8 Das Gleichnis vom verlorenen Vater:
Zur Politik des Untergangs

> Auch die schönsten Waffen sind
> Unglückswerkzeuge.
> (Lao-Tse, Tao Tê, King)

Erich Fromm berichtet vom Traum eines schwer geisteskranken Mannes. Dieser hat einen *»Superzerstörer«* erfunden. Wenn er auf einen geheimen Knopf drückt, den nur er kennt, kann er alles Leben auf der Erde zerstören.[1]

In seinem paranoiden Wahn zerstört der Träumer alles Leben auf der Erde, in Wirklichkeit jedoch sein eigenes ganzes Leben. Die totale Zerstörung, die ihn mit Lust erfüllt, ist totale Selbstzerstörung, seine vermeintliche Allmacht grenzenlose Ohnmacht. Eben dies ist seine Selbstzerstörung, daß er sich vom Weltganzen trennt. Die Phantasie der Weltzerstörung offenbart seine grauenhafte, absolute Isolierung. Der Energiekäfig unzähliger heutiger Menschen wird bei ihm zur Isolierzelle. Sein Ich ist eine einzige Kriegsfront, doch nicht, wie er meint, nach außen, hat er sich doch von der Welt ganz abgewandt, sondern nach innen: Seine Persönlichkeit ist zerstückelt, zerstört, aufgelöst, tot. Diesen inneren Prozeß der Selbstzerstörung projiziert er auf die Außenwelt als deren Zerstörung.

Die sich verstärkende Wechselwirkung zwischen dem Abbruch seiner Beziehung zur Welt und der Beziehungslosigkeit zu sich selbst läßt sein Leben im Chaos veröden. Verbundenheit mit der Welt im Anschluß an ihre natürliche Gesetzmäßigkeit bedeutet Gesundheit, Trennung von ihr jedoch den seelischen Kurzschluß in der Krankheit.

Der geheime Knopf, durch dessen Betätigung die ganze Erde in Feuer und Flamme aufgehen soll, ist in unserer Zeit zu einer *Kollektivphantasie* geworden. Viele Menschen berichten von ihrer Angst, durch die All-Macht eines einzelnen Politikers könnte die Welt in Schutt und Asche aufgehen. Diese Angst hat nichts Krankes an sich. Im Gegenteil: Sie ist eine *notwendige Angst*, die der Sorge um das Leben entspringt, im Gegensatz zur paranoiden Angst, die das Leben zerstört. In der Tat: dem

Traumwahn des Geisteskranken entspricht vieles in der gegenwärtigen Weltpolitik. Die paranoide Geisteshaltung – du bedrohst mich, folglich bedrohe ich dich – ist so verbreitet, daß sie uns kaum mehr auffällt.

Wenn die Menschheit sich eines Tages tatsächlich selbst zerstört, wie nüchterne Futurologen als sehr ernst zu nehmendes Risiko befürchten, und es einige Überlebende gäbe, so würden deren Nachkommen die Menschen unserer Generation zu Recht für die Opfer einer kollektiven Geisteskrankheit halten. Deren Psychodynamik wäre dieselbe wie bei dem Geisteskranken mit dem »Superzerstörer«. Ich fasse sie in sieben Schritte zusammen:

1. Durch Angst motivierte Isolierung des eigenen ideologischen Lagers vom lebendigen Ganzen der Menschheit und der Welt, entscheidend verstärkt durch das reale, unvorstellbare Zerstörungspotential der modernen Atomwaffen. Das ist die spezifisch neue psychologische Ausgangslage in der heutigen Weltpolitik.

2. Energetischer Überdruck im Individuum und in der Gesellschaft.

3. Rückstau der zur natürlichen Verbindung mit der Welt bestimmten Lebensenergie.

4. Wachsende selbstzerstörerische Tendenzen, sowohl in den Individuen als auch in deren Politik.

5. Projektion der eigenen Destruktivität auf den Feind als Kompensation zur abgerissenen Verbindung mit ihm.

6. Wachsende Angstspannung auf beiden Seiten.

7. Erlösung von dieser durch eine total destruktive Übersprungshandlung, ausgedrückt im Bild des »geheimen Knopfes«, auf den jemand stellvertretend für das Kollektiv drückt.

Es ist eine ethische Pflicht dem Leben gegenüber, sich diesen *»Unheilsweg«* so realistisch wie möglich *vorzustellen*, um in uns Gegenkräfte zu mobilisieren. Dies zu unterstreichen ist besonders wichtig, da unser Vorstellungsvermögen vor der Ungeheuerlichkeit und Unfaßbarkeit der drohenden Gefahr versagt. Letzteres gilt auch für die Gefahr der Atomverseuchung. Seit dem Reaktorunfall von Tschernobyl, hoffentlich einem Wendepunkt in der Geschichte der Menschheit, besteht die größte psychologische Schwierigkeit darin, sich die Verseuchung eines taufrischen Salats überhaupt vorzustellen.[2] Ohne Schulung unseres Vorstellungsvermögens bleibt die reale Gefahr unbewußt.

Wie die Zunahme der narzißtischen Neurosen zeigt, ist die Lebendigkeit vieler Menschen unserer Zeit in ihrem Kern getroffen und gespalten: die psychologische Entsprechung zur physikalischen Atomspaltung. Der äußeren Energiekrise entspricht eine innere Krise der Lebensenergie.

Die in stärkerem Ausmaß narzißtisch gestörten Menschen zeigen, was heute alle drückt, nämlich der Mangel an Verbindung zur strömenden Lebensenergie und somit die Gefühle von Angst und Sinnlosigkeit in der Isolierung. Es stimmt, »daß unsere persönlichen Störungen sich verschlimmern können, wenn wir in einer Kultur leben, deren Probleme mit unseren in Resonanz stehen«.[3]

Für alle Menschen, die Fronten aufbauen, gilt der Satz aus dem Tao Tê King: »Wer sich freut, Menschen zu töten, kann sein Ziel in der Welt nicht erreichen.« Deshalb: »Wer viele Menschen getötet hat, beweine sie mit Trauer und Wehklage«, und: »Wer im Kampfe gesiegt, stehe wie bei der Leichenfeier.«[4]

Nach einer Vorbemerkung werde ich das Bild einer paranoiden Frau beschreiben, das mir kürzlich im kunsthistorischen Museum in Wien aufgefallen ist. Es öffnet den Blick für die besondere Destruktivität des paranoiden Wahns auch in der heutigen Menschheit. Es mag vielleicht einen Psychiater vor den Kopf stoßen, daß ich einen individuellen Wahn, der die ganze Persönlichkeit zerstören kann, mit einem kollektiven Wahn vergleiche, bei dem doch die betroffene Einzelpersönlichkeit im Kern intakt zu bleiben scheint. Und doch sollten wir uns daran gewöhnen, den Schweregrad eines Wahns an seiner destruktiven Wirkung zu messen. Wenn wir eine Politik teilen, die zu unvorstellbaren Zerstörungen auf der Erde führen kann, ist unser »Wahn« ebenso schwerwiegend wie diese Zerstörung, auch wenn jemand anderer stellvertretend für uns schließlich auf den »roten Knopf« drücken wird oder wenn andere für uns die Verträge zur Erstellung neuer Atomkraftwerke unterzeichnen. Ein Umdenken von der individuellen zur kollektiven Perspektive in einer Zeit planetarischer Verflechtungen führt zur entsprechenden Erweiterung der psychiatrischen Begriffe. Es wäre wenig sinnvoll, wenn ein Psychiater Millionen von Individuen, die in einem Atomkrieg aufgrund ihrer eigenen Politik ums Leben gekommen wären, posthum psychische Gesundheit attestieren würde. Es ist nicht nur die soziale Verantwortung, die von der Psychiatrie und Tiefenpsychologie ein Umdenken fordert, sondern vor allem eine korrekte Diagnose der organischen Verbindung des einzelnen mit dem Ganzen. Die Psychoenergetik will dieses Umdenken fördern. Aus der Perspektive der fluktuierenden Lebensenergie ist jedes Individuum zugleich auch die ganze »Noosphäre« (Teilhard de Chardin), das heißt die ganze Menschheit als ein einziges Energiesystem, das als weltumspannendes geistiges Geflecht zum ersten Male in der Menschheitsgeschichte klar in Erscheinung tritt.

Wenden wir uns jetzt dem Bild zu, das unsere Einsicht in den paranoiden Wahn in der heutigen Weltpolitik fördern soll. Es handelt sich um die ›Dulle Griet‹, ein eher kleines, zunächst unauffälliges Gemälde von D. Ryckaert (1612–1661). Links steht die gedrungene, kleine »tolle Griet«. Ihr fanatisches Grinsen der Lust paßt nicht zu ihrem angstvollen Gesichtsausdruck. Oder doch: In einer Hinsicht passen Lust und Angst zusammen: Sie sind beide wie für ewige Zeiten erstarrt. Keine Spur von Bewegung und Fluß ist in Griets Gesicht zu sehen. – Haben Sie schon einmal die Gesichter von Menschen in Ausfällen zerstörerischer Lust, zum Beispiel bei sadistischen Quälereien, beobachtet? Ihre Lustmaske hat die Starrheit einer Totenmaske. In der Tat: der Tod wird hier vorweggenommen und in seinem makabren Sieg über Lebendiges gefeiert. Doch eben dies ist auch der Grund für die Angst: Leid und Tod in der Außenwelt dienen der Bannung des eigenen Sterbens, das heißt der sich verzehrenden Hingabe an das Leben.

Griet, die nicht andere, sondern sich selber quält, verkörpert nur noch diese Abwehr des eigenen Todes. Die ganze Außenwelt ist gespenstisch zur umfassenden Lebensbedrohung umgedeutet. Fahle Gestalten, halb Vögel, halb Menschen, erheben ihre Hände wie tote Äste in den feuerbrünstigen Himmel. Der Maler hat alles Licht in diese Gestalten gelegt: Griets Augen können nur noch sie schauen. Griet beleuchtet die Außenwelt mit dem Scheinwerferlicht ihres Wahns. Auf der Weltbühne

läuft die Vorstellung dessen ab, was Griet sich in ihrer Angstabwehr vorstellt. Griet selbst, mit einem langen, metallenen Gegenstand zum aussichtslosen Kampfe bereit, ist wie von einer
schwarzen Aura umgeben: Sie meint ihr Leben zu verteidigen
und stellt sich selber ins Dunkel des Todes. Sie hat jedes Empfinden für ihre Lebendigkeit – für fließende offene Situationen –
verloren. So stehen auch wir im Schatten des Todes, wenn wir
andere Menschen zu Phantomen unserer Bedrohung machen.

Halb ziehen sich diese Phantomgestalten auf dem Gemälde
zurück, halb greifen sie an. Die Psychose wird in einem prekä-
ren Gleichgewicht gehalten. Ebenso prekär und illusorisch ist
das Gleichgewicht, das West und Ost durch gegenseitige Ab-
schreckung und Aufrüstung aufrechterhalten wollen: das sogenannte Rüstungsgleichgewicht.

Griet ist Marketenderin, wie aus dem Tand, den sie in ihrer
Schürze trägt, zu ersehen ist, also heimatlos. In der angstvollen
Isolierung geht das Gefühl der inneren Heimat, der Identität
verloren, das nur in vertrauensvollen Bindungen wachsen kann.

Der Himmel, in dem die Fledermaus, Nachtvogel des Wahn-
sinns, regiert, ist, wie erwähnt, von einer unsichtbaren Feuersbrunst gerötet. Der Schild eines angreifenden Vogel-Menschen
ist von einem ebenfalls roten Feuerkreis gezeichnet. Das gleiche
Rot ist die Farbe von Griets Mieder, hinter dem ihr Herz
schlägt: Die Zerstörung stammt aus Griets eigenem Herzen. Sie
droht mit Verschlingen: Die Zunge einer schakalähnlichen Gestalt ist ebenfalls feuerrot. Das verzehrende Feuer der Selbstzerstörung ist Griets alles beherrschende Dynamik.

Wir können lernen, auch unsere Politiker psychoenergetisch
zu beurteilen nach ihrer Fähigkeit, sich seelisch mit Menschen
und Situationen in einem gemeinsamen Strom authentisch zu
verbinden. Es ist ausgeschlossen, daß gebremste Menschen
konstruktive Politik machen. Wir sollten dabei weniger auf den
Inhalt ihrer Reden achten als darauf, ob ihr Redefluß mit dem
Fluß ihrer Emotionalität und ihrer körperlichen Bewegung
übereinstimmt. Wenn ein Politiker am Fernsehschirm mit kräftiger Stimme sagt: »In der gegenwärtigen Lage fühlen wir uns
ruhig und sicher«, und gleichzeitig mit der rechten Hand nervös den Kugelschreiber hin- und herschiebt, mit der linken eine
starre Faust macht und den Zuschauer in emotionale Spannung

versetzt, sollten wir den Fernseher ausschalten, denn seine Worte sind Wölfe im Schafspelz.

Unlängst folgte ich einem Fernsehinterview mit einem namhaften deutschen Politiker. Es geht mir nicht um dessen Person, sondern um die Ausstrahlung, die er mit Politikern aller Parteien teilt. Dieser Mann machte einen quirlig-lebenssprühenden Eindruck. »Ich möchte, daß ihr euch mit mir als Kampfgenosse und Anführer wohl und sicher fühlt«, schien seine emotionale Hauptbotschaft zu lauten. Ohne Zweifel: seine Vitalität war kämpferisch. Sein Körper war gleichzeitig gespannt und gepolstert, wie um Schläge austeilen und einstecken zu können. Sein Wohlbehagen stammte aus seiner kämpferischen Überlegenheit, ein Mohammed Ali der Politbühne. Er wirkte nicht wie die »tolle Griet« bedroht, gehetzt, gejagt, aber auch nicht wie ein seelisch gesunder Mensch, bezogen und zum verbindenden Handschlag bereit. Vielmehr befand er sich in einem sportlich gespannten Gleichgewicht zwischen den Schlägen, die er austeilte, und denen, die er einsteckte: in einem Rüstungs- und Abschreckungsgleichgewicht. In Übereinstimmung damit kullerten seine Worte kräftig federnd durch den Bildschirm: »Einseitige Abrüstung bringt Verderben. Nur die Abschreckungspolitik durch Aufrüstung sichert in der bestmöglichen Weise den Frieden.« Ich spürte bei ihm viel Abgeschirmtes, Eingepolstertes, die Einsamkeit eines Menschen, der nur Abhängige und Gegner um sich hat: ein gefangenes Energiebündel. Folgendes meine ich nicht ironisch: Ich fühlte mich mit ihm, der sich seelisch kaum bewegte, schmerzlich verbunden. Auf die ohne Hintergedanken gestellte Frage nach seinen Männerfreundschaften antwortete er verschmitzt und komplizenhaft: »Sie meinen doch nicht im anrüchigen Sinn!« Wie sehr muß dieser Mann jede natürliche Gefühlsregung gegenüber Männern, die weder Konkurrenten noch ihm unterstellt sind, unterdrücken, daß ihm beim Wort »Männerfreundschaften« die Homosexualität einfällt! Wie einsam muß ein Mann sein, der seine weiche Seite nicht zur offenen Berührung, sondern zur schützenden Abpolsterung gebraucht!

Die Furcht vor Homosexualität ist sicheres Anzeichen dafür, daß ein Mann seine Lebenskraft nur in der Rivalität erleben und ausdrücken kann. Sicher: dieser Politiker hielt sich bei aller ihm bewußten Schlitzohrigkeit für konstruktiv. Und doch zeigte die penetrant offensive Art seiner wendigen, raschen, oft abrupten Bewegungen eine destruktive Geisteshaltung. Eine von Angst geprägte Weltsicht ist bei Politikern nicht selten. Seit jeher bildet sie eines der möglichen Motive für das politische Engagement. Auch der politische Ehrgeiz kann im Dienste dieser Angstabwehr stehen: »Ich bin niemand. Ich bin von Zerstörung bedroht.« Der Typus des Politikers hat sich wohl in unserer Zeit im Vergleich zu früher wenig geändert. Verändert jedoch ist die Weltsituation. Seit Hiroshima und Nagasaki ist jeder Politiker eine mehr oder minder wichtige Figur in einem globalen Schachspiel, in dem »Schachmatt« die totale Katastrophe bedeuten kann.

Um den endlosen Streitereien um die Papstwahl ein Ende zu setzen, wurden im Mittelalter die Kardinäle so lange in einem Konklave eingeschlossen, bis sie den neuen Papst gewählt hatten. Eben diese kompromißlose Entschlossenheit bei Abrüstungsfragen müßte unsere Politiker beseelen. Gipfelkonferenzen sollten zu freiwilligen Konklaven werden, die die Politiker nicht verlassen würden, ohne das gesteckte Ziel erreicht zu haben.

Wenn der äußere Druck zur Einigkeit größer wird, kann in den Menschen, die diesem Druck ausgesetzt sind, das qualitativ neue, fundamentale Gefühl der Einmütigkeit entstehen. Teilhard de Chardin nannte den durch äußeren globalen Druck und Zusammenschluß geförderten Entwicklungssprung zu einem globalen Bewußtsein in der Menschheit den »noosphärischen Sinn«, der wie ein Netzwerk des Geistes die Erde umspannt.

Dieser Entwicklungssprung scheitert letztlich nicht an Detailfragen und Sachzwängen, wie viele »Realpolitiker« behaupten, sondern vor allem am Typus des Menschen, der die politische Laufbahn einschlägt. Und eben hier kann die Psychologie, wenn sie die Perspektive der Psychoenergetik einnimmt, eine unerhört wichtige und notwendige Aufgabe übernehmen, nämlich die vielen einzelnen, die in den westlichen Demokratien politisches Mitspracherecht haben, für energetische Wahrnehmungen, wie ich sie am Beispiel des »Mohammed-Ali-Politikers« veranschaulicht habe, hellhörig und hellsichtig zu machen. Dies setzt einen persönlichen Zugang zur Lebensenergie voraus. Unberührbare, unverbundene Menschen wählen die falschen Politiker. »Und wenn die ganze Erde bebt, das Fernsehvolk bleibt unberührt«, singt der Liedermacher Hermann van Veen. Zu diesem Fernsehvolk, das die direkte Berührung scheut, passen Politiker, die die seelische Verbindung zu politischen Gegnern und Feinden aus psychologischer Unfähigkeit nicht finden. Auch politische Grenzen sind eigentlich keine Trennungs-, sondern Berührungslinien.

Es liegt mir daran, den inneren Beweggrund zu meinen kritischen Bemerkungen über den Menschentypus des Politikers klarzustellen, indem ich Franz Alt zitiere: »Das Ziel des Kampfes ist nicht die Verurteilung der Politiker, sondern die Rettung der Welt. Es geht um einen Kampf *für* etwas. Politiker sind nicht Feinde in unserem Friedenskampf, sondern Konfliktpartner.«[5]

Im beschriebenen Menschentypus des Politikers offenbart sich der kollektive Kollaps des Patriarchats in unserer Zeit. Die seit Beginn des Patriarchats bestehende Problematik bekommt heute einen weltpolitischen Widerhall und somit neues Zerstörungspotential. Alte patriarchale Schicksale, wie sie die Weltliteratur schildert, erhalten somit eine neue, menschheitsgeschichtliche Bedeutsamkeit. Dies möchte ich am japanischen Film ›Ran‹ des Regisseurs Alkira Kurosawa zeigen. Dieser schildert in Anlehnung an Shakespeares Drama ›König Lear‹ die Selbstzerstörung des Menschen im extremen Patriarchat. Dieser Film ist für mich ein »Gleichnis vom verlorenen Vater«. Im Patriarchat sind nicht die Söhne, sondern die Väter verloren. Doch ziehen die Väter ihre Söhne mit ins Verderben, wenn diese ins Vaterhaus zurückkehren, das heißt selber wie die Väter werden. Heute müssen die Söhne ein für allemal Abschied von den Vätern, das heißt vom Patriarchat, nehmen, um der kollektiven Selbstzerstörung zu entgehen.

Der alte Fürst Shogun gibt nach einem Leben unzähliger Grausamkeiten die Macht an den ältesten seiner drei Söhne weiter. Er hofft, sich dadurch vor dem Schicksal der Verlassenheit und Einsamkeit zu bewahren, das ein Traum ihm vorausgesagt hat. Der älteste und der mittlere Sohn schmeicheln sich bei ihm ein. Beide teilen sie die Machtgier und Grausamkeit ihres Vaters, sind also patriarchale Figuren. Der dritte Sohn Subaru dagegen verkörpert etwas grundsätzlich Neues außerhalb des Machtsystems des alten Fürsten: einen sogenannten Paradigmawechsel, das heißt hier einen Wechsel im Vorstellungsbild des Menschen von sich selbst. Als einziger stellt er Loyalität, Zuverlässigkeit, Ehrlichkeit über die Macht. Doch der Vater, in seinem eigenen System gefangen, empfindet Subarus Ehrlichkeit als Auflehnung und verstößt ihn. Subaru sagt ihm voraus, seine drei Söhne würden sich gegenseitig umbringen.

Der alte Fürst, der außer einer kleinen Schutztruppe keine Macht mehr hat, wird nun von seinen beiden älteren Söhnen verstoßen und später überfallen. Als einziger seiner Truppe überlebt er einen unbeschreiblich grausamen Kampf. Nun irrt er, wahnsinnig geworden, mit seinem früheren Hofnarren durch sein verwüstetes Land. Wo immer er hinkommt, stößt er auf Spuren seiner früheren Missetaten und fühlt sich von ihnen verfolgt. Zum Beispiel findet er Unterschlupf in der Hütte seiner Schwiegertochter, deren Bruder er die Augen hat ausstechen lassen. Im Gegensatz zur tollen Griet, die von Phantomen ihrer eigenen Angst verfolgt wird, kommt Shogun mit einer realen Tat seines grausamen Lebens nach der anderen in Berührung. Er kann den seelischen Panzer gegen seine frühere Destruktivität nicht mehr aufrechterhalten. Die empfindungslose Härte des Patriarchen zerbricht. Weil er sich mit seinen Missetaten nicht mehr identifizieren kann, hat er keine Identität mehr. Er ist Gefährte des Narren und selber ein Narr. Er erkennt seine Verlorenheit als Vater, als Patriarch. Der Narr deutet seine Situation: »Als du noch deine Vernunft hattest, warst du wahnsinnig. Doch jetzt, da du den Verstand verloren hast, hast du Vernunft.« Der Paradigmawechsel, bereits verkörpert im dritten Sohn, will nun auch in ihm stattfinden. Vom neuen Paradigma her bedeuten früher verachtete Werte wie Einfühlung, Mitmenschlichkeit, Freiheit von Macht und Ungeschütztheit eine neue offene Identität. Doch der Alte fühlt sich dieser überwältigenden Erfahrung nicht gewachsen. Er legt sich zum Sterben nieder.

Im biblischen Gleichnis vom verlorenen Sohn kehrt der reuige Sohn zum Vater heim. Im Film ›Ran‹ jedoch sucht der dritte

Sohn den verlorenen Vater in der Heimatlosigkeit auf, um ihn zu retten. Dieser Unterschied zeigt am deutlichsten die Abkehr vom Patriarchat. Der Sohn will den Vater von seinem Patriarchsein erlösen. Der Anfang einer Verständigung wird vom Sohn gesetzt, der auf die Macht verzichtet hat. Diese »Narrenweisheit« tut auch unserem politischen Denken und Fühlen not.

Die erschütternde Erfahrung des alten Fürsten ist die: Sein dritter Sohn haßt ihn nicht. Er will ihn sogar bei sich aufnehmen und von seiner lebenslänglichen Einsamkeit und Isolierung befreien. In der Versöhnung mit sich und den anderen, nicht in der Isolierung der Macht soll der Vater seine neue seelische Heimat finden. Nun reitet der alte Fürst Shogun zusammen mit Subaru auf dessen Pferd. Dies ist die ergreifendste Szene des Films, die einzige, welche die Emotion direkt anspricht, die einzige, in der das verbindende Gefühl sich wie in Wellen ausbreiten darf. Die beiden reiten in weichen, langsamen Bewegungen, einander halb zugewandt, ohne Rivalität, solidarisch: ein neues Menschenbild. Die starre, äußerliche Stärke in der Vergangenheit des Fürsten weicht einer inneren Kraft: einer gleitenden, einenden, grenzenlosen Bewegung.

Doch bedeutet sie für den Alten nicht den Beginn eines neuen Lebens, eher die Gnade einer letzten Einsicht in eine andere, menschlichere Art zu leben: ein schon fast jenseitiges Erleben dessen, das zu leben es schon zu spät ist. Denn der mittlere Sohn – der ältere ist schon gefallen – hat den Befehl zum Mord an seinem jüngeren Bruder gegeben. Als der Befehl ausgeführt wird, ist der zum Mord Anstiftende bereits selbst in einer Schlacht umgekommen. Unter der Leiche Subarus bekommt der alte Shogun einen Herzanfall. Eben wurde seine Lebendigkeit im Gefühl geweckt. Deshalb ist er der ihn jetzt überwältigenden Emotion über den Tod seines jüngsten Sohnes wehrlos ausgeliefert. Nachdem er gefühllos gelebt hat, darf er wenigstens fühlend sterben.

Mit vielen anderen frage ich mich, ob der »verlorene Vater« in der heutigen Weltsituation noch die Kraft zur Wandlung hat, oder ob eine schon jenseitige Einsicht in den eigenen Wahnsinn die noch einzig mögliche ist; ob das befreiende Aufwachen einer wachsenden Zahl von Menschen unserer Zeit in der verbindenden Lebensenergie wirklich einen neuen Aufbruch der Menschheit ankündigt oder bereits den kurzen, wachen Moment vor dem kollektiven Untergang bedeutet.

9 Die Todessucht des Sebastian

> Ich schüre die Glut, die ich leide.
> (Ovid, Metamorphosen)

Die bisher beschriebenen Facetten der Selbstzerstörung sind gleichsam Zwitter zwischen Leben und Tod, Lebensgier und Todesangst: Der Kranke möchte sein Leben speichern; Sisyphos trachtet, das Los der Sterblichen von sich abzuwerfen; der Masochist erschleicht sich durch Leiden schließlich doch noch Lust; zwei Partner, die sich gegenseitig quälen und isolieren, suchen trotzdem den Eros und finden ihn in Zerrerfahrungen.

In diesem und den drei nächsten Kapiteln geht es um die vom Lebenstrieb isolierte Todessucht. Die Beschäftigung mit der pathologischen, ausschließlichen Faszination durch den Tod wird uns tiefer in den allgemeinen Sinn der Todesdimension des Lebens hineinführen. Ich spreche von Todes*sucht*, um deren destruktiven, zwanghaften Charakter zu unterstreichen.

Wohl kein Autor unserer Zeit zeigt die Todessucht in Leben und Werk so scharf von jeglicher Lebensbejahung abgespalten wie der japanische Autor, Regisseur und Schauspieler Yukio Mishima, der sich an einem Novembertag im Jahre 1970 im Alter von kaum 45 Jahren im Hauptquartier der japanischen Streitkräfte gemäß dem Ritual der Samurai das Leben nahm. Seit kurzem ist er auch im Westen einer breiteren Öffentlichkeit durch den Film ›Mishima‹ bekannt geworden. Mishima seziert in seinen Schriften das menschliche Leben so total, daß zum Schluß nur noch das Messer übrigbleibt und als einzige Lust die Lust zu schneiden: die Todeslust. Diese weht uns scharf und eisig in seinem Kommentar des Hagakure, einem Werk des 18. Jahrhunderts über den Weg des Samurai, entgegen. Ein kühler Glanz liegt über dieser fremdartigen Gestalt. Es wird wohl auch Ihnen schwerfallen, wirkliches Interesse für Mishima aufzubringen, weil die kompromißlose Verherrlichung des Todes keine lebendigen Projektionen ermöglicht. Wir können nicht warm werden mit ihm. Und doch hilft uns die Auseinandersetzung mit Mishima, die Todessucht, die in allen Formen der Selbstzerstörung herrscht, zu verstehen, ähnlich wie die Biochemie die vielfältigen Symptome einer Krankheit erst richtig einordnen kann, wenn sie ihren Erreger identifiziert hat.

Mishima verkörpert – wie wir sehen werden – die letzte bewußte Konsequenz des Narziß aus der griechischen Mythologie, der sich schließlich den Tod gibt. Zwar erkennt Mishima theoretisch auch den Lebenstrieb an. Doch die einzige ihn bewegende Kraft ist der Todestrieb. Ihm spürt er in allen Lebensäußerungen nach. Todesangst ist für ihn nicht Angst vor dem Leben, sondern Ausweichen vor der reinen, vom Leben unbefleckten Todeslust.

So schreibt er zur Krankheit: »Nicht selten macht die Entstehungsgeschichte einer Krankheit deutlich, daß sie einem freigewählten Tod nahekommt.«[1] Mishima teilt diese zweifellos richtige Ansicht mit der Psychosomatik. Doch verfolgt er mit dieser Bemerkung nicht das Ziel, den »Selbstmord auf Raten« zu verhindern und Menschen wieder fürs Leben wachzurütteln. Im Gegenteil: Sein Ziel ist es, dank dieser Einsicht den Tod in einer reineren, mutigeren, »männlicheren« Gestalt als der feigen Krankheit zu wählen, etwa im aussichtslosen, todbringenden Kampf oder Selbstmord. Es geht ihm also nicht um die Wandlung alten in neues Leben, sondern um die endgültige Befreiung vom Leben. Er spürt Wegen nach, wie der Tod vom Leben erlöst werden kann. Insofern ist er ein »Gegen-Sisyphos«, will doch Sisyphos das Leben vom Tod befreien. Aus seiner Perspektive des Todes untersucht Mishima auch das Phänomen des Krieges, durch den der Todestrieb aktiviert wird.[2] Auch das Christentum erklärt er im Anschluß an Toynbee in folgender Weise: »Das Christentum konnte deshalb so viele Anhänger um sich versammeln, weil die Menschen gierig ein Ziel suchten, um das Opfer ihres Lebens zu rechtfertigen.« Wohl verstanden: Mishima meint nicht das Opfer des Lebens in der Hingabe an Menschen oder Überzeugungen, sondern den Abbruch des Lebens zur Verherrlichung des Todes im christlichen Märtyrertum. Die »Pax Romana«, die das Römische Reich seinen Befriedeten auferlegte, war in seinen Augen bedrückend langweilig, weil dabei zwar der Lebenstrieb, nicht aber der Todestrieb befriedigt wurde. Dieses Argument ist uns vertraut: Kriegsausbrüche werden oft ausschließlich aus einer

dem Menschen scheinbar natürlichen und periodisch aufflak-
kernden »*Lust am Untergang*« erklärt und nicht aus der Unfähigkeit vieler einzelner, ihre Lebensenergie frei pulsieren zu
lassen. Für Mishima waren die einzigen authentischen Menschen im Römischen Reich die Grenzsoldaten, denn »sie hatten ein Ziel: zu sterben«.[3]

Mishima hatte kein Sensorium für den Tod als der dunklen
Dimension des sich wandelnden Lebens. Während im Christentum das Leben oft sogar im letzten Tod »herbeigeglaubt«
wird, suchte Mishima mitten im Leben den totalen Tod.
Zwischen beiden Extremen steht der indische Gott Schiwa,
der kosmische Tänzer von Schöpfung und Zerstörung. Er ist
von einem Flammenkranz umgeben: Nur die gleichwertige
dynamische Verbindung von Leben und Tod setzt die Energie frei und beweist so ihre natürliche Wahrheit. Mishima
war ein *Grenzsoldat des Todes*. Dagegen befindet sich der
Grenzgänger zwischen Leben und Tod in jedem Augenblick
im Energiefokus der intensivsten, strahlendsten Vitalität.

Wie kommt es, daß Mishima den Tod nur in der Vernich-
tung des Lebens, nicht aber in dessen Neuschöpfung feiern
konnte? Die Antwort ist von banaler Einfachheit: Mishima
konnte nicht lieben. Liebende erfahren im ziehenden und
entfliehenden Augenblick ihrer Verschmelzung Leben und
Tod in fragloser Einheit. Mishima, obschon verheiratet und
mit Kindern, lebte in einer rein männlichen Welt ohne weibliche Werte und ohne Liebe zu einer Frau. Er beklagte die
Verweichlichung und die Verweiblichung der Männer und
führte »den Verlust der Würde des Todes«[4] auf sie zurück.
Um nicht zu verweichlichen, soll der Mann seine Liebe zu
einer Frau nie deklarieren, sondern zu Prostituierten gehen,
um mit ihnen die sexuelle Gier zu stillen. Das Opfer der
Prostitution ist von der »tragischen Physiologie des männlichen Menschen her gefordert«.[5]

Liebe, die sich nicht mitteilt, zeugt kein Leben. Sie ist
grandiose Selbstverherrlichung. Ihr Leiden ist die Todessucht,
die wie freigesetzte Radioaktivität das Leben »verstrahlt« und
zerstört. Dies gilt sogar dann, wenn jemand aus plausiblen
Gründen seine Liebe nicht deklariert, zum Beispiel um sich
nicht der Kränkung oder Lächerlichkeit auszusetzen. Das of-

fene Wort, natürlich in passender Form, setzt in jedem Falle Energie frei, auch wenn die Liebe nicht erwidert wird.

Keine Liebe lehrte Mishima den lebendigen Sinn seiner Todeslust. Daher kultivierte und zelebrierte er den Tod. Er ist der illusionslose Narziß. Der Narziß des Mythos wähnte zunächst, einen anderen Menschen als sich selbst zu begehren: sein nicht als solches erkanntes Spiegelbild. Daher erfüllte ihn Liebesglut. Mishima liebte niemanden, auch sich selber nicht: ein grandioser Todesheld. Er war kein Herumgetriebener wie Narziß, der vor der Nymphe Echo flieht und den vermeintlich fremden Geliebten begehrt. Er hielt sich frei von den Irrungen der Liebe und den Wirrungen des Lebens. Er war bewegungs- und emotionslos und wußte darum.

Was ich bisher geschildert habe, betraf die bewußte Einstellung Mishimas. Auf den unbewußten Hintergrund komme ich jetzt zu sprechen. Mishima macht aus seiner Not eine Tugend, aus seiner Leblosigkeit ein Heldentum des Todes, aus seinem Mangel eine Ideologie. Der Narziß Mishima verweigert den wärmenden Eros einer menschlichen Bindung. So kann er Lust nicht als Lebens-, sondern nur als Todeslust kennen. Erst im Moment der Auflösung des Lebens löst sich seine Todesstarre. Im Sterben spürt er endlich Leben. Daher gilt für ihn der Ausruf des Narziß, als dieser realisiert, daß der Geliebte im Wasserspiegel sein eigenes Spiegelbild ist: »Ich schüre die Glut, die ich leide.« Die einzige Wärme, die der Narziß Mishima kennt, ist das eigene Verglühen. Ohne dieses wäre sein Leben leblos. So erklärt sich die rätselhafte Selbstzerstörung des narzißtischen Menschen: Er sucht Wärme und Lebensglut, flieht jedoch vor der Wärme, die zwei warme Körper, »zwei glühende Herzen« sich gegenseitig spenden und vermehren. Als einzige Wärme bleibt ihm die Glut des Selbstopfers.

Warum riskiert ein Mensch sein Leben auf einer lebensgefährlichen Bergtour oder durch eine Anstrengung, die weit über seine Kräfte geht? Wie lächerlich unbedeutend wirken für Außenstehende solche Ziele im Vergleich zum Leben, das auf dem Spiel steht. Doch »unter tausend Bildern« drängt alles in Narziß auf die einzige ihm zugängliche Lust: die Lust im intensiven Verglühen des eigenen Lebens, die Todeslust. Dies mit gläserner Klarheit zu zeigen, ist die überindividuelle Bedeutung des Individuums Mishima. Da er nicht Augenblick für Augenblick im Leben aufgehen kann, vollzieht er zum Schluß die »totale Hingabe« mit grandioser Gebärde.

Mishima wurde nur von Frauen aufgezogen und war ein verzärteltes, vor jedem Lufthauch des Lebens ängstlich bewahrtes Kind. In seinem späteren, raffinierten, exzentrischen Lebensstil schimmerte das weiche Kind, das er gewesen war, durch. In der Verherrlichung des todessüchtigen Frontkämpfers verdrängte er seine kindliche Weichheit, die sich nicht in die geschmeidige Bewegung eines kraftvollen Lebens hinein auflöste, sondern unerlöster Schatten des glanzvollen Todeshelden blieb. Zur Aufrechterhaltung seiner Verdrängung stieß er alles Weiche und Weibliche schroff von sich, witterte in der gelebten Liebe Unlust und suchte Lust in dem vom Leben unberührten Tod.

Wie auch im Film ›Mishima‹ gezeigt wurde, war seine Lieblingsfigur der *Heilige Sebastian*, der mit Liebesschauern die Pfeile seiner Mörder im Fleisch empfängt: Auch Sebastian, nicht als geschichtliche Figur, sondern wie die Kunst ihn zeigt, wird von seiner Weichheit »erlöst«, indem er den grausamen »männlichen« Tod mit hingebungsvoller Lust empfängt. Die langen starren Pfeile, die in seinem Fleisch stecken, kontrastieren mit seinem weichen, lässig leidenden Körper. Er erweckt den Eindruck verschmelzender Liebe. In der Tat: er verschmilzt mit seinem Mörder in sehnsüchtiger Symbiose. Sein Geliebter kann nur der Mörder sein, so wie Mishima nach seinem Harakiri – dem rituellen Dolchstoß in den eigenen Bauch – von seinem besten Freund, der laut Mishimas Biographen Stokes sein Geliebter war, ebenfalls gemäß dem Ritual der Samurai enthauptet wurde.

Doch der »geliebte« Mörder ist nur Funktion: Er verschafft Sebastian die einzige ihm mögliche Lust: die Todeslust.[6] Unter vielen Hüllen und Verschleierungen ist dies das Muster der Liebesbeziehungen narzißtischer Menschen. Unerfüllte Sehnsucht ersetzt die gegenwärtige Liebesbindung. In dieser kann das Ich nicht standhalten, sondern kollabiert stets von neuem. Daraus kommt viel Leiden für beide Partner, die sich gegenseitig in rätselhafter Lust – in Todeslust – zerstören.

Durch seinen *Suizid* wollte Mishima für die »Würde des Todes« demonstrieren. So traurig und tief erschütternd der Suizid eines uns nahen Menschen sein kann, entbehrt er doch oft der Tragik, weil er selten die unausweichliche Vollendung einer Schicksalsgestalt darstellt. Sogar bei Mishima ist er mehr melodramatisch als tragisch. Das Zeichen, das er setzen wollte, wurde nicht verstanden. Es war ebenso isoliert wie Mishimas ganzes Leben. Trotz der von Stokes beschriebenen eindrucksvollen Regie seines Todes in einer Kaserne Tokios konnte Mishima auch jetzt, im letzten Moment seines Lebens, die Isolierung des Liebesunfähigen nicht aufbrechen. Die ihm in den Tod folgten, waren schon vorher in der nämlichen Todessucht befangen.

Außer zur Abkürzung einer hoffnungslosen Krankheit ist die Selbsttötung oft bloße Konsequenz eines selbstzerstörerischen Lebens. Die Unfähigkeit, selbstzerstörerisches in frei sich entfaltendes Leben zu wandeln, kann suizidale Phantasien wecken. Dabei geht es selten darum, einfach mit »allem« Schluß zu machen. Suizid ist oft eine magische Handlung, um eine bestimmte Wandlung zu erzwingen, die sich auf diesem Weg natürlich nicht ereignen kann.[7]

In diesem ganzen Kapitel verstehe ich unter Sebastian immer die Deutung der Sebastian-Figur in der Kunst des Mittelalters und vor allem der Renaissance und des Barock. Vordergründig erfreuten sich die Maler an ihr, weil sie ihnen die Gelegenheit gab, einen männlichen Akt darzustellen. Doch kam die Faszination für diese Figur aus der unbewußten Problematik, die uns hier beschäftigt. Der rücksichtslose *Leistungsmann* ist eine häufige Maske des weichen, anlehnungsbedürftigen Sebastian, der sich in Sehnsucht nach seiner Männlichkeit verzehrt. In seiner Kindheit ist der spätere Leistungsmann eher zögernd, unentschlossen, zerquält, passiv, hilflos. Soweit er sich zurückerinnern kann, haßt er seine Abhängigkeit. Sein Lebensweg ist, von innen gesehen, ein Kampf gegen das Ausgeliefertsein. Seine übergroße Sehnsucht nach Liebe läßt ihn die Verschmelzung fürchten, die Unabhängigkeit suchen und die Isolierung finden. Nun hat er seine Maske fest in der Hand: Erfolg, Prestige, Macht, Geld. Doch unverändert seit seiner Kindheit drängt in ihm der verachtete innere »Sebastian«. Er projiziert ihn auf solche Männer, die er für weibisch hält. Über diese wie auch über »die Frauen« reißt er Zoten.

Was wir hassen, obschon es zu uns gehört, fehlt uns. Der

Leistungsmann kann sich mit seiner Weichheit, Verletzlichkeit und seinem Bedürfnis nach Hingabe nicht versöhnen. Mit seiner äußeren Maske, die er für seine Persönlichkeit hält, sucht er noch mehr Erfolg, Macht, Vermögen. Doch auch »Sebastian« wird gegen den Willen des Leistungsmannes immer lebendiger. Er lockt diesen zu einem entspannten, flüssigen Leben. Diese Versuchung verabscheuungswürdiger Schwäche ruft im Leistungsmann noch mehr Härte, Rücksichtslosigkeit – und Selbstzerstörung auf den Plan.

Wer seinem Organismus jahrelang einen fremden, mechanischen Rhythmus aufzwingt, wird schließlich krank. Der innere »Sebastian« im Leistungsmann hat damit sein Ziel erreicht. Jetzt setzt er sich ebenso einseitig durch, wie er früher unterdrückt wurde. Lange durfte er seine Verletzlichkeit nicht zeigen. Jetzt ist er vom Pfeil getroffen, in seiner Gesundheit geschädigt und Lebenskraft geschwächt. Lange Zeit durfte er sich nicht anlehnen; jetzt liegt er in den Kissen und ist auf Pflege angewiesen.

Im Gegensatz zur früheren merkantilen Maske des Leistungsmannes ist »Sebastian« schön. Sein Leiden kann ans Herz gehen, weil es unverhohlen ist. Manch harter, unerotischer, rücksichtsloser Mann wird erst auf dem Sterbebett sympathisch. Wie traurig, daß in ihm die Harmonie der Schönheit erst im Leiden und vielleicht erst in der Nähe des Todes aufblüht. Wie schade, daß sich anstelle des mörderischen Pfeils, der ihn dem Tode weiht, nicht sein Phallus, seine selbstbewußte Männlichkeit in einer Liebesbeziehung aufrichtet! Zu spät, erst im Sterben, darf »Sebastian« leben. Daher bleibt er auf immer unerlöst.

Der *Sebastian-Komplex* gehört untrennbar zu jedem »Macho«. Dieser hat Angst vor Eigenschaften, die in unserer Kultur mehr bei Frauen als bei Männern gefördert werden, so die Fähigkeit zur Hingabe, zur weichen, verbindenden Bewegung, zur behutsamen Schwingung mit Menschen und der Natur, zur Empfänglichkeit für Lebensimpulse. Seine Angst vor Sebastian läßt ihn an seinem Mannsein zweifeln. Er fühlt sich mit anderen Männern nicht brüderlich verbunden. Entweder projiziert er auf sie den »richtigen Mann« oder seinen unbewußten weichen Sebastian. Männer sind für ihn entweder gefährliche Kampfrivalen oder »weiche Typen«. Entweder fühlt er sich in der Identifizierung mit Sebastian von ihnen bedroht oder in der Identifizierung mit dem »harten Mann« über sie erhaben.

Ich frage Menschen oft nach Bildern, die sie gerade beschäftigen, sei es in einem Traum, einem Film oder einem Gemälde. Solche Bilder weisen nämlich durch ihre hohe Energiebesetzung auf prägende und bestimmende seelische Muster hin. So erzählte mir ein jüngerer Mann von einem Gemälde, das zwei Männer darstellt, die sich gleichzeitig den Todesstoß versetzen und ineinander verkrallt gemeinsam sterben. Dieses Bild wühlte ihn außerordentlich auf. Es enthielt die selbstzerstörerische Dynamik des Sebastian-Komplexes. Auch dieses Bild drückt die kollektive Selbstzerstörung in einer patriarchalen Gesellschaft aus, die sich immer noch auf Kampffronten und Rivalitäten trimmt. Bei vielen Männern kommt die Lust am Untergang aus der morbiden Anziehung durch eine universale Blutsbrüderschaft.

In diesem Kapitel war von Frauen nicht die Rede. Denn der Narzißmus des Mishima und des Sebastian-Komplexes sind typisch männliche Formen der Selbstzerstörung. Ohne wirkliche seelische Bindung zur Frau und zu weiblichen Werten können sich weder Sebastian noch sein Gegenbild, der »Macho«, in einer gemeinsamen Lebendigkeit begegnen, nach der sich doch jeder der beiden in seiner Isolierung sehnt.

Diesen Zusammenhang soll folgende Geschichte erhellen, die mir ein dreißigjähriger Kunstgeschichtler erzählte. Er verbrachte mit seiner Freundin Ferien in Rom. Einmal mehr stritten sie sich im Hotel über die Rollenverteilung von Frau und Mann. Die Freundin warf dem Freund vor, im Grunde sei er eben doch noch ein Macho: Er lasse sich gerne bemuttern und wolle gleichzeitig alle wichtigen Entscheidungen in der Partnerschaft selber fällen. Der Mann geriet immer mehr in Wut, bis die Frau, eiskalt und blaß, ihren Koffer packte, um im Zug zurück nach Deutschland zu fahren. Der Mann verbrachte noch drei Tage allein in Rom, hielt es dann aber nicht mehr aus und entschloß sich auch zu reisen. Im Auto fuhr er über ein Stück der alten Via Appia in Richtung des Autobahnkreuzes. Als er bei der Kirche und Katakombe des Sebastian vorbeifuhr, hatte er auf einmal Lust, anzuhalten. Seit langem übte die Figur des Sebastian auf ihn einen widersprüchlichen Reiz aus. Er betrat die Kirche und erblickte die etwas süßliche barocke Plastik des liegenden, von Pfeilen getroffenen, sterbend hingegossenen Jünglings. Auf einmal realisierte er: »Das bin ich selber. So fühle ich mich in diesem Augenblick.« Verwirrt verließ er die Kirche, stieg in sein Auto und fuhr los. Fünfzig Meter weiter übersah er ein Auto, das von rechts auf ihn zufuhr. Mit knapper Not konnten beide Fahrzeuge bremsen. Erst jetzt sah der Mann, daß das andere Auto ein Leichenwagen war. Sarg und Kränze hatten sich beim abrupten Bremsmanöver verschoben. Erschüttert parkte er sein Auto zum zweiten Mal, betrat wieder die Kirche und betrachtete lange die liegende Plastik des Sebastian, bis er deren morbide Weichheit physisch in sich selber spürte – gleichzeitig mit ihrer Kompensation, nämlich dem autoritären, gefühlsarmen Macho. In dem Moment war er mit sich und seiner Freundin innerlich versöhnt. Beglückt fuhr er zum Autobahnkreuz, um von dort nach Norden zu fahren. Dort stand ein Anhalter, den er mitnahm. Dieser war weder Sebastian noch Macho, sondern ein spontaner, lebenssprühender Mensch, in dem »Männliches« und »Weibliches« ganzheitlich zusammenflossen. Im Laufe der folgenden fünfzehn Stunden gemeinsamer Fahrt löste sich mein Bekannter immer bewußter sowohl vom Macho als auch von Sebastian und erfuhr die runde Lebendigkeit seines Reisegefährten im Kern seiner eigenen Persönlichkeit als etwas Drittes und Neues. Die flüssige, mühelose Fahrt nach Hause paßte zum neuen Gefälle seiner Lebensenergie. Er freute sich, seiner Freundin in einer neuen Art begegnen zu können.

Sie kennen es sicher: In Zeiten, da Sie sich nur mit Anstrengung in Trab halten, da Sie jede Bewegung wie von außen steuern, da Sie wie Sisyphos einen Stein stemmen, nicht vorwärts kommen und überall anecken, in solchen Zeiten gibt es in der Außenwelt tausend Dinge, die Ihnen auf den Nerv gehen, Sie bedrängen, bedrücken, bedrohen, verfolgen. Je weniger Sie mit Ihrer Lebensenergie identisch sind, desto feindlicher scheint Ihnen die Umwelt. Diesen Punkt, schon oft angesprochen, gilt es zu vertiefen. »Der Mörder ist der Geliebte« hat doppelte Bedeutung. Entweder: Was uns quält und unser Leben zerstört, wird so übermächtig, daß wir uns ihm wie einem Geliebten hingeben. Das ist die Todessucht, von der schon im letzten Kapitel die Rede war. Oder: wir lernen in dem, was uns ums Leben bringt, etwas zu sehen, das uns bewegen und beleben will: die Wandlung des Mörders in den Geliebten. Wir werden den »Mörder« von der einen und von der anderen Seite betrachten. Ob der Mörder als Chiffre für erlebte Destruktivität eine überwältigende oder belebende Figur ist, hängt wenigstens zum Teil von unserer Einstellung ab.

Goldings Roman ›Herr der Fliegen‹ ist das Gleichnis für eine Männergesellschaft ohne Weiblichkeit und Eros, eine rivalisierende, mißtrauische, ja paranoide Gesellschaft. Während eines mörderischen Krieges der Erwachsenen gerät eine Schar Jungen auf eine verlassene Tropeninsel. Die Spaltung der Schar beginnt mit der Wahl eines Anführers. Der menschlichere und verbindlichere Ralph wird gewählt. Der durch seine Niederlage gedemütigte Jack überträgt seine persönliche Spaltung zwischen Freundschaft und Rivalität zu Ralph immer mehr auf die Gruppe. Er wird zum Anführer jener Jungen, deren größte Leidenschaft es ist, Wildschweine zu jagen, und vernachlässigt dabei, trotz einer gemeinsamen Abmachung, den Unterhalt des großen Feuers, das die Rettung aller durch ein vielleicht vorbeifahrendes Schiff ermöglichen sollte.

Rivalität zerstört also das lebenswichtige Gespür auch für das eigene Wohlergehen. Sie schafft eine Atmosphäre schwebender

Angst und Bedrohung. Vor dem endgültigen Auseinanderbrechen der Jungengruppe in tödliche Gegner gesteht Jack, der Anführer der Jäger, Ralph ein: »Manchmal, wenn man da so auf der Jagd ist, dann ist einem, als ... wäre einer hinter einem her, so als ob etwas im Dschungel hinter einem her schleicht.«[1] In einem Klima wahnhafter Rivalität wird Ralphs früherer Freund Jack schließlich beinahe zu seinem Mörder.

Das Problem in dieser Jungengruppe liegt nicht darin, daß Mädchen fehlen, sondern daß die Jungen das destruktive Rivalitätsspiel ihrer Väter so traumwandlerisch spielen, als wäre es ihnen von Natur aus mitgegeben. Außer bei Ralph ist vom Eros, der Spaltungen überwindet, nichts zu spüren, doch gerade als Anführer kann er in der Gruppe den Eros nicht verbreiten.

Es beglückt mich, bei vielen Jugendlichen und jungen Erwachsenen heute eine wirkliche Wandlung zu beobachten. Diese kommt vor allem aus der selbstverständlicheren Auseinandersetzung mit dem Gegengeschlecht. Die Anstöße dazu gehen oft eher von den Frauen aus. Die Gruppierungen unter jungen Leuten sind weniger fest und dauerhaft als früher, dafür herzlicher, lockerer, improvisierter, echter. Das Autoritätsgefälle ist kleiner. Und doch: der Roman ›Herr der Fliegen‹ ist immer noch ein »Gleichnis der menschlichen Gesellschaft«.

Auf subtilere Weise als in Rivalitätskämpfen kann in Beziehungen zwischen Mann und Frau das Gefühl aufkommen und sich unter Umständen auch bewahrheiten: »Der andere bringt mich um.« Allerdings ist es nicht der andere, der Ihnen ans Leben will, sondern Ihre unerschütterliche, unbewegliche Vorstellung, was der andere für Sie zu sein habe. Der unfreiwillig geschiedene Partner quält sich oft jahrelang mit der fixen Idee, der Weggang des anderen sei schuld am eigenen Unglück, und wenn er zurückkäme, wäre alles wieder gut. Diese Vorstellung kann den anderen zum Mörder am eigenen Leben machen. Dazu eine Geschichte: Ein fünfunddreißigjähriger Mann, der, wie er sagte, sechs Jahre lang mit seiner Frau »ein Herz und eine Seele« war, wurde von ihr eines Tages mit Untreue, wenig später mit Trennung und schließlich Scheidung konfrontiert. Einige Wochen darauf träumte ihm, seine geschiedene Frau, mit der er Tag und Nacht in einsamer Todeslust verbunden blieb, wandle weiß gekleidet unten in einem Tal. Hinter einem Baum lauere mit einem Beil ihr neuer Partner, um ihn zu erschlagen, wenn er ins Tal zu ihr hinuntersteige. Ohne Angst, im Wissen um seine sichere Ermordung, steigt er trotzdem ins Tal hinunter. Auf der Höhe des Baumes angekommen, wird er vom Rivalen angesprungen und ermordet. In diesem Moment erwacht er aus dem Traum – und fühlt sich glücklich.

Ich habe den Träumer persönlich nicht gekannt. Seine geschiedene Frau hat mir nach seinem Tod diesen Traum erzählt. Da er sich über die Scheidung hinaus in seinem Gefühl für sie festbiß – wie jener andere Mann, von dem ich bereits erzählt habe, der auf der Hochzeitsreise mit der zweiten Frau am Herzschlag starb –, mußte sich seine Lebenslust in Todeslust wandeln. Daher wird sie im Traum zur weißen, todbringenden Frau. Damit er mit ihr trotzdem verbunden bleiben konnte, mußte sie zur Todesmutter werden. Die Ermordung durch den neuen Partner seiner Frau im Traum war Ausdruck der Todeslust, die jetzt seine Beziehung beherrschte. In der tödlichen Verschmelzung mit seinem Mörder war er noch einmal Partner seiner Frau. Der Mörder handelte im Auftrag der Frau. Diese konnte nur noch als Mörderin seine Geliebte sein. Der neue Partner seiner geschiedenen Frau war übrigens real sein eigener Bruder. Sein eigenes Fleisch und Blut – der Träumer selbst – vollzieht im Traum den Mord!

Dieser Traum enthielt wie in einem Programm der Selbstzerstörung alles, was sich in den folgenden zehn Monaten abspielte. Scheinbar um der Einsamkeit zu entfliehen, heiratete der Mann eine fünfzehn Jahre ältere, mütterliche Frau. Am frühen Morgen nach der Hochzeitsnacht erhängte er sich im Bad. Es war die Bluthochzeit mit seiner geschiedenen Frau, die er eigentlich feierte. Da ihm die Verschmelzung im Leben versagt war, wählte er die Verschmelzung im Tod. Als Mann seiner zweiten Frau war er sein eigener Rivale, insofern er im Herzen noch Mann der ersten war. So mußte er sich selbst umbringen, um zur weißen Frau im Todestal zu gelangen. Im Grunde genommen hatte er die zweite Frau nur geheiratet, um sich selbst zum Feind zu werden und sich zerstören zu können. Im Sterben war er wieder ganz Mann seiner geschiedenen Frau. Der Konflikt zwischen der Wirklichkeit und seiner Vorstellung war ein für allemal gelöst.

Nur eine neue, realistische Lebenseinstellung – »die Dinge sind richtig, wie sie sind« – hätte den Mörder in ihm in einen inneren Freund gewandelt. – Über die Ursachen der fatalen Entwicklung dieses Mannes kann ich wenig sagen. Ich vermute, daß er auch während seiner Ehe nie ein wirklich autonomes Gefühl, eine autonome Gemütsbewegung hatte. Insofern war seine Frau für ihn schon immer seine Todesmutter wie in der Kindheit auch die eigene Mutter. Das Instrument seines Lebens blieb ungespielt. Die einzige Lust, die er fühlen konnte, war Todeslust.

Todeslust und Todessucht drücken sich oft in einer *ambivalenten Haltung* aus, das heißt in einem affektiven Zwiespalt: »Eigentlich bin ich ein lebensfroher Mensch. Und doch, ohne es zu wollen, setze ich Wohlbefinden und Gesundheit immer wieder aufs Spiel, indem ich mich Situationen aussetze, die mir ans Lebendige gehen.« Im selben Augenblick, da ein Lebensimpuls ins Bewußtsein steigt, setzt sich der Todesimpuls durch. Solche Ambivalenz ist uns allen in Ansätzen bekannt. Es wäre ein Zeichen unserer Abwehr, sie nur in seelisch schwer kranken Menschen am Werk zu sehen. Sie hängt mit der allen Menschen gemeinsamen Neigung zur isolierten Todeserfahrung zusammen, also mit unserer Neigung »auszuscheren«, das Leben an uns vorbeirauschen zu lassen, dem natürlichen Sterben im entgleitenden Leben auszuweichen und Lebensimpulse abzuwürgen. Das sind keine logischen Abläufe der Psyche, denen wir leicht folgen könnten, sondern blitzschnelle seelische Reflexe, die wir sorgfältig analysieren müssen, um genügend Distanz zu ihnen zu gewinnen.

In der Schizophrenie vereinnahmt die affektive Ambivalenz die Gesamtpersönlichkeit, so daß diese zu einer koordiniert fließenden, sich selber regulierenden Lebensbewegung unfähig wird, in permanenter Blockierung durch Gegenimpulse erstarrt und zerfällt. Doch in allen Fällen von Ambivalenz, seien diese leichter oder schwerer, ist das Problem ein energetisches: Die vielen Einzelbewegungen der Seele verbinden sich nicht oder zu wenig in einem gemeinsamen, einigenden Rhythmus. Das Ich schaut bloß zu, statt aktiv teilzunehmen und in teilnehmender Aufmerksamkeit die Bewegungen der Lebensenergie in Gang zu setzen, zu beschleunigen, zu verbinden. Das jetzt häufige Abreißen von Lebensbewegungen, zum Beispiel Emotionen oder Gedanken, bedeutet für das Ich wirkliche »Todesstöße«. Je öfter die aufflackernden Flämmchen ersticken, desto allgegenwärtiger wird die Todeserfahrung, auch wenn sie als solche nicht bewußt ist. – In der Ambivalenz ist der »Mörder« ständig am Werk: Keimt Leben auf, erstickt er es gleichzeitig.

Ich erzähle nun zur Konkretisierung drei Beispiele für die ambivalente Einstellung. Sie sind uns leicht einfühlbar, weil in ihnen die Ambivalenz nicht die Gesamtpersönlichkeit erfaßt, wie dies in der Schizophrenie der Fall ist. Sie zeigen deutlich, daß die widersprüchlichen Impulse gleichzeitig erfolgen.

Eine jüngere, verheiratete Frau hatte neben ihrer Ehe eine Liebesbindung. Diese entwickelte sich immer mehr zu einer »tödlichen Zweiheit«, in der sich beide Partner bis aufs Blut drangsalierten Mit größter Mühe löste sich die Frau nach einem Jahr aus dieser Bindung. Für sie und ihren Mann begann jetzt eine hoffnungsvolle neue Zeit. Doch nach etwa sechs Monaten fing die Frau wieder an, an ihren Freund zu denken. Eines Tages sagte sie halblaut zu sich selbst: »Ich will ihn nie mehr sehen!« Das Merkwürdige nun war, daß sie im selben Augenblick aufstand, wie unter Hypnose in ihr Auto stieg und in die benachbarte Stadt fuhr, in der ihr ehemaliger Freund wohnte. Dort ging sie anscheinend ziellos umher. Als ihr dies zum dritten Mal passierte, erblickte sie plötzlich den früheren Freund aus der Ferne, rannte angsterfüllt zum Auto und fuhr überstürzt nach Hause. Diese Fahrten wurden zu einem regelrechten Zwang: Wie unter Hypnose tat sie das Gegenteil von dem, was sie wollte. In der Folge fror die Erotik zu ihrem Mann wieder ein. Es gab kein Vorwärts, keinen Fluß in ihrem Leben mehr.

Wo lag die Lösung? Hätte sie zum Beispiel ihren Mann ins Vertrauen ziehen sollen, um mit seiner Hilfe diese süchtigen Fahrten zu unterbinden? Wäre ihr selbstzerstörerisches Verhalten damit erledigt gewesen? Doch was wäre in diesem Fall mit dem zurückgehaltenen Drang in die Nähe des Freundes geschehen? Er hätte sich in trotzigem Aufruhr gegen die Sklavenhalterin gewandt und sie gepeinigt. Die Frau wäre vielleicht depressiv oder körperlich krank geworden. Nein: die einzige Lösung bestand zunächst darin, ihr Leben als Ganzes zu bejahen, zusammen mit ihrer unglücklichen Liebe zum früheren Freund. Welch ein Glück, so lebendig zu sein, um auch unter widrigsten Umständen und der Angst zum Trotz diese Autofahrten auf sich zu nehmen! Welch ein Glück, daß die Lebensenergie stößt und drängt! Erst wenn das frei bejahte Gefühl kräftig pulsiert, stellt sich die Frage, wie es nach außen realisiert werden kann.

Hat die Frau meiner Geschichte vielleicht die Freundschaft zum anderen Mann unbewußt in die böse Richtung gesteuert, um ihre Ehe auf keinen Fall zu gefährden? Oder war gar nicht der Freund das Ziel ihres Dranges? Signalisierte ihre Faszination für ihn bloß die Unmöglichkeit, den Eros mit ihrem Mann zu leben? Müßte sie in diesem Falle nicht freimütig die Situation mit diesem besprechen, um eventuell für einen dritten, noch unbekannten passenden Mann empfänglich zu werden? Sollte sie nicht endlich den Wunsch aufgeben, die ersehnte Energie-Explosion mit ihrem Ehemann zu erleben, die sie im Grunde ihres Herzens zusammen mit ihm nie gesucht hatte? – Wenn sie solchen Fragen ernsthaft nachginge, wäre der hypnotische Gegenimpuls kein mörderischer mehr, sondern würde sich mit ihrem sonstigen Leben zu einem kräftig beschleunigenden Lebensgefühl verbinden. Die Ambivalenz wäre aufgelöst.

Eine weitere Geschichte zeigt, wie selbstzerstörerische Impulse sich selbst totlaufen können, wenn auch durch äußerst riskante Schritte. Im Gegensatz zur letzten Geschichte geht es in dieser um die bloße Abfuhr passiver, zerstörerischer Bedürfnisse. Durch diese erledigt sich die Ambivalenz von allein, wenigstens in einer gegebenen Situation. Ein früher drogensüchtiger fünfundzwanzigjähriger Mann bekommt von einer ehemaligen Freundin aus der Hamburger Drogenszene eine Einladung, er möge sie doch in Hamburg besuchen kommen. Er setzt sich hin und schreibt ihr postwendend zurück, daß er nicht komme. Unmittelbar danach setzt er sich mit seinem Arbeitgeber in Verbindung, um vier freie Tage zu bekommen. Immer noch im Wissen, nicht nach Hamburg zu fahren, bereitet er alles für die Fahrt vor. Noch als er ins Auto steigt, »weiß« er, daß er nicht fahren wird. Er fährt sehr aggressiv, nervös. Nach einer kurzen Rast zerbricht er beim Aufschließen der

Wagentür den Autoschlüssel. Nun verliert er viel Zeit, bis das Auto aufgebrochen ist, dabei hat er doch der Freundin telefoniert, er werde dann und dann ankommen. So fährt er noch schneller als zuvor. Nach der letzten schlaflosen Nacht ist er müde, nickt kurz ein und hat einen lebensgefährlichen Unfall, aus dem er wie durch ein Wunder heil davonkommt. Sein Wagen ist schrottreif, doch will er jetzt unbedingt nach Hamburg. So mietet er mit seiner Kreditkarte ein Auto, obschon er weiß, daß auf seinem Konto nicht genügend Geld liegt. Während der Fahrt bekommt er einen starken, juckenden Ausschlag am ganzen Leib. Auch dieser ist Ausdruck seines Widerstands gegen die Droge. Fiebrig trifft er in Hamburg ein. Die Freundin, mit der zu schlafen er gehofft hatte, ekelt ihn an, und auf Drogen hat er schon gar keine Lust. So fährt er ausgepumpt, erschöpft, angewidert und krank am nächsten Tag mit der Bahn zurück.

Auch bei ihm setzte sich der »innere Selbstmörder« wie isoliert von seinem sonstigen Leben durch. Doch konfrontierten ihn seine Fehlleistungen, deren eine ihn fast das Leben gekostet hat, immer deutlicher mit dem selbstzerstörerischen Charakter seiner Reise. In Hamburg war sein selbstzerstörerisches Potential aufgebraucht, so daß der triebhaft angestrebte Rückfall zur Droge überflüssig wurde. Hatte er diese Reihe von gefährlichen Fehlleistungen zur Neutralisierung der für ihn noch gefährlicheren Form von Selbstzerstörung, nämlich der Droge, als Erschöpfungstaktik gegenüber seinem »inneren Selbstmörder« unbewußt inszeniert? Ein gewagtes Unterfangen, doch es hat geklappt. Nun war es für ihn wesentlich, die Dynamik des Geschehens zu begreifen, damit ähnliche Exkursionen zur Abfuhr seiner Destruktivität überflüssig würden. Der glückliche Ausgang zeigt, daß er sich gegenüber freundlicher gesinnt war, als er meinte.

Das dritte Beispiel betrifft einen homosexuellen Mann. Allein in seiner Wohnung, grübelt er eines Abends, wie viele Male zuvor, darüber nach, wie gerne er doch endlich einen festen Freund für eine Dauerbeziehung hätte. Diese Gedanken quälen ihn so hartnäckig, daß er dem Fernsehprogramm kaum folgen kann. Auf einmal denkt er: »Ich will nie mehr in den Park gehen. Dort hat man nur flüchtige Begegnungen, und da ist außerdem die Aids-Gefahr am größten.« Im nämlichen Augenblick steht er auf, zieht wie ferngesteuert seinen Mantel an, verläßt das Haus und geht – in Richtung Park.

Traumwandlerisch richtete dieser Mann sein Leben, symbolisch gesprochen, auf den »Mörder« aus, der ihn zerstören könnte. Nur in der prickelnden Gefahr von möglichen Krankheiten, Diebstählen, Überfällen fühlte er sich lebendig. Wirkliche Beziehungen langweilten ihn, sobald der Kitzel der unbekannten Gefahr zurückging. Er gehörte zum Männertypus, den ich vom gepeinigten Sebastian her gedeutet habe. Sein Leben rieb sich in widersprüchlichen Impulsen auf: eine hektische, fiebrige Selbstzerstörung. Selten strömten in ihm wärmende, ruhige Gefühle. Meistens stachelte ihn Todeslust an.

Obschon dieser Mann sich offen als Homosexueller bekannte, das soziale »Coming out« also geleistet hatte, war das innere »Coming out« bei ihm noch nicht erfolgt. Auf meine Frage, ob er lieber heterosexuell wäre, antwortete er: »Natürlich!« Mit dieser Antwort offenbarte er seine Distanz zur eigenen Anlage, zur eigenen Dynamik und Lebensenergie. Wer sich mit seiner Anlage nicht versöhnt, verzehrt sein Leben in ungesunder Eile. Das eigene Leben muß sich im wesentlichen ungehemmt von Katarakt zu Katarakt als fließender Augenblick ergießen können. Wenn sich die Anlage jedoch nur als Gegenimpuls sporadisch durchsetzen kann, fehlt ihr die Kontinuität, die Selbstverständlichkeit, die das ganze Dasein durchflutende Wärme und Helligkeit. Das Eigenste wird dann das Fremdeste, der Geliebte zum Mörder. Das kann bis zum tragischen Schicksal des italienischen Schriftstellers und Regisseurs Pasolini gehen, der von einem Strichjungen ermordet wurde.

Ein Menschenleben bekommt durch die ambivalente Einstellung destruktiven Charakter. Die ganze Existenz ist von zunehmender Selbstzerstörung geprägt. Der Homosexuelle, der das innere »Coming out« geschafft und die zur Ambivalenz führende Illusion einer austauschbaren Identität durchschaut und aufgegeben hat, empfindet es als tiefes Glück, »anders« zu sein, denn dieses Anderssein ist für ihn das Siegel seiner Besonderheit. – Geht ein solcher Homosexueller immer noch in den Park und auf die »Klappe«? Ab und zu vielleicht, aber ohne quälenden Zwang und ohne sich Gefahren auszusetzen. Ist er einsamer, als wenn er sich der heterosexuellen Gesellschaft anpassen würde? Nein, denn das Gefühl der Einsamkeit kommt vor allem aus der inneren Trennung vom eigenen Wesen. Außerdem gelingt Menschen, die mit sich selber strömen, ohne große Anstrengung die affektive Verbindung zu vielen Menschen, auch zu solchen, von denen sie in einem wichtigen Punkt verschieden sind.

Was war das Gemeinsame an den drei geschilderten Fällen? Ihr Leben gleicht einem Auto, das sich zuckelnd und stockend, einmal heftig bremsend und einmal heftig lospirschend, von Rotlicht zu Rotlicht, von Stopstraße zu Stopstraße, von Verbotsschild zu Verbotsschild, von Polizist zu Polizist durch eine Stadt quält: eine endlose Folge von Impulsen und Gegenimpulsen. Ist das ein schicksalhaftes Bild des heutigen Menschen? Ist der freie Verkehrsfluß, der freie Energiefluß eine neue Form des alten Traums vom Paradies? Es ist tatsächlich schwierig, trotz der mechanischen, toten Rhythmen des modernen Alltags im eigenen Lebensfluß unbeirrt auszuharren. Eben dies zu ermöglichen ist ja das Anliegen der Psychoenergetik.

Während ich dies schreibe, beobachte ich eine Katze, die sich durch die steinernen und blechernen Hindernisse auf den Dächern von Paris ihren Weg sucht. Ihre geschmeidigen Bewegungen stehen im Gegensatz zu den vielen Spitzen, Kanten und Ecken, an denen sie sich vorbeiwindet. Sie weicht nicht zurück. Ebensowenig sucht sie einen aussichtslosen Weg. Das ist die »Methode« der Psychoenergetik.

In der Kriminalliteratur gibt es ein überaus interessantes Beispiel eines narzißtischen Helden, dessen Lebenslust mit Zerstörung und Tod gekoppelt ist: Tom Ripley, die Hauptfigur in mehreren Romanen von Patricia Highsmith. Seine Kindheit gleicht in mancher Hinsicht der Mishimas: Sie ist ohne Wärme, banal, ganz von älteren Frauen, vor allem einer Tante geprägt, ohne Spiegelglanz aus dem Auge einer Mutter, die ihn geliebt hätte. Gegenüber anderen Kameraden ist Tom benachteiligt, daher verschlossen und auf sich selber zurückgeworfen. Im Gegensatz zu Mishima kann er in dieser Mangelsituation wenig Phantasie entwickeln. Er fühlt sich leer, unruhig, schal, konsistenzlos. Ich gebe diese Angaben frei nach verschiedenen Passagen aus dem Roman ›Der talentierte Mr. Ripley‹ wieder.

In allen Büchern, die im Titel seinen Namen tragen, geht

Tom auf die *Suche nach seinem Spiegelbild*. Dieses soll all das verkörpern, was ihm selber fehlt: bergende Familienverhältnisse, Wärme und Behaglichkeit des Elternhauses, Erziehung, Bildung, Liebesfähigkeit, Geld, ein bedeutender Name, leichter, selbstverständlicher Lebensgenuß. Im erwähnten Roman lesen wir über seine intensiven Gefühle für den gleichaltrigen Dicky, der diesen Vorstellungen vollständig entspricht: »Zusammengesunken hockten sie in der Carrozza, jeder hatte einen Sandalenfuß über ein Knie gelegt, und es kam Tom vor, als blicke er in den *Spiegel*, wenn er Dickys Bein und seinen aufgestützten Fuß daneben sah.«[2] In dieser narzißtischen Spiegelbeziehung ist Tom zunächst glücklicher denn je zuvor, ist er doch mit Dickys Leben ganz verschmolzen. Doch dann realisiert er, daß Dicky von ihm, Tom, nur wenig hält, und er wird auf die eigene Leere und Substanzlosigkeit schmerzhaft zurückgeworfen: »In Dickys Augen sah Tom jetzt nicht mehr als in der harten, blutlosen Oberfläche eines *Spiegels*. Tom fühlte einen schmerzhaften *Riß* in der Brust, und er verbarg sein Gesicht in den Händen. Es war, als wäre Dicky ihm plötzlich entrissen worden. Sie waren keine Freunde. Sie kannten sich nicht. Darin sah Tom die entsetzliche Wahrheit, sie galt für alle Zeiten, für alle Menschen, die er früher gekannt hatte, für alle Menschen, die er künftig noch träfe..., und das Schlimmste ist, daß er immer eine Zeitlang die Illusion haben wird, er kenne sie, er und sie seien völlig im Einklang miteinander und eins.«[3]

Präziser kann die innere Beziehungslosigkeit und Einsamkeit des narzißtischen Menschen kaum beschrieben werden. Diese kurze Episode ist der Wendepunkt in Tom Ripleys Leben. Sein geliebtes Spiegelbild weigert sich, ihn, Tom, als Freund anzusehen. Dicky liebt ihn nicht, also ist er sein Feind, der Mörder seiner Lebendigkeit. Doch wie könnte Dicky sich Tom mit offenem Herzen zuwenden, da er von Tom gar nicht angesprochen und gemeint ist? Dicky hat für Tom ja bloß die Funktion eines Spiegelbildes. Im Gegensatz zu Tom gelangt Narziß im Mythos schließlich zu der Einsicht, nur sein eigenes Spiegelbild, also sich selbst zu lieben. Dieser Bewußtseinsschritt macht aus Narziß einen mythologischen Helden, das heißt eine Leitfigur für unsere seelische Entwicklung. Aufgrund dieser Einsicht löst sich Narziß als Narziß auf: Das ist eine Deutungsmöglichkeit seines Selbstmordes.

Tom Ripley dagegen umgeht diese Einsicht und wählt einen atavistischen Weg, um Narziß bleiben zu können: Er will sich sein ersehntes und geliebtes Spiegelbild gleichsam kannibalisch einverleiben. Er wählt den Mord. Narziß tötet sich selber. Tom Ripley tötet sein Spiegelbild.

Nachdem er Dicky umgebracht hat, nimmt er eine Zeitlang dessen Identität an, denkt, spricht, schreibt, lebt in jeder Hinsicht wie Dicky und bringt es schließlich fertig, sein Alleinerbe zu werden: Mit Dickys Strom lädt er seine Batterie auf. Durch den Mord an Dicky kann er seine Destruktivität von ihrem eigentlichen Objekt, nämlich von sich selbst, ablenken und immer wieder – auch in anderen Romanen – junge Männer zu Fall bringen. Denn auch diese Energie, die Energie des Menschenfressers, läßt sich nur beschränkt speichern. Neue Opfer, angelockt durch den Glanz des Narziß, finden nach einer Phase ungesund sprühender Erregung und schillernden, gierigen Lebens den Tod. Die Opfer partizipieren an Toms »negativer Erregung«. Diese ist, wie Lowen schreibt, Ersatz für echte verbindende Gefühle.[4] Und immer wird aus dem Tod des Spiegelbildes für Tom Geld locker: Rollende Münzen geben die Illusion von fließender Lebensenergie.

Daß Tom eine Frau aus reicher Familie ohne Liebe heiratet, eine Frau, die er sich wie ein verwöhntes Haustier hält und die sich regelmäßig bei ihren Eltern ausweint, weil sie sich vernachlässigt fühlt, paßt ins Bild. In Toms Leben gibt es keine Liebe. Nicht einmal die Selbstverliebtheit ist ihm selbstverständlich. Um sie aufrechterhalten zu können, braucht er immer wieder narzißtische Zufuhr: die von ihm zur Strecke gebrachten Opfer.

Die meisten Bücher Patricia Highsmiths zeigen den Triumph der Todeslust ohne jede moralische Endkosmetik. Highsmith schminkt ihre Toten nicht, noch weniger ihre Mörder. Dies ist ein neues Phänomen in der Weltliteratur. Der unerhörte Erfolg ihrer Bücher spiegelt die epidemieartig sich ausbreitende Todeslust zum Ende dieses Jahrtausends. Wie immer, wenn dies in der Menschheitsgeschichte der Fall war, ist ein tiefgreifender Umbruch im Gange. Wird der Tod sich wieder mit dem Leben in einem neuen Strom vereinigen und ein neues Energiegefälle in der Menschheit entstehen lassen? Die Antwort hängt davon ab, ob eine wachsende Zahl von Individuen den Anschluß an ihre Lebensenergie finden. Darum soll es zum Abschluß dieses Kapitels gehen.

Wie kann sich der Mörder in den Geliebten, die Destruktivität in Lebensenergie wandeln? Tom Ripley müßte damit beginnen, seine glanzlose Kindheit, den frühen Mangel an Liebe und Förderung als nicht mehr zu ändernde Realität zu bejahen. Wie könnten andere ihn lieben, wenn nicht er sich so liebt, wie er eben ist?

Die Versöhnung mit dem eigenen Schicksal ist die Voraussetzung für die Verarbeitung von Problemen, die uns an die Vergangenheit, vor allem die Kindheit, ketten, und nicht umgekehrt. Denn diese Versöhnung, mit welch gräßlichen Dingen auch immer, schafft in unserem Leben *Einheitlichkeit*: Jetzt erst findet die Energie eine klare Richtung. Im Lebensfluß, der sich nun beschleunigt, lösen sich unsere verschiedenen Probleme aus der statischen Unbeweglichkeit und geraten in eine dynamische Zuordnung: Sie bewegen sich gleichzeitig und miteinander. Die gemeinsame Richtung und das gemeinsame Gefälle beseitigen die festen Trennwände und künstlichen Einkapselungen. Das locker gleitende Lebensgefühl reißt die vielen Probleme und Problemchen, Konflikte und Zweifel in einen gemeinsamen Sinnzusammenhang mit. Sie werden dadurch zwar noch nicht gelöst, aber immerhin lösbarer.

»Doch wie kann ich mich mit diesem banalen, aufgeblähten Nichts, diesem hochstaplerischen Blender, der ich bin, versöhnen?« würde ein nachdenklich gewordener Tom Ripley vielleicht in einer Psychoanalyse fragen. Aus der Sicht der Psychoenergetik würde ich ihm sinngemäß etwa so antworten: »Jawohl, Sie sind ein Nichts und ein Blender. Wie wunderbar: Sie existieren, Sie leben! *Mit all dem* leben Sie! All dies *lebt*! Welch trotzige Freiheit! Welche Lebensenergie! *Zusammen* mit Ihrer widrigen Tante und Ihrem sadistischen Lehrer haben Sie es geschafft zu leben. Und Sie leben jetzt.« Diese Worte geben natürlich nur die Atmosphäre einer solchen Intervention wieder, die oft keiner Worte bedarf. Ich selbst habe unter schwierigsten Lebensumständen die befreiende Wahrheit dieser

»ganzheitlichen, mitreißenden Freiheit« erlebt. Es ist dies eine *ek-statische* Erfahrung, weil wir aus den belastenden Problemen *heraustreten*, ohne sie im einzelnen zu lösen. Tiefer gesagt: Es handelt sich um eine »*in-statische*« Erfahrung, da wir eigentlich in uns *hineintreten*, das heißt die oberflächlichen Schichten der eingekrusteten Prägungen, Fixierungen, Leiden nach innen durchbrechen und auf einen Kern stoßen, der nichts als Bewegung und Leben und Verbindung ist. Von diesem fließenden Punkt aus gerät unsere ganze Persönlichkeit in Fahrt, und die Arbeit an unseren Problemen hat den passenden Rahmen, oder richtiger: den verbindenden Fluß gefunden. Da die energetische Erfahrung bei allen Menschen die gleiche ist, besteht in dieser Phase keine Gefahr, daß der Therapeut den Klienten in eine für diesen unpassende Richtung hineinmanövriert. Daher kann nicht von Beeinflussung, sondern nur von einer energetischen Ansteckung gesprochen werden. Ich empfinde jedesmal die gleiche Beglückung, wenn die Lebensenergie im Klienten zu »greifen« beginnt und dieser sich durch die allgemeinste aller möglichen Erfahrungen in seinem Innersten getroffen, verstanden, befreit fühlt. Ohne die zeitlose Erfahrung der Lebensenergie ersticken wir auch als Zivilisationsmenschen im Müll unserer vieltausendjährigen Kultur und Unkultur.

Warum hat die Welt für Verliebte viel intensivere Farben als für andere Menschen, wie sogar durch neurophysiologische Experimente festgestellt wurde? Weil Verliebte sich, indem sie ineinanderfließen, vollständig und ungeteilt nur an *einem* Ort und in *einem* Augenblick befinden, nämlich an diesem Ort und in der Gegenwart. Das gibt ihnen das intensive Lebensgefühl. Doch ist dies kein Privileg für Verliebte. Es kann uns durch Einübung immer zugänglicher werden.

Im Augenblick sein heißt: mit der Bewegung, in der Sie sich gerade befinden, verschmelzen. Versuchen Sie einmal, am Steuer Ihres Autos ganz in die Bewegung Ihres Fahrens einzugehen, ob Sie langsamer oder rascher fahren, ob Sie vor einer Ampel halten oder brüsk wegen eines vor Ihnen bremsenden Autos ebenfalls bremsen müssen. Keine äußere Stockung soll Ihren inneren Bewegungsfluß hemmen. Leichter fällt dies natürlich während einer flüssig gemächlichen Fahrt, und am leichtesten in einem natürlichen Bewegungsablauf, wie beim Gehen, Laufen, Schwimmen oder Tanzen.

Solange Sie ganz in der Augenblicksbewegung sind, kennen Sie keine quälenden *Vergleichszwänge*, denn diese beruhen auf Vorstellungen, die Sie vom Augenblick trennen. Wer ist klüger, Ihr Bruder oder Sie? Sie leben, wie Sie sind, reicht das nicht? Wenn es nicht reicht, leben Sie nicht. Dann werden Sie immer neue Vergleiche finden, bei denen Sie den kürzeren ziehen. Sie suchen nach Erklärungen, warum Sie nicht leben. In der gleichen Weise verschwinden auch die *Bewertungszwänge*. Was ist schöner, der Frühling oder Herbst? Was ist *jetzt*?

Es ist der vom Augenblick entfremdende Vergleichs- und Bewertungszwang, der zur angestrengten Gigantomanie der neuen Umgangssprache führt. In unserem Leben muß alles »super« sein. Doch wo bleibt das Kleine, Unscheinbare, Unauffällige? Und vor allem: Wie viele Rivalen müssen wir ständig austricksen, um »super« bleiben zu können? Führt das schließlich nicht zum Superzerstörer, dem Geisteskranken, von dem im achten Kapitel die Rede war? Was bewirkt diese permanente Anheizung der »privaten Hochkonjunktur«: *Ich* muß mehr verdienen, mehr wissen, mehr genießen, mehr und nur das Beste konsumieren, also »super«, über alle Vergleiche erhaben sein? Sie fördert Tom Ripleys negative Erregung. Von dieser elektrisiert, stoßen Sie andere vor den Kopf, verletzen und machen sie klein, wenn Sie nicht gerade zusammen mit ihnen überdreht, »aufgestellt«, »aufgezogen«, eben »super«, »total super« sind. Der Vergleichszwang verhindert das Ineinanderfließen mit dem anderen und macht einsam. Das Lebensgefühl ist wie von außen gemacht, dies zeigt diese Wortreihe des »Supermenschen« auch sprachlich. Wer stellt und zieht und dreht sie auf? Wie abhängig sind doch »Supermenschen« von äußeren Anstößen und Anerkennung und wie verletzlich durch Kritik!

In der Bewegung des Augenblicks flexibel auszuharren fällt uns vor allem dann schwer, wenn negative Gefühle wie Angst, Schmerz oder Wut über uns kommen. Müssen sie wie von außen über mich kommen? Kommen sie nicht aus mir selber? Dieses unangenehme Gefühl bin *ich*. Es ist sogar das Wichtigste in mir, weil es am meisten Energie anzieht. Es wirkt in mir, es ist wirklich, nicht mehr und nicht weniger. Sobald Sie dies fühlen, auch in Ihrem Bauch und Ihrem ganzen Körper, setzt die Augenblicksbewegung wieder ein, das heißt, Sie schwingen mit ihr und verstärken sie dadurch. Die Spaltung des ewig Zu-kurzgekommenen hat aufgehört: Ich bin, was ich empfinde; deshalb empfinde ich, was ich bin.

Jedesmal, wenn Ihr Gefühlsfluß *stockt* – und Sie werden, wacher geworden, mit Verwunderung feststellen, wie oft er in einer einzigen Minute stockt –, gestatten Sie einem negativen Gefühl, Sie von außen her zu bedrängen, als wäre es nicht Ihr eigenes. Dabei haben Sie ein Anrecht auf dieses Gefühl. Die Bejahung des Negativen fängt mit der realistischen Feststellung an, daß dieses Negative jetzt da ist und Sie dieses Negative *sind*. Achten Sie dann einfach darauf, was jetzt mit ihm, dem Negati-ven, geschieht, was mit Ihnen geschieht. Dann fließt der Au-genblick, so daß Sie endlich vor all den Bewertungen und Ver-gleichen Ruhe finden. Sie haben jetzt immer weniger Lust, das Wort »negativ« zu gebrauchen, ebensowenig wie das Wort »positiv«. Die Abgrenzungen sind zwar nicht hinfällig, aber unwichtiger geworden.

Sie werden auch bei Ihren Mitmenschen – oft in fein verstec-ter Art – die erwähnten Emotionen so lange neutralisieren, bremsen, unterdrücken, wie Sie dies mit Ihren eigenen tun. Dann wundern Sie sich vielleicht, wie erbost, ja ausfällig andere darauf reagieren. Doch begreifen Sie diese Reaktionen nicht? In der Tat: nichts bedroht und verbittert uns mehr, als regelmäßig von anderen zurückgepfiffen, zurückgestutzt, von unseren Ge-fühlen isoliert zu werden. Auch Kinder und Jugendliche reagie-ren zu Recht empfindlich auf derlei repressive Appelle, ob sie von der »lieben« Mutter, dem »lieben« Vater oder dem »lieben« Lehrer stammen, die alleweil auch ihre Kinder oder Schüler in ihre eigene Verklemmung »hineinerziehen« wollen.

Die Unterdrückung negativer Emotionen geht Hand in Hand mit thanatophoben Verhaltensweisen, die schon an kleinen Ge-bärden und dem Vokabular ablesbar sind. Fromm nennt sie »nekrophile Verhaltensweisen«, weil sie die »Liebe zu allem, was tot ist« zum Ausdruck bringen. Ich ziehe den Begriff der *Thanatophobie* Fromms Begriff der Nekrophilie vor, weil »die Liebe zum Toten« bei keinem Menschen die Ursache seiner Persönlichkeitsstörungen ist. Nekrophilie steht immer im

Dienste der Abwehr des eigenen Todes. Sie ist eine Reaktionsbildung gegen die Thanatophobie, die eigene suchtartige Todesangst: Der andere soll an unserer Stelle unlebendig und tot sein. – Mit welcher Befriedigung lesen manche ältere Leute die Todesanzeigen, als würde ihr eigener Tod dank dem Tod anderer gebannt: »Der alte Metzger ist gestorben. Jetzt gibt der Tod wohl für einige Zeit Ruhe.« – Der Begriff »nekrophile Verhaltensweisen« macht zwar schaudern; er hat eine aufschreckende, aber keine heilende Wirkung, weil er beim Symptom steckenbleibt und nicht zu dessen Ursache vorstößt. Doch sogar die Symptomatik erfaßt Fromm mit dem Attribut »nekrophil« nicht ganz. Wo erscheint denn »Liebe« – »Philia« – in den »nekro*philen* Verhaltensweisen«? Diese haben doch zwanghaften und suchtartigen Charakter. Das Wort *»todessüchtig«* erfaßt die Symptomatik besser.

Trotzdem: Fromms Beobachtungen sind wertvoll. Als nekrophile (todessüchtige und thanatophobe) Verhaltensweisen zählt er auf: das Zerbrechen von kleinen Gegenständen wie Streichhölzern, das Zerpflücken von Blumen, das Herumkratzen an Wunden, das Interesse an Krankheiten, Unglücksfällen und Tod, Haltungen der Steifheit, Kälte, mangelnder Beteiligung, oder sprachliche Ausdrücke wie »Scheiße«, die ausschließliche Vergötterung der Technik, die kein Gespür für natürliche Lebensrhythmen aufkommen läßt.[5]

Auch in solchem todessüchtigen Verhalten erweisen wir uns als Mörder an eigenem und fremdem Leben. Das Wort »Mörder« mag in diesem Zusammenhang übertrieben erscheinen. Doch ist die Dynamik dieser Verhaltensweisen die gleiche wie in den Beispielen von Selbstzerstörung, die ich in diesem Kapitel erzählt habe. – Folgender Traum eines jüngeren Mannes soll das in diesem Kapitel Dargelegte zusammenfassen.

Der Träumer befindet sich zwischen zwei Mitpatienten in einem Krankenhaus. Die Krankenschwester will ihn zu einer »Todesspritze« überreden. Dadurch nämlich würde für ihn das Risiko beseitigt, daß ihm im Leben irgend etwas Schlimmes passieren könnte. Alles ist für die Todesspritze vorbereitet. Katzen beginnen zur Totenklage zu jaulen. Auch sie wissen, daß der Träumer dem Tode geweiht ist. Auf einmal jedoch erschrickt dieser. Mit großem Kraftaufwand, zunächst zögernd, dann immer eindeutiger entschließt er sich im letzten Moment, die Todesspritze trotz der Risiken, die das Leben mit sich bringt, zu verweigern. Er erhebt sich, verläßt ungehindert das Krankenhaus, steht im Freien, wird nachdenklich – und erwacht.

Es ist höchste Zeit, daß der Träumer seine Lebensängste überwindet und die Krankenschwester, das heißt die verführerisch als Heilerin getarnte Todesmutter, abweist. Das ist ganz einfach. Er braucht nur wegzugehen; niemand hindert ihn daran. Wie kompliziert war die Unfreiheit und wie einfach ist die Freiheit! Er hat sein Leben noch nicht gelebt. Er soll also nicht wie Jesus zwischen den beiden Schächern – den zwei Mitpatienten – sterben. Statt die Todeslust religiös zu überhöhen, fängt er an, über sie nachzudenken. Indem er weggeht, nimmt er vom Mörder, der er für sich selbst war, Abschied und versöhnt sich mit dem Tod, der das Leben ermöglicht, nämlich mit dem Risiko ständiger Bewegung in einem intensiven Leben. Jetzt kann der Mörder sich in den Geliebten verwandeln, die Todessucht in Lebensenergie.

11 Die Suche nach der stärksten Empfindung: Der Körper in der Psychoenergetik

> In jedermann ist etwas Kostbares, das in keinem anderen ist.
> Was aber an einem Menschen kostbar ist, kann er nur entdecken, wenn er sein stärkstes Gefühl, seinen zentralen Wunsch, das in ihm, was sein Innerstes bewegt, wahrhaft erfaßt.
>
> (Martin Buber, Der Weg des Menschen)

Je lebendiger Ihr Körper ist, desto lebendiger sind Ihre Emotionen. In einem gepanzerten Brustkorb zum Beispiel können sich die Flügelschläge der Liebe nicht fortpflanzen. Ein harter Bauch stemmt sich gegen die Vibrationen der Lust und die Brandung der Wut. Der Hart-Näckigkeit fehlt die biegsame Einfühlung ebenso wie der Halsstarrigkeit die Lockerheit, auf andere einzugehen. Die steifen Knie lassen nicht zu, daß Sie sich weich fallen lassen. Kurz, die Emotionalität ist auf den Körper angewiesen, um sich bewegen zu können. In der momentanen Emotion sind Körper und Seele völlig eins.

Emotionen sind, im Gegensatz zu den durch neurophysiologische Impulse gesteuerten Bewegungen des Körpers, von ihrem Ursprung her *seelische Bewegungen*. Da sie sich jedoch durch den Körper ausdrücken, können sie auch über den Körper beeinflußt werden. Diese Einsicht macht sich die *Bioenergetik* zunutze: Richtiges Atmen oder freie Beckenbewegungen oder Druck von außen auf eine bestimmte Körperstelle können gepreßte Emotionen zur Entfaltung bringen: der Klient schluchzt, schreit, lacht oder stöhnt, und so weiter. *Die Tür des Energiekäfigs wird von außen geöffnet.*

Dagegen sucht die *Psychoenergetik* das *passende Wort für die stärkste Empfindung*. Die seelische Frequenz des Wortes soll genau der seelischen Frequenz der unterdrückten Empfindung entsprechen. Wie durch einen kleinen elektrischen Stoß gibt dieses Wort der erstarrten Emotion den An-Stoß, mit der ihr eigenen Schwingung wieder einzusetzen, ähnlich dem elektrischen Impuls, der ein Herz wieder zum Schlagen bringt. Die

Schwingung pflanzt sich von innen nach außen fort und bringt den Körper in eine strömende Gestimmtheit. *Die Tür des Energiekäfigs wird von innen geöffnet.*

Die Psychoenergetik fördert die Bewegung der Emotionalität eben von da aus, wo sie sich zusammengekrampft hat, nämlich der Psyche. So heilt sie Gleiches mit Gleichem. Deshalb ist sie besonders dazu geeignet, der neu befreiten Emotionalität im konkreten Alltag Raum zu geben. Da sie mit der Sprache arbeitet, schafft sie die bewußte Verbindung von der Energieerfahrung zu unzähligen bekannten Lebenssituationen. Sie verwendet keine »Kopf-«, sondern nur »Körperworte«, keine abstrakten Begriffe, sondern Energie freisetzende Sprachbilder. Der Analytiker verzichtet konsequent auf alle Deutungen, die nicht in der emotionalen Schicht seiner Psyche körperlich widerhallen. Denn diese wären nicht geeignet, dem Klienten emotionale An-Stöße zu geben.

Viele Analytiker setzen ihre Deutungen spontan bereits in dieser Weise ein. Doch in kritischen Situationen besteht die Gefahr, sich in objektivierende Interpretationen zu retten. Die Psychoenergetik kann dazu verhelfen, aus einem intuitiv erfaßten therapeutischen Vorgehen eine bewußte und effiziente, belastungsfähige Arbeitsmethode zu machen.

Ich werde in diesem Kapitel zunächst auf verschiedene Einstellungen zum Körper zu sprechen kommen, dann den Zusammenhang zwischen dem Verlust des Körpergefühls und der Unfähigkeit, intensiv zu empfinden, vertiefen, darauf durch eine Untersuchung von Kafkas Erzählung ›Die Verwandlung‹ das Gesagte veranschaulichen und schließlich eine Fährte aus der Depression zeigen, nämlich die Suche nach der stärksten Empfindung.

Eins mit dem Körper zu sein fällt uns besonders in Phasen der Krankheit oder Müdigkeit schwer, ähnlich wie es Schwierigkeiten macht, uns mit negativen Emotionen zu versöhnen. Der eigene Körper sein heißt eben auch: eine lästige Krankheit, von der Sie »dummerweise angesteckt« wurden, ein blödes Kopfweh, das »wie angeflogen« ist, eine Gesichtsverletzung, die Sie sich durch einen »zufälligen« Sturz vom Fahrrad zugezogen haben, eine körperliche Schwäche, die der »Wetterumschlag« Ihnen beschert, als Ihr Leben, als Sie selber, ohne Vorbehalt und Einschränkung anzunehmen, also nicht als Mißgeschick abzuwerten, das »wie von außen mit Ihnen gemacht« wurde. Alles, was mit Ihnen geschieht, sind Sie selber, eben so, als hätten Sie es bewußt herbeigeführt. Diese keineswegs fatalistische, sondern aktive Einstellung verbindet Sie organisch mit der Außenwelt, die gleichsam zu einem neuen Bereich Ihrer Körperlichkeit wird. Sie läßt Ihre Energie anschwellen und gibt Ihrem Dasein eine authentischere Richtung.

Was Ihnen einfach zustößt, auch negative Signale Ihrer Hinfälligkeit, das sind Sie. Sie sind ein sterblicher Mensch. Ihre Energie gleitet über Berge und durch Täler. Darunter verstehe ich nicht die unbewußte Identifizierung mit negativen Wechselfällen Ihres Lebens. Diese würde in Entmutigung, Rebellion oder Panik münden. Vielmehr meine ich die nichtwertende Aufmerksamkeit, die Sie auch das Negative bejahen läßt und Ihnen deshalb das dynamische Gefühl gibt, auch jetzt, mitten in diesem nicht mehr abzuwehrenden Schicksalsschlag, in einem Lebensprozeß zu sein.

Wir wollen jetzt die Klippen, die uns den Zugang zur Todesdimension erschweren, näher betrachten. Wie stehen Sie derzeit zu Ihrem Körper? Vielleicht sind Sie zu einem vorsichtigen Arbeitsbündnis mit ihm bereit: Sie versuchen ihn zu beherrschen und durch Sport zu stählen, damit er Ihr Leben möglichst wenig stört. Sie situieren also diesen »sterblichen Leib« (Paulus) außerhalb Ihres »eigentlichen« Lebens: ein oft nützlicher Gefährte, der einem auch Lust spenden kann. Franziskus nannte seinen Körper *Bruder Esel*. Da er Tiere liebte, meinte er dies sicher nicht böse. Doch die liebevoll abwertende Distanzierung von diesem oft auch störrischen Körper ist unüberhörbar. Viele reiten auf ihrem Körper herum wie auf einem Esel.[1] Dabei bewahren sie immerhin noch Schenkelkontakt mit ihm. Gleichzeitig halten sie die Zügel fest in der Hand. Es ist klar, wer befiehlt und wer gehorchen soll. Dieses Herrschaftsverhältnis macht Sie etwas stumpf gegenüber feineren Körperempfindungen. Wenn Sie ein schlechter Reiter sind, zwingen Sie dem Körper auch dann Ihren Willen auf, wenn Sie sich besser seinem animalischen Rhythmus überließen. Trotzdem: Ihre Körperbeziehung ist keine destruktive. Der Bruder Esel schenkt Ihnen manche gute Stunde. Sie schlagen ihn selten. Die negative Erregung des körperfeindlichen Menschen ist Ihnen fremd.

Den Genüssen des Lebens zugetan, übersehen Sie jedoch, daß der Bruder Esel oft unter dem schlechten Reiter leidet, und Sie führen seine Störrigkeit – Krankheiten und Unfälle – nicht auf Ihre schlechten Reitkünste, sondern auf das feuchtkalte Wetter, Anlageschwächen, Viren, Bazillen und Zufälle zurück. Viele »Zu-Fälle« in Ihrem Leben sind die notwendigen Proteste Ihres Körpers gegen den unsorgfältigen Umgang mit ihm.

Wir beschäftigen uns jetzt länger mit einer *zweiten*, problematischeren, offen destruktiven *Einstellung zum Körper*. Darin gibt es kein Arbeitsbündnis eines Reiters mit seinem Esel mehr. Der Körper hat nur funktionale Bedeutung: Er ist »ausführendes Organ«, eine tote Marionette, die Sie nach Belieben zappeln lassen und nach Gebrauch wieder in der Mottenkiste verstauen. Aus dem warmen, pulsierenden, lebendigen Körper hat Ihre Vorstellung ein Phantom gemacht! Das Ich manipuliert einen toten Gegenstand. Entweder wird der Körper mit einer Schlaftablette für den Schlaf und mit einem Kaffee für den Wachzustand präpariert. Das ist die »ungesündere« Variante. Oder eine ausgewogene, protein- und vitaminreiche Ernährung soll die Körpermaschine *gegen* Verschleiß schützen. Das ist die gesündere, aber von der Grundeinstellung her nicht weniger destruktive Variante: Jogging hilft *gegen* Einrosten der Gelenke, Gedächtnistraining *gegen* Verkalkung des Gehirns. Die mechanische Ausdrucksweise verrät unsere *Gegnerschaft* zum Körper: Nur *gegen* den Körper bekommt das »Leben« seinen Sinn. Die tote Sprache, die der Marionettenspieler benützt, ist Abwehrzauber *gegen* die Sterblichkeit, *gegen* die natürliche Minderung der Organleistung, *gegen* die Anfälligkeit für Krankheiten. Der Marionettenspieler findet *gegen* alles, was lebendig ist, ein Mittelchen. Bloß verdrängt er die Tatsache, daß gegen den Tod kein Kraut gewachsen ist. Er schwimmt gegen den Lebensstrom und nicht mit ihm. Welch eine Anstrengung, um sich bestenfalls auf dem gleichen Fleck halten zu können!

Der Marionettenspieler weiß nicht, daß er die Marionette, seinen Körper, ständig manipuliert. Deshalb projiziert er den großen Macker, der seine Umwelt um den Finger wickelt, auf die andern. Menschen, die ihren Körper wie ein fremdes Ding unter sich zappeln lassen, haben ständig Angst, gegen ihren Willen beeinflußt zu werden, und sind oft tatsächlich leicht beeinflußbar. Denn Autonomie setzt ein stabiles Körpergefühl voraus. Andere haben es leicht, das mit dem Marionettenspieler zu tun, was er mit seinem Körper tut, nämlich ihn zu manipulieren. Deshalb wird er immer mißtrauischer, fremd nicht nur seinem Körper, sondern auch den Menschen gegenüber. Durch sein böses Spiel mit dem Körper wollte er Freiheit erlangen und ist doch ein ängstlicher, unfreier Mensch.

Wenden wir uns der Psychologie des Marionettenspielers zu. Sein Bewußtsein ist ausschließlich *Kopfbewußtsein*. Er *ist* nur sein *Kopf* und *hat* einen *Körper*. Was Sie nicht *sind*, sondern bloß *haben*, fehlt Ihnen: Der Körper fehlt Ihnen. »Wenige verlieren ihren Verstand, die meisten ihren Körper«,[2] sagt Ken Wilber. Verlust des Körpers heißt immer Verlust der Emotionalität: Der ganze Mensch fühlt sich verloren, desorientiert, einsam. Das Kopfbewußtsein macht den Körper zu einer Marionette. Gemäß dem Befehl seines Manipulators erstarrt der Körper gegen die ihm eigene Lebendigkeit. Er ist verspannt, verkrampft, gehemmt. In einem solchen Körper können die Emotionen nicht pulsieren, denn diese sind Bewegungen unseres leib-seelischen Gesamtorganismus.

Deshalb ist Wissen nie Ersatz für Gefühle. Lowen führt aus, daß zum Beispiel »sexuelle Schwierigkeiten eng an körperliche Störungen in Form von Muskelverspannungen, Starrheit des Beckens, Verkrampfungen der Beinmuskulatur und Einschränkung der Atmung gebunden sind«.[3]

Die *Sprache* zeigt deutlich, daß Emotionen ganzheitliche Bewegungen des Menschen sind, verbindet die Sprache doch den körperlichen Laut mit seelischer Färbung und geistigem Sinn. *Starke Worte*, das heißt solche, die Emotionen ausdrücken, sind also keine bloßen Metaphern für diese. Sie sind sprachliche Gestalten der Emotionen. Im Augenblick, da sie ausgesprochen werden, sind sie mit den Emotionen, die sie ausdrücken, identisch. Eine Emotion schwingt sich im Wort-Laut frei. Starke Worte verbinden, weil sie viele Menschen in den gleichen Emotionen zusammenführen. Darin liegt ihre Macht und ihre Gefahr. All dies gilt natürlich nicht für die künstliche Sprache der

Chiffren, Initialen, Abkürzungen, die für die Unkörperlichkeit unserer Gesellschaft symptomatisch sind.

»Ich bin *gespannt,* was du mir zu sagen hast.« Oder: »Dein Vorschlag *beschwingt* mich.« Oder: »Deine Gedanken sind *verdreht* und *verkorkst.*« Solche Redewendungen bedeuten das, was sich *real* auch im Körper abspielt: Der Körper schwingt mit, stockt oder spannt sich oder fließt. Sprache hat von ihrem Ursprung her nichts mit bloßem Kopfwissen zu tun. Dies zeigt sich an ihrer körperlichen Wirkung.

Daher ermutige ich Klienten oft, ihre gerade aktuellen Emotionen sprachlich auszudrücken, und zwar durch ein starkes Wort, das – einmal ausgesprochen – die Emotionen weiter auflädt, zur Entladung drängt und schließlich abführt. Solche »Zauberworte« – den indischen Mantras verwandt – rufen oft viele Einfälle hervor, wodurch die Verarbeitung einsetzt. Als zum Beispiel das emotionale Schlüsselwort »verkorkte« auftauchte, imaginierte sich ein Mann als »verkorkte Flasche«. Die Assoziationen, die in solchen Zusammenhängen kommen können – von frühkindlichen Erlebnissen über sexuelle Blockierungen bis zu Arbeitshemmungen –, sind alle so geladen, daß das Gespräch an Druck und Tiefe gewinnt. Bei solchen Gesprächen richtet sich – wie erwähnt – meine Aufmerksamkeit eher beiläufig auf die angesprochenen Themen und Ereignisse und in erster Linie auf den Fluß der Energie: auf deren Stockungen, Anschwellen, »Aufbrausen«, Wirbel, Hinplätschern, Sich-Ausfächern, Zusammenziehen. Hier liegt der besondere Wert des psychoenergetischen Vorgehens. Es läßt den Energiepegel eines Dialogs beträchtlich ansteigen.

Die Bioenergetik geht von Muskelverspannungen aus und fragt nach den entsprechenden emotionalen Hemmungen. Die Psychoenergetik dagegen sucht nach dem passenden sprachlichen Ausdruck für eine bisher sprachlose Emotion. Dadurch gerät diese von innen her in Schwingung. Wenn ich das richtige Wort für eine Emotion gefunden habe, löst es eine körperlich deutlich spürbare, innere Bewegung aus: Ich erröte, atme schneller, bekomme Herzklopfen, und so weiter. Solchen starken Worten durch ruhige Umkreisung näherzukommen sollte ebenso selbstverständlich in eine analytische Therapie gehören wie etwa Traumdeutungen. Emotionale Wortgestalt und

Traumbild stammen beide aus einem Überdruck der Lebensenergie.

Unpassende Deutungen dagegen sind Worthülsen ohne Widerhall. Dazu ein Beispiel: Sie sagen mir: »Ich bin traurig.«
Nun löst aber diese Bemerkung weder bei Ihnen noch bei mir
ein emotionales Echo aus. Dies beweist, daß Sie wahrscheinlich
das falsche Wort gebraucht haben und weiter suchen müssen.
Vielleicht finden Sie dann wieder das gleiche Wort. Doch diesmal ist es durchblutet. Lowen schreibt, der Körper könne nicht
lügen. Auch Worte können nicht lügen, wenn sie starke, mit
unseren Emotionen geladene Worte sind.

Solange wir unsere Körper zappeln lassen, fehlt es uns »irgendwie an Tiefe, einer Basis sinnvoller Gefühle, an einer Quelle inneren Gewahrseins und *Gefühlsaufmerksamkeit*«.[4] Eigentlich wollten wir ja bloß Schmerz und Krankheit vermeiden,
doch bemerken wir jetzt, daß uns auch die Gefühle von strah-
lender Gesundheit, Freude und Lust nicht mehr ergreifen. Im
Roman ›Alle Menschen sind sterblich‹ zeigt Simone de Beau-
voir, daß der unsterbliche Held »malgré lui«, den Krankheit
und Schmerz nicht überwältigen können, auch keine positiven
Körpergefühle, sondern nur Öde und Überdruß zu empfinden
vermag. Viele Menschen machen in einem kurzsichtigen Hedo-
nismus ihren Körper zur Marionette, um mehr Lust und Genuß aus ihm herauszupressen. Ihre *Gier* soll die Geringschät-
zung ihres Körpers ausgleichen.

Doch Gier kann nie und nimmer zum vollen und entspannten
Genuß führen. Erst müssen solche Menschen auch für negative
Empfindungen weich und empfänglich werden. Der Marionettenspieler ist Sklave seiner Angst vor dem lebensgefährlichen
Leben. In seiner Gier sucht er sich der Lebenslust zu bemächti-
gen, doch ohne den Preis dafür zahlen zu wollen, nämlich
Schmerz, Krankheit, Tod. Kaum überwältigt ihn die Gier,
bringt er sich selbst um den begehrten Genuß, aus Angst, als
sterblicher Mensch zu erwachen. Deshalb verhindert seine Gier
den wirklichen Genuß. Er bleibt hektisch gespannt und beutet
seinen Körper aus. Er will die Lust in den Griff bekommen –
und findet keine Befriedigung. Das sind die *Tantalusqualen* des
gierigen Menschen.

Jeder Genuß, der sich *Tantalos* anbietet, wird ihm im Moment des Ergreifens wieder entzogen. Ebenso geht es dem Gierigen: Je mehr er konsumiert, desto weniger kann er genießen. Doch hören wir Homer in der Ilias: »Beugt er sich, der Alte, um zu trinken, so verschwindet das Wasser wie aufgesogen, und zu seinen Füßen zeigt sich die schwarze Erde. Hohe Bäume lassen die Früchte auf seinen Kopf herabhängen. Will der Alte sie mit der Hand ergreifen, so wirft sie ein Windstoß bis zu den Wolken hinauf.«[5] Dies könnte der Traum eines gierigen Menschen sein, der immer meint, zu kurz zu kommen, obwohl er am Abend zuvor Teuerstes und Exklusivstes konsumiert hat. Durch die vielen rücksichtslosen Eingriffe ist der Körper des Gierigen wie betäubt. Im griechischen Mythos sündigt Tantalos, indem er den Göttern seinen geschlachteten Sohn zum Mahle vorsetzt. In seiner Unmäßigkeit zerstört er sein eigen Fleisch und Blut – ein schreckliches Bild der Selbstzerstörung – und wird dafür auf die erwähnte Art in der Unterwelt bestraft. Der Gierige mißbraucht seinen Körper bis zur Selbstzerstörung und wird dafür mit Genußunfähigkeit geschlagen.

Als erster hat Wilhelm Reich gezeigt, daß unsere ganze »vegetative Lebendigkeit« durch eine einzige nicht zugelassene Emotion in Mitleidenschaft gezogen wird. »Es sind nie Muskeln, die in Spannungen geraten, sondern Muskelkomplexe, die zu einer vegetativen Muskeleinheit gehören. Wenn zum Beispiel ein Weinimpuls unterdrückt wird, so wird nicht etwa nur die Unterlippe verkrampft, sondern auch die gesamte Mund- und Kiefermuskulatur sowie die entsprechende Halsmuskulatur, jene Organe also, die als funktionelle Einheiten beim Weinen in Tätigkeit kommen.«[6]

Sind Sie heute traurig? Dann spielen Sie nicht den zuversichtlichen Optimisten! Jammern und weinen Sie, bis Ihnen wohler wird. Und dann gehen Sie gut essen. Jetzt können Sie nämlich das Mahl genießen. Anstelle der Traurigkeit, die Sie vorher hinuntergewürgt haben, nehmen Sie diese Mahlzeit ein. Der Genuß ist Ihnen sicher, denn Ihr Mund, Ihr Kiefer, Ihr Hals und auch Ihr restlicher Körper sind jetzt entspannt. Erinnern Sie sich, wie Sie kürzlich in Ihrer Niedergeschlagenheit an den Kühlschrank gingen? Sie haben gierig gegessen und doch nicht genossen. Wie Tantalos sind Sie immer gieriger – und immer trauriger geworden. Es war ein selbstzerstörerisches Essen: das folgenschwere Göttermahl des Tantalos.

Menschen, die regelmäßig ihre Empfindungen und Emotionen zurückdrängen, leben in ständiger *Angst*. Das ist ein allgemeines psychologisches Gesetz. Wie ist es zu erklären? Betrachten wir diese Angst genauer: Sie ist eine diffuse *Bedrohungsangst*, als würde sich ein Unheil vorbereiten, gegen das Sie *ohnmächtig* sind: eine wirkliche *Todesangst*. Dies soll aus den folgenden Erklärungen hervorgehen.

In lebensgefährlichen Situationen sind wir manchmal, den Tod vorwegnehmend, wie abwesend von uns selbst, unbeteiligte, erstaunte Zuschauer eines traumatischen Geschehens. Das einzige, was in uns dann noch lebt, ist die wache Aufmerksamkeit für das, was jetzt mit uns passiert. Aber die Gefühle haben sich ganz aus der Situation zurückgezogen. Wir verschmelzen in solchen dramatischen Momenten mit dem, was unmittelbar bevorzustehen scheint. Im Blick auf das jetzt über uns Kommende trennen wir uns bereits von uns selbst, von unserem Leben, treten ab, sind schon jenseits des Diesseitigen. Dabei haben wir keine Zeit, Angst zu haben. Wir sind mitten in der Trennung vom Leben drin. Die Angst kommt oft erst nach überstandener Gefahr.

Die Bedrohungsangst eines Menschen, der gewohnheitsmäßig starke Empfindungen unterdrückt, ist, psychologisch gesehen, identisch mit der Todesangst. Was uns in einer wirklichen Todesgefahr droht, nämlich die Trennung vom Leben und dessen Auflösung, bewirken wir jedesmal, wenn wir ein lebendiges Gefühl in eine Zwangsjacke stecken und selbst ersticken. Im Gegensatz zu dem plötzlich durch eine äußere Gefahr real bedrohten Menschen haben wir, die wir unseren Körper zur Abwehr der Gefühle zusammenkrampfen, ein Leben lang Zeit, Angst zu haben. Die Todesangst durchleiden weniger die Sterbenden als die »Halblebendigen«, wie ein salopper Ausdruck antriebsgehemmte Menschen nennt.

Ich erlebte diesen Unterschied im Alter von vierundzwanzig Jahren durch zwei aufeinanderfolgende Geschehnisse am eigenen Leib. Ich hatte mir in Rom, wo ich studierte, ein Motorrad gekauft und brauste mit ihm gleich am ersten Tag mehrmals ums Kolosseum, in dessen Nähe ich wohnte. Ein Auto, das vom Viale dei Fori Imperiali einbog, fuhr das Hinterrad meines Fahrzeuges an. Ich flog hoch im Bogen durch die Luft. Während ich noch schwebte und in den ersten Sekunden, nachdem ich auf das Pflaster zurückgefallen war, hatte ich deutlich das Gefühl, nicht mehr dazuzugehören, weggetreten, bereits abwesend zu sein. Ich hatte nicht die geringste Angst. Ich hörte eine Frau rufen: »È morto, è morto« – »er ist tot, er ist tot.« Aber auch dies berührte mich nicht. Gewissermaßen hatte ich den Tod bereits vorweggenommen und mich vom Leben getrennt. Wenig später jedoch kam ich dann wirklich auf den Boden, das heißt ins Leben zurück und war keineswegs tot, sondern nur am rechten Knie leicht verletzt.

Wenige Tage darauf verliebte ich mich, unterdrückte jedoch dieses Gefühl mit aller Kraft, mit dem Erfolg, daß die Verliebtheit zwar nach und nach verschwand, dafür aber im Gegensatz zum ersten Geschehnis eine diffuse Angst mich monatelang plagte, eben jene Todesangst, die ich leiden mußte, weil ich Lebendiges in mir abtötete. Die Todesangst war die angemessene Reaktion der Psyche auf meine Selbstzerstörung.

Das Gemeinsame an beiden Situationen war die Empfindung, irgendwie im Abseits und Jenseits des Lebens zu sein, neben meinen Schuhen zu stehen, abgedriftet in stehende tote Gewässer, abwesend, der unbeteiligte Beobachter eines Lebens, von dem ich nur aus Gewohnheit hätte sagen können, daß es mein eigenes war. Der Unterschied lag in der Angst, die ich nur in der zweiten Situation empfand, da ich in ihr Lebendiges unterdrückte. Eben diese Angst führt zur Todeserfahrung des Marionettenspielers: des Menschen, der nur Kopfbewußtsein ist und seinen Körper unter sich baumeln läßt.

Ihm entgegengesetzt sind wir, wenn wir in einem Gefühlskontinuum – wie die Gestalttherapie sagt – mit dem Punkt unserer stärksten Empfindung fließen, also in Gedanken und Gefühlen jetzt ganz anwesend sind, wenn wir uns nicht von zehn Impulsen in zehn verschiedene Richtungen zerren lassen, sondern dank unserer ganzheitlichen Aufmerksamkeit immer wieder in die stärkste Strömung der Lebensenergie zurückfinden.

In unserer Zeit drängen tote Rhythmen in wachsender Zahl gefühls- und rücksichtslos auf uns ein und überfluten die

Wahrnehmung der natürlichen Rhythmen: des Atems, des Herzschlags, der Schritte, des Wechsels von Tag und Nacht, der Windstöße, der Meeresbrandung, des Vogelgezwitschers und so weiter. Achten Sie einmal darauf, wie viele mechanische Rhythmen Sie an einem einzigen Tag antreiben oder stören. Bei gewissen elektronischen Musikinstrumenten lassen sich verschiedene Rhythmen automatisch einstellen, und wir folgen ihnen wie Bären, die im Zirkus zum Takt der Peitschenknalle des Dompteurs tanzen. Der Körper wird mit toten Rhythmen bombardiert, bis er seine lebendigen fluktuierenden Rhythmen aufgibt und zur funktionalen Arbeits-, Sex- und Denkmaschine wird. Die Verlorenheit unseres Körpers, das Zuschnüren unserer Empfindungen, das Einfrieren unserer Emotionen werden durch die zunehmende Beschäftigung mit Mechanik und Elektronik, Maschinen und Computern auch zu einem gesellschaftlichen Problem. Die Allgegenwart von an sich nützlichen Hilfsmitteln, wie zum Beispiel der elektronischen Schreibmaschine, auf der ich gerade tippe, übt eine unheimliche Wirkung auf unser Körpergefühl aus. Wir verlieren das Gespür für organisch variierende Rhythmen und Bewegungen. Unsere natürliche Beweglichkeit ist schwer beeinträchtigt. Dazu paßt die zunehmende Reglementierung unseres Alltags. Eigentlich sollte die Regel gelten, daß für jede neu aufgestellte Regel eine andere abgeschafft wird. Also gerade jetzt!

In einer Welt toter Rhythmen entwickeln wir eine Vorliebe für das Zerstückeln lebendiger Zusammenhänge[7] und erwarten die Lösung unserer Probleme vom Zergliedern und Analysieren. Analytiker sind sowohl im Computerwesen als auch in der Psychotherapie gefragt. Doch sollte sich die analytische Arbeit in der Psychotherapie darauf beschränken, ausgegliederte, isolierte Energieladungen zu lokalisieren. Darunter verstehe ich dasselbe wie Freud unter Widerstandsanalyse und Jung unter der Psychologie der Komplexe. Die Angliederung an den Lebensstrom geschieht dann nicht mehr auf analytischem, sondern auf energetischem Weg.

Einmal fragte ich eine Frau, die soeben ihre Wut heruntergewürgt hatte, statt sie auszukotzen: »Warum machen Sie eigentlich eine *Analyse*?« Sie antwortete: »Damit ich alles Negative in meinem Leben erkenne und es schließlich nichts Negatives mehr gibt.« Sie meinte, durch bloße Zergliederungsarbeit ihre Verzweiflung überwinden zu können. Doch wenn sie dann auf ihre Wut stieß, unterdrückte sie sie, weil sie negative Emotionen verabscheute. Eine negative Emotion ist aber ebenso wertvoll wie eine positive, weil beide Lebensbewegungen sind. Das allerdings ist keine analytische Erkenntnis, sondern eine dynamische, ganzheitliche Erfahrung, zu der unsere »Zergliederungsgesellschaft« wenig Zugang hat.

Stanislaw Lem phantasiert in seinem Roman ›Lokaltermin‹ über den destruktiven Mythos unserer Zeit, nämlich die *negationsfreie Gesellschaft*, in der niemand erkrankt. Dafür sorgen virenartige Wesen, die Gripser, die die chemischen und physikalischen Bedingungen von Aggressivität auflösen und in Energie umwandeln. Anstelle der Natur entwickeln die Lausanner ein totales, sich selbst kontrollierendes System, die Ethosphäre. Doch diese entartet zum Ethokrebs, weil die technische Ordnung mehr Chaos erzeugt, als sie zu ordnen vermag. In der Tat: nur die Negation der Negation, also auch die Verleugnung von Empfindungen, die wir als negativ bewerten, ist wirklich destruktiv.

Ich habe das Bild vom zappelnden Körper, der vom Kopfbewußtsein wie eine Marionette manipuliert wird, gebraucht. Stimmt dieses Bild? Sicher: Menschen, die ihren Körper zum Schutz gegen negative Emotionen wie Enttäuschungen in der Liebe bis zur Gefühllosigkeit betäuben, wirken oft wie Hampelmänner. Die Gliedmaßen zappeln, baumeln, bewegen sich in rührender Hilflosigkeit. Kein einheitlicher Energiestrom treibt sie an und koordiniert ihre Bewegungen. Und doch: lassen wir uns nicht durch die Extremitäten – die Arme und Beine – ablenken! Konzentrieren wir uns vielmehr auf den Rumpf, den »Leib«. Dann bemerken wir, daß dieser alles andere als eine tote Marionette ist. Pralles Leben ist in einem starren Panzer eingepfercht. Der Kopf wollte den Leib töten, zum Schutz vor quälenden Empfindungen, aber der Leib ist am Leben geblieben, indem er wie ein Kaltblütler seine Temperatur gesenkt und seinen Lebensrhythmus reduziert hat.

Wohl in keinem Werk der Weltliteratur wird dieser Vorgang mit solcher Präzision geschildert wie in der Erzählung ›Die Verwandlung‹ von Franz Kafka. In Träumen vieler Menschen stoße ich oft auf einzelne oder mehrere Elemente dieser Erzählung. Sie spiegelt das archetypische Muster der Selbstzerstörung durch Unterdrückung der Emotionen in kaum übertreffbarer Vollständigkeit. In meiner Deutung beschränke ich mich auf jenen Teil aus Kafkas Erzählung, in dem Gregor Samsa seinen Käferleib wahrnimmt.

»Er lag auf seinem panzerartigen harten Rücken.« Gregor Samsa hatte gelernt, gegenüber seinem harten, unsensiblen Vater, mit dem er sich ständig zu seinen Ungunsten verglich, einen breiten, runden, harten Rücken zu entwickeln, um die Schläge der Anklagen und Vorwürfe nicht mehr zu spüren. Auf diesem Panzerrücken lag er nun, sichtbar immobilisiert. Er »sah, wenn er den Kopf ein wenig hob, seinen gewölbten, braunen, von bogenförmigen Versteifungen geteilten Bauch«.[8] Diesen Bauch in seiner gelungenen Strukturierung zu schaffen ist das technische Meisterwerk einer defensiven Lebensstrategie. Es hat sich gelohnt: Die Emotionen, die ihren Sitz im Bauch haben, sind endlich gegen alle möglichen Angriffe und Verletzungen geschützt. Leider sind auch angenehme Empfindungen wie Freude, Freundschaft, Liebe von der Quarantäne im Panzerleib betroffen.

Sehen wir weiter, was Gregor Samsa an seinem Käferkörper beobachtete: »Seine vielen im Vergleich zu seinem sonstigen Umfang kläglich dünnen Beine flimmerten ihm hilflos vor den Augen.« Der gepanzerte Körper hat keine Eigendynamik. Seine ungeordneten und daher kraftlosen Bewegungen kommen wie von vielen, kläglich dünnen Beinchen. Für einheitliche Bewegungen sind sie nicht gemacht. – Herzflimmern ist eine äußerst gefährliche Störung des natürlichen Herzrhythmus. Ebenso sind die ungeordneten Bewegungen eines körper- und emotionsfeindlichen Menschen eine ernste Störung des natürlichen Rhythmus im Gesamtorganismus. Die Lebensenergie versprüht in tausend Tropfen.

All das beobachtete Gregor Samsa. Kafka beschreibt den Käfer nicht aus der objektivierenden Erzählerperspektive. Er läßt Gregor Samsa sich selber zuschauen. Es ist die Schilderung der Selbstbeobachtung eines Menschen, dessen Lebendigkeit in Isolierhaft ist, die Selbstdarstellung des selbstzerstörerischen Kopfbewußtseins.

122

Gregor Samsa spürt keine Lebenslust mehr. Denn diese, wie alle anderen Empfindungen, kann sich nur in einem lebendigen Körper »ausschwingen«. Als einziges »Gefühl« bleibt ihm die Gleichgültigkeit. Der Käfer bedeckt sich nach und nach mit Staub, doch ist ihm dies ganz gleichgültig. Wie auf abgelegte Büroakten legt sich auf den Gleichgültigen toter Staub. Sein Leben ist nur noch kontinuierlich sich anhäufender Müll.

Als seine Schwester Violine spielt, ergreift ihn zum letzten Mal durch den Tierpanzer hindurch längst vergessene drängende Sehnsucht nach Lebendigkeit: »War er ein Tier, daß ihn die Musik so ergriff? Ihm war, als zeige sich ihm der Weg zu der ersehnten unbekannten Nahrung.«[9] Berührt von Musik und schwesterlicher Nähe hat er die Freiheit noch einmal gewagt. Das ist genug. Die selbstzerstörerische Verwandlung des Gregor Samsa nimmt jetzt um so schneller ihren Lauf.

Die Suche nach dem geeigneten Wort für die stärkste momentane Empfindung führt zur Befreiung aus dem Energiekäfig. Dieses starke Wort sprengt den Körper von innen her. Seine Energie pflanzt sich fort, und der ganze Mensch beginnt lebendig zu vibrieren. Dies möchte ich am Beispiel der *Depression* aufzeigen. Ich beschränke mich dabei auf einen einzigen Aspekt, nämlich die bestimmende, stärkste Empfindung, die einer Depression im Einzelfall zugrunde liegt. Das diffuse, unheimliche Wort »Depression« soll sich schließlich in einer spezifischen Empfindung, die in einem spezifischen Wort widerhallt, konkretisieren. Durch diesen Prozeß geschieht etwas, was bei Depressionen so zentral ist, nämlich das wache »Hineingehen in die Depression«, das Bejahen des »Ich bin jetzt depressiv!«, die aktive Versöhnung mit der Depression. Tasten Sie geduldig nach dem Zauberwort, welches das beherrschende Gefühl ausdrücken und befreien kann. Gehen Sie behutsam von Wort zu Wort, von Empfindung zu Empfindung. Ist es Niedergeschlagenheit, Müdigkeit, unbestimmte Angst, abgrundtiefe Traurigkeit, Trostlosigkeit, Hoffnungslosigkeit, Verzweiflung, Zukunftsangst, Herumgetriebensein, ängstliche Unruhe, dumpfer Druck im Kopf, Mangel an Antrieb, ein Gefühl wie bei einem aufgeblähten, unförmigen Bauch, bohrendes Schuldgefühl, oder welche Empfindung ist es sonst, die Sie sagen läßt: »Ich bin depressiv«?

In meiner Wortreihe war keine Systematik, ebensowenig wie in der entsprechenden Wortreihe eines depressiven Menschen. Die Suche nach dem Schlüsselwort geht oft zögernd, langsam, mühsam, mit langen Stockungen. Der Betroffene selbst ist der Suchende. Der Therapeut ist ermutigender Begleiter. Es geht natürlich nicht um eine bloße Aufzählung. Die auftauchenden Worte werden sorgfältig im Herzen gewogen und erwogen. Das erste Wort, bei dem Sie mit dem Gefühl »einrasten«, das Wort also, das eine erste Gefühlsregung in Ihnen weckt, ist der erste Rastplatz auf Ihrer Fahrt nach innen. Lassen Sie zunächst das Wort selbst auf sich wirken, zum Beispiel beim Wort Niedergeschlagenheit das »Nieder« und »Niedrige«, das »Schlagen« und »Geschlagensein«, und alle Wirkungen des Wortes in einer einzigen vereint. Gehen Sie dann weiteren Einfällen nach, Erinnerungen aus der Kindheit, gegenwärtigen Ereignissen, einem Menschen, einer Geschichte, einem Traum, einem Märchen. Achten Sie während des ganzen Prozesses in erster Linie darauf, daß die leise Regung, die beim Anklingen des Wortes erwacht ist, in Ihnen kontinuierlich weiterschwingt. Sobald die Vibration nicht mehr trägt, sondern auslöscht, halten Sie inne, nehmen sich Zeit, wiederholen dann mit wacher Aufmerksamkeit des Gefühls das gleiche Wort oder sprechen ein neues aus, das Ihnen auf einmal in den Sinn kommt. Überhaupt kann es sein, daß das erste starke Wort an Kraft verliert. Beißen Sie sich nicht an ihm fest. Ziehen Sie mit Ihrem Gefühl, das jetzt keinen Namen mehr hat, weiter. Halten Sie die Wortlosigkeit aus, und achten Sie gleichzeitig auf ein neues Wort, das vielleicht tiefer als das erste in Ihnen auf einmal widerhallt und einer neuen Emotion Raum gibt. Ist es Wut, die Sie plötzlich empfinden, oder die Entschlossenheit, mit einer bestimmten Situation Schluß zu machen, um neu anzufangen? Oder welche Gestimmtheit ist es sonst, die Sie jetzt so verändert? Auch mit dieser neuen Emotion gehen Sie in der gleichen Weise um wie mit der ersten. Die Suchwanderung nach der stärksten Empfindung geht weiter, bis Sie sich emotional rund fühlen, soweit Ihnen dies jetzt möglich ist. Im Laufe dieses Prozesses, der sich über lange Zeit erstrecken mag, kann Ihre Lebensenergie ein freieres, kontinuierlicheres Gefälle bekommen. Dies ist sein einziger Sinn. Die auftauchenden Vorstellungsinhalte sind nur als Vehikel für die Lebensenergie wichtig, als »Fahrzeuge«, wie der Buddhismus sagt.

Achten Sie auf Ihrer Fahrt auch auf Körperempfindungen. Schmerzt Sie ein bestimmtes Organ, eine bestimmte Muskelpartie? Dann ist diese Stelle im Moment die wichtigste. Ihr Schmerz kann sich jetzt ausdrücken. Dank Ihrer Aufmerksamkeit und der zutreffenden Benennung beginnt die lange zurückgehaltene Emotion sich auszuleben. Der Schmerz teilt Ihnen Wesentliches über Ihre »Depression« mit. Vielleicht ist dies bereits der Durchbruch zu deren Lösung. Keine Phase dieses energetischen Prozesses darf abrupt beendet werden. Jede soll sich entsprechend ihrem natürlichen Rhythmus und ihrer spezifischen Energiebesetzung ausschwingen dürfen.[10]

Auch bei Depressionen, die von der Psychiatrie als »endogen«, wörtlich »im Innern entstanden«, das heißt ohne äußere Ursachen, bezeichnet werden, kann der skizzierte psychoenergetische Heilungsweg wirksam sein, oft gleichzeitig mit einer medikamentösen Behandlung. Das Energiegefälle, wie gering es auch sein mag, wird dadurch kontinuierlich gefördert. Manchmal sind die vollzogenen Schritte – von außen gesehen – minimal. Doch spielt auch dies letztlich keine Rolle. Entscheidend ist, daß überhaupt ein Gefälle entsteht. Dabei wird immer wieder deutlich, wie wichtig auch äußere Faktoren bei der Entstehung von Depressionen sind, vor allem sozial anerzogene Schuldgefühle.

Dazu erschien kürzlich ein eindrücklicher Beleg. In einer Studie über 511 Fälle von Suizid im alten Zürich (1500–1798) weist der Historiker Markus Schär nach, daß von der Reformation an Suizide und depressive Erkrankungen sukzessive zugenommen haben. Diese Zunahme ist auf den Rigorismus und den Verlust von Phantasie und Spontaneität im neuen Bekenntnis zurückzuführen. »Die Melancholie ist zu deuten als das Wüten der Gefühle, die unterdrückt worden sind, da sie den Allmächtigen und seine Statthalter nicht beleidigen dürfen.«[11]

Je konsequenter wir den psychoenergetischen Gesichtspunkt in der Psychotherapie verfolgen, desto beweglicher und fließender werden auch die Krankheitsbilder. Diagnosen werden zwar keineswegs überflüssig, doch durch die primäre Aufmerksamkeit auf den Energiefluß und die Rhythmen der Lebens-energie relativiert. Die daraus entstehende dynamische Einstel-lung des Therapeuten wirkt auf den Klienten ansteckend. Beide werden hellhörig für Klopfzeichen aus dem Energieverlies.

> Der Wahnsinn ist der Dietrich zum
> Bewußtsein.
>
> (Heinrich von Kleist)

Im letzten Kapitel betrachteten wir die Selbstzerstörung von der Erfahrung des betäubten Körpers und der in ihm eingesperrten Emotionen her. In diesem Kapitel nun wenden wir uns dem Urheber dieser Abspaltung zu, nämlich dem Kopfbewußtsein. Dieses entbehrt der Lebenslust, weil es deren Resonanzraum, nämlich den Körper, zu einer Isolierzelle macht. Der Kopf ohne lebendige Verbindung zum Körper kann nur nein sagen. Das Nein zum Körper ist ein Nein zum Leben überhaupt. Die Erfahrung kennt kein körperloses Leben. – Das Gegenteil des Kopfbewußtseins, das alles Leben versanden läßt, ist das *Ganzheitsbewußtsein*, das heißt der seiner selbst gewahre verbindende Lebensfluß.

Zunächst wird von der »harmlos« alltäglichen Neigung die Rede sein, durch feste Vorstellungen, die im Gegensatz zum Ganzheitsbewußtsein unbeweglich und isoliert sind, »ungeplante« Lebenskeime zu zerstören. In dramatischer Übersteigerung dieser allgemeinen Neigung werde ich dann von einem Mann erzählen, der sich durch negative Vorstellungen total vom Leben abschnitt und sich auf diese Weise in den Suizid trieb. Schließlich werden wir uns mit dem Wesen der Schizophrenie auseinandersetzen, mit dem Ziel, den *Geist der Selbstzerstörung* zu begreifen, nämlich die Verneinung der ganzheitlichen Lebensbewegung und die ausschließliche Bejahung des Todes.

Beginnen wir mit den »harmlosen« fixen Ideen, von denen eine der verbreitetsten diese ist: »Niemand liebt mich. Alle lehnen mich ab. Ich bin nicht liebenswert.« Solche Vorstellungen sind meist unbewußt. Da die Bemerkung »*Die* oder *der* lehnt mich ab« jedesmal einen bestimmten einzelnen Menschen betrifft, kann die zugrundeliegende allgemeine Vorstellung »*Alle* lehnen mich ab« leicht verdrängt werden. Sie können jahrelang die gleiche Bemerkung über wechselnde Personen machen, ohne je zu der Einsicht zu kommen, daß es sich dabei um die gleiche irrationale Vorstellung handelt. Ihr Gegenüber jedoch ist für diesen Zusammenhang hellhöriger als Sie, wenn es die Emotion, von der Sie gerade beherrscht sind, nicht teilt. Der Komplex hat ein gutes Gedächtnis, das heißt viel Beharrungsvermögen, doch Sie haben ein schlechtes Gedächtnis für Situationen, in denen der Komplex virulent wird. Es ist jedesmal ganz neu für Sie, als wäre es das erste Mal. Die gleiche fixe Idee meldet sich auch in ihrer Umkehrung: »Ich kann mit der oder dem nichts anfangen«, ein plumper, ebenfalls unbewußter Trick, um nicht sagen zu müssen: »Die oder der kann mit mir nichts anfangen«, und: »Niemand kann mit mir etwas anfangen.« Die fixe Idee erscheint in vielen Verkleidungen. Je ausschließlicher eine solche feste negative Vorstellung das Leben dominiert, desto destruktiver wird sie. Mancher Selbstmörder ist bloß der Vollstrecker eines Urteils, das die eigene Vorstellung über ihn gefällt hat.

Unrealistische Vorstellungen stammen immer aus bestimmten Vorkommnissen in der Vergangenheit, meist der Kindheit. Sie machen blind für die reale gegenwärtige Situation, schneiden uns von diesem Augenblick ab, blockieren unsere Energie an immer demselben Knotenpunkt, lassen unsere vielfältigen Anlagen ungenützt verkümmern – kurz, sie verhindern das Ganzheitsbewußtsein, die Gefühlsaufmerksamkeit für das, was jetzt wirklich ist, den ungestörten Fluß unserer verschiedensten Begabungen, Fähigkeiten, Emotionen in einem einheitlichen Prozeß. Sie gleichen Eisenbahnwagen, die auf Abstellgleisen unbenützt herumstehen und auf unserer Lebensreise fehlen.

Dieses Buch soll es Ihnen erleichtern, in den Strom des Ganzheitsbewußtseins einzuschwenken. Das Aufdecken der blockierenden Grundvorstellung – eben zum Beispiel: »Niemand liebt mich« – ist das eine, die Fähigkeit, im fließenden Augenblick ganz aufzugehen, das andere. Beide wirken zusammen. Die Psychoenergetik versucht, beide zu verbinden, setzt jedoch den Hauptakzent auf die zweite.

Ich schrieb, fixe Vorstellungen seien als solche meist unbewußt. Diese Unbewußtheit betrifft jedoch nicht das Kopf-, sondern das Ganzheitsbewußtsein, das den Gefühlston einschließt, also auch Schmerz oder Aggression. Unter Ganzheitsbewußtsein verstehe ich folglich ein ganzheitliches, auch gefühlshaftes Gewahrsein. Als kritischer, introspektiver Mensch wissen Sie zwar mit dem Kopf sehr wohl, daß zum Beispiel Ihre Mutter Sie nicht so angenommen und geliebt hat, wie Sie eben sind. Sie lassen jedoch nicht zu, daß dieses Wissen zu einer Einsicht Ihres Ganzheitsbewußtseins wird. Deshalb kann die unbewußte negative Emotion sich nur in der Verkleidung einer fixen Idee Luft machen: »Der oder die lehnt mich ab«, und drei Tage später: »Die oder der lehnt mich ab«, und so weiter, vielleicht ein Leben lang. Für Sie ist es jedesmal etwas anderes und jemand anderer, weil Sie den *einen* Schmerz vermeiden wollen: »Meine Mutter hat mich nicht richtig geliebt«, jenen Schmerz, der – einmal zugelassen – Ihr ganzes Leben lösen und erlösen könnte.

Ich versuche, den gleichen Sachverhalt anders auszudrücken: Es fällt uns schwer, zu *glauben,* was wir eigentlich *wissen.* Wie schmerzhaft ist es zum Beispiel, zu *glauben,* daß der eigene Vater ein Mann mit großen Schwächen war, zum Beispiel mit sadistischen Tendenzen oder einfach mit einem völligen Mangel an Durchsetzungsvermögen, obschon wir es doch schon längst, im Grunde genommen seit der Kindheit, *wissen.* Ich wiederhole es: Schmerzhafte Tatsachen lassen wir, wenn überhaupt, nur im Kopfbewußtsein zu, nicht aber im Ganzheitsbewußtsein, weil tiefes Leid uns dann ergreifen würde. Glaube in diesem psychologischen Sinne ist identisch mit dem Ganzheitsbewußtsein.

Eine Frau, deren Mann wegen erwiesener Unterschlagungen in Untersuchungshaft saß, rief: »Ich kann es einfach nicht glauben«, und einige Tage später: »Ich will es nicht glauben.« Was sie genau wußte, konnte und wollte sie nicht glauben, weil für sie die leider zutreffende Vorstellung, einen kriminellen Mann zu haben, unendlichen Schmerz bedeutet hätte. Gegen diesen setzte sie das Bollwerk der entgegengesetzten irrigen Vorstellung ein: »Ich habe einen ehrenwerten Mann.« – Wenn es ihr jedoch gelänge, ihren Mann auch mit seiner dunklen Seite zu lieben, würde die Wucht ihres abgewehrten Schmerzes zu einer großen inneren Kraft werden und ihr gesamtes Leben an »Tiefgang« gewinnen.

Die Theologie will den Glauben an das vermitteln, was wir

nicht wissen können, die Psychologie dagegen das Wissen von dem, was wir nicht glauben können.

Der Abwehrmechanismus des Ungeschehenmachens einer Tatsache durch die gegenteilige Vorstellung stammt also aus dem begreiflichen Wunsch, eine negative Emotion zu vermeiden. Doch wird uns die abgewehrte Emotion mit doppelter Kraft einholen und völlig absorbieren, so daß wir nichts anderes mehr empfinden können und uns vielleicht sogar gefährden. Daher sollten wir versuchen, das, was wirklich geschehen ist, auch als wirklich anzuerkennen. Dazu ein Beispiel:

Ein etwa fünfzigjähriger Mann, der spontane, heftige Reaktionen scheute, hatte folgenden Traum: »Ich schlage mit der Faust äußerst heftig auf den Tisch, um gegen eine ungerechte Behandlung zu protestieren. Deswegen werde ich von den Anwesenden schärfstens angegriffen. Nun streite ich ab, mit der Faust auf den Tisch geschlagen zu haben. Auf einmal bin ich im Traum fest davon überzeugt, *nicht* auf den Tisch geschlagen zu haben, und erwache im Gefühl gerechten Zorns gegen die verkehrte Anschuldigung.« Der Träumer hat das Geschehene ungeschehen gemacht. In unserem Gespräch darüber kam ihm diese Reaktion im Traum so lächerlich und feige vor, daß er ausrief: »Natürlich habe ich auf den Tisch geschlagen, und es war richtig! Die anderen haben mich ja wirklich wie den letzten Dreck behandelt.« Durch diese freie, direkte Reaktion gelang es ihm, den Abwehrmechanismus des Ungeschehenmachens, den er im Traum eingesetzt hatte, wieder rückgängig zu machen und die negative Emotion, nämlich seine Aggressivität, zu bejahen. Darauf fühlte er sich frei und wohl: Eine gehemmte Emotion wurde freigesetzt und mündete in den Strom seines Lebens. Das bedeutete für ihn einen Energiezuwachs und das runde Wohlbehagen eines ganzheitlicheren Bewußtseins.

Feste Vorstellungen belasten auch unsere Beziehungen, weil sie Projektionen hervorrufen. So erzählte mir eine Frau, sie habe kürzlich mit ihrem Mann friedlich zusammengesessen und ihm dieses und jenes erzählt. Nach etwa einer Stunde habe ihr Mann auf die Uhr geschaut und gesagt, er müsse nun noch eine Arbeit zu Ende führen. Die Erzählerin faßte diese Mitteilung so auf, daß ihr Mann die Nähe zu ihr über längere Zeit nicht aushalten könne, sich jedesmal zurückziehe, wenn es gerade

schön sei, und auf diese Weise immer wieder alles kaputt mache. Durch meine Nachfragen wurde ihr nach und nach bewußt, daß sie Opfer einer alten, in ihre Kindheit zurückgehen-
den Vorstellung war: »Die Menschen nehmen sich keine Zeit
für mich.« In der Kindheit gab ihr die vom Vater geschiedene
Mutter tatsächlich oft zu verstehen, daß jede Minute, die sie für
die Tochter opferte, verlorene Zeit sei. Die Grundeinstellung
des Mannes zu seiner Frau jedoch war ihrer Vorstellung entgegengesetzt. Deutungen gegenwärtiger Situationen aufgrund ir-
rationaler Vorstellungen haben eine destruktive Dynamik. Sie
wirken wie die von Paul Watzlawick untersuchten »selbsterfüllenden Prophezeiungen«.

Ich selbst habe im Alter von zweiundzwanzig Jahren ein
gleichzeitig amüsantes und gefährliches Beispiel einer solchen
selbsterfüllenden Deutung erlebt. Dieses möchte ich Ihnen erzählen: Ich war in den Abruzzen und fuhr per Anhalter nach
Ascoli Piceno. Der Fahrer, der mich mitnahm, war ein Mann
mittleren Alters. Neben dem Tachometer klebten im Auto
Amulette des Heiligen Christophorus und der Mutter Gottes
mit dem Kind. Am Schlüssel baumelte ein kleines rotes Horn,
ebenfalls zum Schutz gegen die Gefahren im Straßenverkehr.
Als wir uns einer unübersichtlichen Linkskurve näherten, rannte eine schwarze Katze von der rechten zur linken Straßenseite.
Der Fahrer, plötzlich blaß geworden, stieß hervor: »Das bringt
Unglück.« Zur Abwendung des befürchteten Unheils steuerte
er sein Fahrzeug plötzlich auf die linke Straßenseite und machte
mit der rechten Hand das bekannte Zeichen zweier Hörner. Im
selben Augenblick kam um die Kurve aus der Gegenrichtung in
rascher Fahrt ein anderes Auto. Mit knappster Not riß mein
Fahrer seinen Wagen nach rechts und vermied dadurch die Kol-
lision. Doch konnte er das Auto nicht mehr in die Fahrbahn-
richtung zurücksteuern, und wir landeten im Straßengraben.
Nach dem ersten stummen Schrecken sagte mein Begleiter im
Ton einer heiligen, soeben bestätigten Überzeugung: »Hast du
gesehen! Die schwarze Katze!«

Unsere irrationalen Vorstellungen kommen aus einem *negativen Code,* in dem bestimmte Bilder zusammen mit bestimmten Deutungen als *Zeichen* gespeichert sind. Geraten wir in eine
konkrete Situation, die einem gespeicherten Vorstellungsbild

entspricht, löst dieses ein negatives Signal aus, auf das wir unwillkürlich entsprechend der ebenfalls programmierten Deutung reagieren. Wir verhalten uns also nicht realitätsgerecht, sondern im Sinne der Deutung des im negativen Code gespeicherten Zeichens. Nicht die realen Ereignisse, sondern unsere festen Vorstellungen über deren Bedeutung lenken unser Denken und Verhalten.

Die Inhalte des negativen Codes sind soziale Prägungen und daher von Kultur zu Kultur, von Religion zu Religion verschieden. Im Gegensatz zu ihnen sind die von C. G. Jung untersuchten *archetypischen Bilder* angeborene Verhaltensmuster, die, abgesehen von kulturell bedingten Varianten, im wesentlichen allen Menschen gemeinsam sind. Sie geben die für jedes Menschenleben notwendigen *Entwicklungsimpulse,* zum Beispiel den Impuls zur Überwindung kindlicher Abhängigkeit und Passivität im Bild des Helden oder den Impuls zur inneren Verbindung mit dem Gegengeschlecht in Bildern der »Heiligen Hochzeit«, und so weiter. Die Grenze zwischen kulturell bedingten Vorstellungen und Urbildern ist allerdings fließend und nie eindeutig zu ziehen.

Codes und archetypischen Bildern gemeinsam ist die *Ambivalenz:* Es gibt positive und negative feste Vorstellungen, also Idealisierungen und Verteufelungen, ebenso wie es archetypische Bilder gibt, die unsere Entwicklungsdynamik ins Bewußtsein bringen, und andere, deren Sinn es ist, unsere Bereitschaft zu destruktiven Verhaltensweisen bewußt zu machen, wie zum Beispiel in den Mythen von Sisyphos und Tantalus, mit denen wir uns beschäftigt haben. Ein wichtiger Unterschied zwischen anerzogenen unbeweglichen Vorstellungen und angeborenen Urprägungen geht aus dem Gesagten bereits hervor: Die ersteren, seien sie positive Idealisierungen oder negative Verteufelungen, entfremden uns dem Pulsschlag unseres Lebens, die zweiten jedoch sind als psychische Bereitschaftssysteme zur Entwicklung oder Zerstörung mit unserem Leben identisch.

Doch zurück zu meinem unglückseligen Fahrer. Er hatte sich, um die Angst vor seinen fixen Ideen zu bannen, mit Gegenbildern nach links und rechts gewappnet: den erwähnten Heiligenbildern und dem unheiligen Satanshorn. Er wußte nicht, daß er dadurch die Macht seiner abergläubischen Vorstellungen noch verstärkte. Die magischen Bilder nährten seine Angstvorstellungen, sooft er sie zu seiner Beruhigung betrachtete, ähnlich wie sektiererische Schriften zur Eindämmung der Pornographie die sexuelle Gier anstacheln.

Die schwarze Katze, die von rechts nach links über die Straße lief, in seinem negativen Code als Zeichen gespeichert, verlangte zwangsläufig nach dem ebenfalls gespeicherten Gegenzeichen, dem »Gegengift« abergläubischer Praktiken, nämlich nach der beschriebenen selbstmörderischen Reaktion. Diese war Ursache einer tatsächlichen Gefahr. Da nun aber die Lebensgefahr wiederum im Sinne des negativen Codes als dessen Bestätigung gedeutet wurde, bewies auch unser knappes Entrinnen dem Fahrer nichts anderes als die Wirksamkeit der magischen Gegenmittel: Christophorus hat geholfen. Oder war es die Gottesmutter? Gar der Teufel? Er wird es nie wissen. Daher hält er sich an alle drei. Solche selbstzerstörerischen Zyklen können ein ganzes Menschenleben fixieren und seiner inneren Bestimmung entfremden. Der Weg zum unmittelbaren Gewahrsein der Wirklichkeit ist so schwierig, weil er gar kein Weg ist, sondern das, was *jetzt* ist. Das Einfachste ist, von außen gesehen, ein Paradox von unlösbarer Kompliziertheit.

Es gibt Menschen, die auf sexuelle Signale ihrer Partner ebenso reagieren wie der Fahrzeuglenker auf das Bild der schwarzen Katze. Zeichen, die beim Partner die Bereitschaft zur intimen Begegnung erkennen lassen, werden unbewußt als bedrohliche Angstbilder aufgefaßt, denen sie nur mit einem bestimmten Verhalten, den ebenfalls programmierten Gegenbildern, begegnen können, zum Beispiel mit Abweisung oder Verkrampfung, mit Leistung, Vorspiegelung von Gefühlen und so weiter. Der Ursprung ihres ganzen Malheurs liegt in der durch den negativen Code verzerrten Wahrnehmung des auslösenden Bildes, nämlich des zur sexuellen Lust bereiten Partners als einer bedrohlichen Vorstellung. Im nächsten Kapitel zum Thema der erotischen Hingabe werde ich von der Psychoenergetik her einen Weg zur Lockerung und Auflösung solch zäher, destruktiver Vorstellungsbilder aufzeigen. Der Geist, der in unseren fixen, unbeweglichen Ideen das Leben verneint, ist ebenso irreal wie diese. Real ist die Bewegung dieses Bootes, das gerade jetzt auf dem Meer vorbeifährt, weil ich selber im Hinschauen mit seiner Bewegung eins bin.

Fixierte Erinnerungsbilder, aus dem flüssigen Lebensganzen ausgesondert, können einen Menschen auf schreckliche Weise zerstören, wie folgende Geschichte zeigt: Ein Mann erzählte mir von den Umständen, unter denen sein Bruder vor drei Jahren ums Leben gekommen war. Auf dessen Schreibtisch hatte er damals ein Tagebuch gefunden, in dem auch Träume aufgezeichnet waren. Da sein eigenes Schicksal mit den damaligen Geschehnissen verknüpft war, war es ihm auch ein persönliches Anliegen, einige dieser Träume zu besprechen. Deren beherrschender Geist ist »der Geist, der stets verneint«.

Der erste Traum klingt ziemlich harmlos: »Ich gehe auf eine Fete, an der auch ehemalige Schulkameraden teilnehmen. Ich werde von allen herzlich begrüßt und umarmt – außer von X, Y und Z.« Nun sagte mir mein Gesprächspartner, daß eben X, Y und Z die einzigen Freunde seines Bruders gewesen seien. Der Träumer konnte nicht einmal im Traum klar erleben, wie einsam und ohne menschliche Verbindung er sich fühlte. Jedenfalls konnte er es nicht aufschreiben, geschweige denn irgend jemandem erzählen. Die fixe Idee, ungeliebt und isoliert zu sein, trieb ihn in die Isolierung. Im Traum *wird* er begrüßt und umarmt; er kann sich nicht vorstellen, *aus eigener Initiative* andere zu begrüßen und zu umarmen. Seine negative Vorstellung blockiert seine emotionale Aktivität.

Einige Tage später hatte er folgenden Traum: »Ein früherer Bekannter aus der Rekrutenschule erscheint bei mir und fragt mich, wie es mir gehe. Ich antworte: Gut. Darauf meint er, dem sei nicht so. Ich will ihm klarmachen, daß ich seit kurzem eine gute Arbeitsstelle habe. Doch er bleibt hart und meint, mir gehe es nicht gut. Als er geht, sagt er, auch einem anderen gemeinsamen Bekannten gehe es nicht gut. Dieser könne es aber nicht zugeben.«

Wir spüren die verzweifelte Bemühung des Träumers, sich von der vernichtenden Vorstellung, es gehe ihm nicht gut, zu befreien. Immer wieder tauchen in den mir vom Bruder vorgelegten Träumen solche unerbittlichen Figuren auf, die ihn mit negativen Urteilen bedrängen. Sein Heroismus im Widerstand gegen den Geist, der stets verneint, ist erschütternd. Doch mit dem bloßen Kopfbewußtsein konnte er sich nicht von ihm befreien. Er habe nie einen Menschen spontan berührt, nie eine körperliche Tätigkeit mit Lust betrieben, nie seinen Körper im Sport, beim Tanzen, an der Sonne oder im Wasser mit Freude erlebt, erzählte mir sein Bruder. Sein Geist, der stets verneinte, war identisch mit seiner verneinten Körperlichkeit. Er überschwemmte ihn mit negativen Vorstellungen. Sein Lebensfluß staute sich nicht nur an, sondern drängte mit Gewalt zurück. Seine Energie nahm die Richtung der Selbstzerstörung.

Wie erwähnt, sind Menschen ohne fließendes Lebensgefühl leicht manipulierbar. Der Wille ist ja nicht eine Funktion des Kopfbewußtseins, sondern der Affektivität. So träumte der bedauernswerte Mensch, sein Vorgesetzter setze im Betrieb flüssiges Giftgas ein, das verdampfe. »Die Wirkung macht uns alle willenlos.« Der Mann ist immer mehr seinen zerstörerischen Vorstellungen ausgeliefert. Sein ganzes Leben ist vergiftet. Die Beziehung zu allen Menschen seiner Umgebung und allen inneren Lebensimpulsen wird in die totale Lähmung hineingezogen.

Kurz nach diesem Traum kauft er sich ein schnelles Motorrad, vermutlich aus der undeutlichen Empfindung heraus, daß »nur die Bewegung« ihn retten könne. Die rauschhafte Bewegung seines potenten Zweirads sollte seine Energie »ankurbeln«. In der Nacht nach dem Kauf jedoch träumte ihm, er schenke das soeben erstandene Motorrad einem ihm kaum bekannten Arbeitskollegen. Sein Geist verneinte also auch diesen Versuch, von der Kraft des Motorrades mitgerissen zu werden. Schon als Kind hatte er sein eigenes Leben an den Bruder delegiert, der auch stellvertretend für ihn liebte und haßte, lebte und litt. Das gleiche tat er im Traum, indem er irgendeinem Kollegen das Symbol seiner einzigen kleinen Hoffnung, nämlich sein Motorrad, schenkte: eine deutliche Steigerung seiner Selbstzerstörung. Schon als Kind spürte er den Impuls, anderen etwas zu schenken, immer dann, wenn er für sich selbst etwas Wichtiges benötigt hätte. So nährte er schon damals seine negative Vorstellung, er gehe im Leben leer aus.

Kurz nach diesem Traum fand die Hochzeit des Bruders statt, an der auch der Protagonist meiner Geschichte teilnahm. In der folgenden Nacht erschoß er sich in seiner Wohnung.

Nun, da der Bruder ein Leben mit einem anderen Menschen als ihm begann und niemand mehr da war, an den er sein Leben delegieren konnte, wurde sein Leiden am »Geist, der stets verneint« allumgreifend, so daß er sein lebenslänglich vorweggenommenes Sterben beendete. Zumindest dies eine Mal sollte es keine bloße Selbstaggression sein. Das Giftgas seines Selbstmordes sollte sich verbreiten und den Bruder, der soeben geheiratet hatte, lähmen. Mit dieser belebenden Vorstellung der Rache wollte er die uralte, selbstmörderische Vorstellung, nicht geliebt und nichts wert zu sein, aus der Welt schaffen. Der Bruder sollte an seiner Selbstzerstörung teilhaben, statt wie bisher stellvertretend für ihn zu leben. Der Schatten, den der Tote über den Bruder geworfen hatte, führte diesen schließlich zu mir.

Dies war bereits die dritte Geschichte, in der die Selbstzerstörung eines Menschen anläßlich einer Hochzeit durchbrach, symbolisiert diese doch die Verbindung mit dem Leben selbst. Wie im Kontrast kann eine Hochzeit die eigene Selbstzerstörung bewußt machen – und vollenden.

Alle Elemente, denen wir in den Träumen dieses Mannes begegnet sind, finden wir in der *Schizophrenie* wieder. Der Schizophrene ist ganz und gar Todestrieb, Negativität, das isolierte Nein zum Lebensganzen. Insofern ist er die eigentliche »Metapher menschlicher Selbstzerstörung« aus der Perspektive des Kopfbewußtseins. Nirgends so wie in der Schizophrenie zeigt sich der Tod psychologisch in seiner abgespaltenen Realität ohne den Beigeschmack von Leben. Angesichts dieser Krankheit begreifen wir, was uns an der Todesdimension so angst macht. Und doch: Die Angst entspringt nicht dem Tod selbst, sondern dessen Isolierung vom Leben.

Es ist therapeutisch sehr bedeutsam, daß die gleiche Todesdimension, die für den Schizophrenen Selbstzerstörung bedeutet, im Buddhismus Sinn des menschlichen Schicksals und »Erwachen« ist. Als ich 1983 eine Reise in den Fernen Osten unternahm, hatte ich drei Bücher bei mir: das grundlegende Werk von Gaetano Benedetti über die Schizophrenie, ›Todeslandschaften der Seele‹,[1] die Reden des Buddha und ein Handbuch in englischer Sprache über den Buddhismus, das ein buddhistischer Mönch, Professor an der Universität Bangkok, für seine

Studenten verfaßt hat.[2] Ich las diese Werke gleichzeitig und war durch die Parallelität der Themenkreise tief erstaunt und aufgewühlt. Welch gänzlich unerwartete Verbindung kann denn zwischen einer Geisteskrankheit und einer Hochreligion bestehen? Ein japanischer Buddhist, dem ich die folgenden Gedankengänge vorlegte, war durch meinen Vergleich zunächst schockiert. Am Ende unseres zweistündigen Gesprächs aber meinte er, diese Parallele zeige die Wahrheit des buddhistischen Weges.

Zentrale *Grundbegriffe* in der Schizophrenie und im Buddhismus sind die gleichen: *Nicht-Existenz, Leere, Nichts, Spiegel, Abwesenheit eines Selbst und einer Substanz, Sich-an-nichts-Festhalten.* In der Schizophrenie bedeuten diese Begriffe Spaltung, Zersplitterung, Verödung der Affektivität, Verwirrung des Geistes, während sie im Buddhismus das fließende Bewußtsein, in dem feste und individuelle Vorstellungen erlöschen, bedeuten. In den Reden Buddhas lesen wir: »Ach, wir sind unbeständig, die wir glaubten, von Dauer zu sein. Wir sind wandelbar, die wir uns für beständig hielten. Und die wir wähnten, ewig zu sein, wir sind in Wahrheit vergänglich.«[3] Außerdem sind Begriffe im Buddhismus oft mit ihrem Gegenteil: Leere mit Fülle, Nichts mit All, Erlöschen mit Erwachen identisch.

Vertiefen wir uns nun in die Parallele zwischen dem Buddhismus und der Schizophrenie, um im Erfassen des fundamentalen Unterschieds ein Gespür für den Tod als Dimension des Lebens zu bekommen und gleichzeitig zur Wurzel menschlicher Selbstzerstörung vorzustoßen.

Benedetti schreibt, daß der Schizophrene unter Umständen »glaubwürdiger« als seine Mitmenschen sei, verfüge er doch nicht über die neurotischen Abwehrmechanismen und realisiere die *Auflösung des Lebens* völlig klar. Auch im Buddhismus ist das Bewußtsein der ständigen Auflösung des Lebens zentral. Nur ist es hier Ausdruck eines angestrebten, umfassenden Bewußtseinseinflusses, in dem der Mensch nicht entzweit, sondern im Gegenteil geeint wird. Der Schizophrene dagegen wird durch die unwillkürliche Erfahrung von der Auflösung des Lebens nicht geeint, sondern gespalten, weil er von ihr überwältigt wird. Der »erwachte«, im Sinne seiner Religion bewußte

137

Buddhist zeichnet sich durch seine »Ich-Stärke« aus, falls wir unter Ich-Stärke die Fähigkeit zum ungeteilten und ganzheitlichen Gewahrsein im gegenwärtigen Augenblick verstehen und nicht das Kopfbewußtsein eines vom Fluß der Dinge isolierten Ich. Im letzteren Sinne ist das Ich für den Buddhismus eine bloße Vorstellung.[4] Im Schizophrenen dagegen ist die ganzheitliche Aufmerksamkeit des Ich verödet. Nur das beobachtende Kopfbewußtsein kann weiter bestehen und die zunehmende Selbstzerstörung registrieren.

Ebenso wie der »erwachte« Buddhist weiß auch der Schizophrene, daß es *keine »Substanz«* im Sinne eines unbeweglichen Substrats, sondern nur Veränderung und Bewegung gibt. Diese Erkenntnis stammt beim Schizophrenen jedoch nicht aus dem unmittelbaren Gewahrsein eines einheitlichen Lebens- und Weltprozesses, sondern im Gegenteil aus dem Erleiden der eigenen Auflösung, Aufspaltung und Zersplitterung, also aus der isolierenden Bewegung der Selbstzerstörung, statt wie im Buddhismus aus der verbindenden Lebensbewegung.

Ohne Substanz geht der Schizophrene *gesichtslos* durch die Welt. Er hat zum Beispiel die Vorstellung, sein Gesicht werde zerrissen. Ein schizophrener Mann zeigte mir eine ganze Serie von Selbstbildnissen, die alle gesichtslos waren. Auch der »erwachte« Buddhist ist in gewisser Hinsicht gesichtslos. Sein Gesicht ist wie das des Schizophrenen *bloßer Spiegel* der Welt. Doch während der Schizophrene seine Gesichtslosigkeit als tödliche Bedrohung empfindet, ist sie für den »erwachten« Buddhisten Ausdruck seiner vorbehaltlosen, durch kein isolierendes Ich beeinträchtigten Verbindung mit der Welt. Während sich der Schizophrene den Reizwirkungen des lebendigen Objekts zu entziehen sucht, empfindet der »erwachte« Buddhist darin keine Bedrohung, weil kein isoliertes Ich da ist, das gefährdet werden könnte. Beide sind sie Außenimpulsen gegenüber ungeschützt: der Schizophrene aus einer schmerzlich empfundenen Ich-Schwäche, der »erwachte« Buddhist aus einer »Ich-Stärke« im definierten Sinn dieses Wortes. Der »autistische Kranke erleidet den Mitmenschen, introjiziert ihn bis zu dem Punkt, wo er sich von ihm *nicht mehr unterscheiden* kann«.[5] Auch der »erwachte« Buddhist *»läßt alle Unterscheidungen hinter sich«*.[6] Dies führt ihn jedoch zu einer offenen, fließenden Verbindung zur Welt, in der die Grenzen sich ständig verschiebende »Berührungslinien« sind.

»Der Schizophrene, der sich im Spiegel betrachtet«, wartet vergebens auf dessen Antwort: »Er sieht nichts. Sein Körper scheint für den Spiegel nicht zu existieren.« Die Nichtexistenz des Körpers im Spiegelbild zeigt beim Schizophrenen den totalen Verlust des Körpers, der Emotionen sowie der Gefühlsaufmerksamkeit. Im Buddhismus gibt es eine *Spiegel*meditation, die dazu führt, daß der Betrachter sich schließlich im Spiegel nicht mehr sieht. Doch ist seine *Nicht-Existenz* im Spiegel nicht Ausdruck einer Unbewußtheit, sondern im Gegenteil eines umfassenden Gewahrseins der Leere aller Dinge, das heißt ihres »Nicht-das-oder-jenes-Seins«, sondern wesentlichen Einsseins.

Benedetti schreibt zum Suizid-Wunsch eines Schizophrenen: »Stets bin ich der Überzeugung ..., daß die Todessehnsucht seine ursprünglichste, ureigenste, existentielle Überlebensmöglichkeit darstellt.«[7] Der »erwachte« Buddhist sehnt sich weder nach dem Tod noch nach dem Leben, weil er im gegenwärtigen Moment, der gleichzeitig entsteht und stirbt, mit beiden identisch ist.

Der Schizophrene führt eine *»Spiegelexistenz«*: Er nimmt sich nur über die Wahrnehmung der anderen wahr. Der »erwachte« Buddhist kennt keine völlig getrennte Wahrnehmung seiner selbst und der anderen. Seine »Spiegelexistenz« stammt aus dieser seiner »verbundenen« Wahrnehmung. Aus ihr heraus kann er auch keine Begierde nach einem »Ich« und »Mein« empfinden. Im Gegensatz zum Schizophrenen hat er nicht das Gefühl, seiner individuellen Wirklichkeit beraubt und entleert zu werden. Während die Spiegelexistenz des Schizophrenen eine wahnhaft subjektive Wahrnehmung der Außenwelt zur Folge hat, führt die Spiegelexistenz des »erwachten« Buddhisten zu einer leeren, unvoreingenommenen, ungerichteten Aufmerksamkeit. Er wird also nicht wie der Schizophrene in die objektive Welt hinein entleert, sondern ruht im Fluß seines Gewahrseins.

Aus der Parallele zwischen der Geisteskrankheit der Schizophrenie und dem Buddhismus, der eher eine Psychologie als eine Religion im wesentlichen Sinne dieses Wortes ist, ergibt sich eine wichtige Konsequenz für die therapeutische Arbeit mit Schizophrenen: Der Schmerz, die Selbstzerstörung, die To-dessehnsucht müssen vom Therapeuten vollumfänglich ange-nommen und dürfen auf keinen Fall durch Alternativvorschlä-ge relativiert werden. Denn dies käme einer »Negation des Pa-tienten gleich, der nur mit diesem Schmerz zu existieren ver-mag«.[8] Der Buddhismus beweist, daß die Todesdimension im Loslassen, Sich-nicht-Festklammern, in der Leere von Unter-scheidungen eine psychologisch erfahrbare Realität ist. Von dieser darf sich der Therapeut nicht distanzieren, im Gegenteil, er muß sich sogar mit der Selbstzerstörung des Patienten, mit seiner Anziehung für alles, was mit Tod und Zerstörung zu tun hat, identifizieren.[9] Er kann dies mit Hilfe des Buddhismus im eigenen Gewahrsein der Todesdimension tun.

Dank dieser bewußten Identifizierung des Therapeuten kann sich der Schizophrene vielleicht ebenfalls da und dort im Ener-giefluß einer einheitlichen Erfahrung, in der Leben und Sterben zusammenfallen, wahrnehmen und von da aus lernen, seine »Todeslandschaften einzugrenzen«.[10]

Die »Spiegelexistenz« des »erwachten« Buddhisten, die im Großen Fahrzeug des Buddhismus zum universalen Mitgefühl, zur liebenden, bejahenden Offenheit gegenüber allen Wesen führt, zeigt viel Ähnlichkeit mit dem Spiegel, der in der Auffas-sung Winnicotts die Mutter für das Kind ist: »Eine Mutter, die sich liebevoll und aufmerksam zugleich ihrem Kind zuwendet, wird davon so erfüllt, daß in ihrem Blick, ihrem Gesicht, nichts anderes mehr Raum findet als das, wovon sie ergriffen ist: das Gesicht ihres Kindes.«[11]

Eben dieser »Glanz im spiegelnden Auge der Mutter« hat dem Schizophrenen gefehlt. Das undifferenzierte Schlagwort von der »schizophrenen Gesellschaft«, in der wir leben, kann immerhin eine Signalwirkung haben, nämlich: Was uns am meisten nottut, ist eben diese vom Buddhismus geförderte *»mütterliche Spiegelexistenz«*, durch die der »Geist, der stets verneint« potentiell selbst verneint und somit aufgehoben wird.

Dritter Teil
Wege des Eros aus der Selbstzerstörung

> Damit du nicht sterbest, sei nicht ohne
> Liebe.
> Damit du nicht lebest, stirb an der Liebe.
> (Jaluddin Rumi)

Im zweiten Teil dieses Buches habe ich die Facetten der Selbstzerstörung beleuchtet. Dabei gab ich bereits Hinweise auf mögliche Lösungen. Auf dem Hintergrund der Selbstzerstörung,
die Ihnen jetzt vom zentralen Muster her bekannt ist, wenden
wir uns nun im dritten Teil deren Umkehrung, nämlich der
Öffnung zum Ganzheitsbewußtsein zu. Die Wege zu diesem
sind Erfahrungswege des *Eros*. Das Wort Eros hat bereits bei
Platon die Bedeutung der Ganzwerdung durch die Sprengung
der Ich-Grenzen in der Hingabe. Daher bleibe ich bei diesem
Wort, auch wenn es in jüngerer Zeit oft ganz anders, nämlich in
der Verengung auf bloße Sexualtechniken, gebraucht wird.
Dieser dritte Teil ist eine Fortführung der Überlegungen zur
erotischen Einstellung, die ich in meinem letzten Buch ›Das
Nein in der Liebe‹ angestellt habe.[1] Die Lebensbewegung des
Eros soll hier im Kontrast zur Selbstzerstörung deutlicher her-
vortreten. Deshalb fange ich damit an, Ihnen durch zwei Beispiele – ein eigenes Erlebnis und eine Betrachtung zu Arthur
Schnitzlers Drama ›Der einsame Weg‹ – ein Leben ohne Liebe,
ohne lebendige offene Gefühlsbeziehungen vor Augen zu führen. Dabei werde ich Ihre Aufmerksamkeit immer mehr auf das
Wesen des Eros hinlenken, dessen heilende Erfahrung uns
schließlich ganz bechäftigen wird.

Doch gebe ich Ihnen als erstes einen Satz wieder, den eine
fünfunddreißigjährige Frau im Traum gehört hat. Er übersetzt
Platons Bild der menschlichen Ganzheit als Verbindung zweier
Kugelhälften in die direkte Erfahrung: »Die Hälfte, die dich
liebt, schaut dich täglich an.« Ganzheit ist Kontakt zur »anderen Hälfte«, sowohl in einer Partnerschaft als auch in der eigenen Persönlichkeit. Die »andere Hälfte« ist weitgehend unbekannt und schwer faßbar. Eine widersprüchliche Faszination
verbindet uns mit ihr. Je mehr wir sie einbeziehen können,

desto mehr Energie haben wir zur Verfügung. Deshalb ist sie die Erfahrung strömenden Lebens schlechthin. Der Weg zu ihr ist nicht der Weg des aktiven Willens, sondern die Einsicht: Die andere Hälfte sucht mich, weil sie mich liebt. Das einzige, was ich zu tun brauche, ist, mich nicht zu verstecken. Mein unbekanntes Leben liebt mich: Das ist die subjektive Erfahrung des Eros. Ähnliches meint wohl auch, psychologisch gesehen, der erste Johannesbrief mit dem Satz: »Er hat uns *zuerst* geliebt.« Die wesentliche Aktivität ist bloße Antwort – auf das Unbewußte, den Partner, Gott, oder wie immer wir es sehen und nennen. Die fremde Hälfte liebt mich. Deshalb schaut sie mich an. Die Öffnung zur Innen- und Außenwelt beruht auf dieser Urerfahrung, die in den meisten von uns durch den »Glanz im Auge der Mutter« belebt wurde. Doch die Urerfahrung ist noch ursprünglicher.

Als ich vor einiger Zeit in Zürich den Bellevueplatz überquerte, hörte ich eine leere Stimme ohne jede Modulation laut und in roboterhafter Wiederholung rufen: »Monika, Monika, Monika!« Die Stimme gehörte einem jungen Mann, der mit schnellen mechanischen Bewegungen ohne jede lebendige Dynamik vorwärts ging, die Augen starr geöffnet. Keine emotionale Beteiligung war in seinem toten Ruf zu spüren, kein sehnsüchtig offenes Streben hin zu Monika: ein Ruf aus dem Totenreich eines Erstorbenen, schattenhafte Erinnerung an früheres Leben mit Monika, an Lebendigkeit, Verströmen, Verschmelzung. Die tote Erinnerung, die im Ruf hallte, war keine richtige Verbindung zu füherem Leben, sondern eher Ausdruck der Qual eines mit kaltem Bewußtsein um frühere Wärme und Lebendigkeit Wissenden. Nicht nach Monika rief er, auch nicht nach seinem früheren Leben, denn die Erfahrungsbrücke zu diesem war abgebrochen. Sein Ruf war der Nachhall einer gelöschten Vergangenheit, ähnlich einem Funksignal, das wir vielleicht eines Tages von einem viele Lichtjahre von uns entfernten Stern empfangen werden, obschon im Augenblick, da wir es empfangen, bereits alles Leben auf jenem Stern erloschen ist: die gespenstische Schwingung eines Nichts.

Während er marschierte, streckte der junge Drogensüchtige seine Arme starr vor sich hin. Er fühlte seine einst geöffneten Arme nicht mehr, nicht mehr die Verwandlung seiner Haut von einer abweisenden Schutzhülle in eine umfassende Berührung. Nicht als Einzelwesen ist unser Körper lebendig, sondern in der beschwingenden Berührung mit anderen Menschen. Diese Berührung hat viele Gesichter. Sobald wir uns ihr überlassen, beginnen wir uns mit der ganzen Welt wie mit einem einzigen Leib leibhaft zu verbinden. Wir brauchen die Berührung bloß zuzulassen, dann pflanzt sie sich in ungeahnte Räume fort. Wie verschwindet doch das Gefühl von Mein und Dein in der Welt lebendiger Verbindung! Zwar verlieren wir dabei das, was zu erlangen sich Sisyphos vergeblich bemüht hat, nämlich eine stolze, kühle Autonomie fern von der »Lebens- und Todes-brunst« der realen Welt. Doch im Anschluß an diese gewinnen wir unsere natürliche Lebendigkeit.

Der junge Mann mit den todesstarren Armen und den Robo-terbeinen war für mich das Bild einer tödlichen Autonomie, nämlich der künstlichen Eigengesetzlichkeit eines einzelnen ohne Bezug zum universalen Gesetz der Bewegung und Berüh-rung: zum Eros. Wie ein körperloser Geist wurde er herumge-trieben. »Monika«, rief er und meinte Liebe, verschmelzende Berührung, sich ausbreitende Lebensschwingung. Weil er dar-um wußte, ohne es zu fühlen, war sein Schmerz so groß. Eben dies ist die Qual der Selbstzerstörung: mit der toten Erinnerung an den Eros ohne Eros zu leben, ohne Eros tot zu sein und immer noch vom Eros wie von einem Phantom zu wissen, wenn nicht aus eigener Erfahrung, so doch aus dem Urwissen der Menschheit, im Leben tot zu sein, von der Atmosphäre des Eros umflutet in der Isolierzelle der eigenen Angst zu verdur-sten.

»Monika« zu rufen und dabei die Arme und das Herz nicht zu öffnen ist ein Widerspruch. Liebe zu begehren, ohne Liebe zu geben, ist selbstquälerisches Herumstochern in der Wunde der Einsamkeit: negative Erregung anstelle einer heilenden Empfindung.

Im Herbst 1985 hatte ich die Gelegenheit, im Wiener Burg-theater Arthur Schnitzlers Drama ›Der einsame Weg‹ zu sehen. Der Maler Julian Fichtner ist bei all seinen Liebschaften unfähig zur Hingabe. Das zeigt sich darin, daß er keine Verantwortung übernimmt. Fast gleichzeitig, da er die eine Frau, Irene, zur Abtreibung drängt, schwängert er die andere, Gabriele, steht doch diese kurz vor ihrer Hochzeit, so daß er sich um das Kind nicht zu kümmern braucht. Sein Sohn Felix wird denn auch von Gabrieles Mann, Professor Wegrat, als sein eigener Sohn aufgezogen. Erst als Fichtner, älter geworden, vereinsamt, offenbart er Felix seine Vaterschaft, damit dieser »für ihn da sei«. Nicht Fichtner öffnet seine Arme, sondern der dreiundzwanzigjährige Felix soll die seinen öffnen, damit er, Fichtner, nicht allein ist. Doch wie könnte der Nichtliebende geliebt werden? Die Schwingung der Liebe setzt ja voraus, daß zwei Menschen bereit sind, sie sowohl zu erzeugen als auch zu empfangen. Fichtner will alles für sich haben und kann deshalb nichts bekommen. Daher lehnt Felix seinen leiblichen Vater ab. Er umarmt ihn nicht, weil dieser in der Ablehnung der Verantwortung seinen Mangel an Liebe offenbart hat. In dieser Stunde erweist sich Fichtners Weg als ein einsamer Weg. Schnitzler läßt Fichtners Freund Stephan von Sala sagen: »Lieben heißt, für jemanden dasein.«

Schnitzler selbst war ein passiver Mensch. Seine Angst vor dem Leben verschwand nur zeitweilig, wenn er sich geliebt und bewundert fühlte. So schrieb er in einem Brief vom 23. April 1900 über eine Liebesbeziehung: »Ich bin verliebt in sie, aber doch mehr in meine Verliebtheit, habe eine wachsende Angst vor dem Altwerden, ein ungeheures Bedürfnis nach Zärtlichkeit, Geliebt-, Angebetet- und Bewundertwerden. Nur das befreit mich zuweilen von meinen Angstgefühlen.«[2] Die Angst vor der Verantwortung ist Angst, die eigene Autonomie und Unabhängigkeit zu verlieren, Angst vor der Wandlung in der Verbindung: Todesangst.

Die widersprüchliche Bemühung, sich um des Lebens willen aus dem Leben herauszuhalten, war der unbewußte Mythos des Bürgertums in Wien um die Jahrhundertwende. Erst in der Abenddämmerung seiner Entkräftung kann ein schicksalhafter Mythos durchschaut und durchbrochen werden. Der Mythos einer distanzierten Autonomie hat heute ausgespielt. Seine Energiebesetzung ist in einer Zeit zunehmenden Leidens an der Einsamkeit und Vereinzelung zurückgegangen. Die mittlerweile »atomisierte Gesellschaft« sucht einen neuen Mythos.

Arthur Schnitzler war mit Sigmund Freud befreundet. Auch dieser lebte den Mythos seiner Gesellschaft. Dem Prinzip der analytischen Neutralität und Nichtintervention verpflichtet, hielt er sich als objektiver Beobachter aus dem Geschehen in der Analyse heraus, während C.G. Jung diese als Schmelztiegel betrachtete, in dem *zwei* Menschen – der Patient und der Analytiker – sich wandeln. Das Prinzip der analytischen Neutralität ist zur dynamischen Identitätsfindung durch die Berührung mit der »Welt als Du« (Buber) ungeeignet. Es entspringt einem ausgedienten Mythos. Die Beziehung zum Analytiker besteht ja nicht nur in der Übertragung unpassender kindlicher Gefühle auf diesen, sondern gleichzeitig – und immer mehr – in einer realen, jeden Augenblick sich anders und neu konkretisierenden Verbindung zweier Menschen. Diese kann dank ihrer Bewußtheit für den Klienten zu einem Beziehungsmodell werden. Bei narzißtischen Störungen kann die Aufrechterhaltung der analytischen Neutralität zu einem Modell der Selbstzerstörung werden.

Allgemein gilt der Satz: »Der Schlüssel zu erweiterter Bewußtheit ist die Hingabe ... In dem Moment, wo der Kampf aufgegeben ist, ist er gewonnen.«[3] Die Suche nach Bewußtheit unter Ausschluß der Liebe wäre wie die Suche nach Wasser unter Ausschluß der Quelle. Denn Liebe als Öffnung des ganzen, fühlenden und denkenden Menschen ist Bewußtheit in ihrer Dynamik. Deshalb kann auch eine Analyse nur dank der gemeinsamen Gefühlsschwingung zwischen Klient und Analytiker zur Bewußtwerdung führen.

Warum sträuben wir uns eigentlich gegen die Erfahrung der Liebe und der sich ausweitenden erotischen Einstellung, wenn wir doch nur durch sie unsere Identität finden können? Weshalb befürchten wir, uns in der Hingabe aufzugeben? Vielleicht ist der Grund für Sie folgender: Wieder und wieder haben Sie in Partnerschaften Entgrenzung und Verschmelzung zwar anfänglich als Lust, dann aber als lähmenden Ver-lust empfunden. Ist die Liebe ein Versprechen, das sie nicht einlösen kann? Verspricht sie nicht trügerisch eine offene, freie Identität und ein kräftiges Lebensgefälle und führt schließlich im Gegenteil zum Verlust des Lebensschwunges?

Ist dies so für Sie? Dann hat vielleicht Ihre Mutter Sie als Kind dazu benützt, die eigene Einsamkeit zu überbrücken, und Ihr Leben war bloßer Ersatz für den Mangel an Lebendigkeit bei Ihrer Mutter. In diesem Falle haben Sie es schwer, nicht immer wieder die gleiche desillusionierende Erfahrung zu machen. Die gegenteilige Erfahrung fehlte Ihnen, nämlich als »Säugling und kleines Kind in Gegenwart der Mutter allein zu sein«[4], wie Winnicott sich ausdrückte.

Wenn Sie daher in jeder Beziehung nach einer gewissen Zeit die Erfahrung der »Entleerung« machen, gilt es auch im Zusammensein mit dem Partner zu lernen, Ihrer selbst gewahr zu bleiben, sich zu spüren. Achten Sie in solchen Situationen genau auf die Emotion, die Sie gerade haben, und verbinden Sie sich mit ihr, bis die Emotion wieder Ihnen und Sie sich selbst gehören. Versuchen Sie gleichzeitig, Ihren Körper zu empfinden: Verspannungen, Kribbeln, Strömen, Vibrationen und so weiter einfach zu registrieren: »Das bin ich.« Vielleicht spüren Sie jetzt wieder Lust auf mehr Nähe zum Partner. Die Rückwendung der Gefühlsaufmerksamkeit zu Ihrem leib-seelischen Organismus kann Ihnen mit der Zeit zum fast spontanen Reflex werden, sobald Sie auch nur einen Anflug von »Entleerung« erleben. Die Fähigkeit, allein, das heißt bei sich zu sein, während jemand anderer anwesend ist, sogar in einer intimen Begegnung, führt Sie zu der beglückenden Erfahrung, daß die Liebe manchmal ihr Versprechen halten kann. Die Vernichtungsangst, die manche Menschen gerade in der ihnen wichtigsten Beziehung quält, stammt aus der Unfähigkeit zur gleichzeitigen Bezogenheit auf sich selbst und das Du.

Wahrscheinlich haben Sie schon viel Zeit vergeudet, um die regelmäßig auftauchenden Beziehungsprobleme eines nach dem anderen mit Ihrem Partner zu besprechen und zu »bearbeiten«. Doch kaum war das eine gelöst, tauchte schon das nächste auf, als könnten Sie nicht ohne den permanenten Druck eines Problems leben. Kaum hatten Sie etwas Ruhe, kam auch schon wieder Unruhe in Ihr Leben. »Das Schicksal meint es böse mit mir«, haben Sie sich in solchen Situationen vielleicht gedacht. Doch wahrscheinlich waren diese Probleme zum großen Teil nur Ersatzprobleme, weil Sie das Urproblem einer Beziehung nicht erkannt haben: die Fähigkeit, gleichzeitig ganz bei sich und ganz beim anderen zu sein: Abgrenzung in der Hingabe, »das Nein in der Liebe«. Sie haben versucht, Ihre Probleme auf pragmatische Weise zu lösen und alle Faktoren sorgfältig zu berücksichtigen. Und schon bedrängte Sie das nächste Problem oder das gleiche in neuem Gewand. Die gleiche zermürbende Erfahrung können Menschen in Analysen machen, wenn der narzißtische Kern ihrer Störungen nicht erkannt und psychoenergetisch angegangen wird. Viele Einzelgespräche über viele Einzelprobleme führen noch nicht zur einheitlichen Erfahrung des Lebensflusses, auch wenn die Probleme in gegenseitiger Verbindung gesehen werden.

Der Übergang vom »pragmatischen« zum »energetischen« Menschen löst solche festgefahrenen Situationen. Bereits 1973 hatte ich in einem anderen, nämlich theologischen Zusammenhang den Unterschied zwischen der Pragmatik und Energetik zu erfassen versucht: »Während die Pragmatik ihr Ziel im Aufzeigen reflektierter Aktionsabläufe sieht (also in der bewußten Verarbeitung einzelner Probleme), will die Energetik den Mut zum Vorwärtsschreiten (und die Lust in der Bewegung des Augenblicks), den Geschmack am Leben, den Schwung zur Selbstverwirklichung, wie immer diese konkret zu geschehen hat, geben. Psychologisch zeigt sich dieser Unterschied schon darin, daß die Energetik dem Menschen auch dann noch Zuversicht (dank dem inneren Gewahrsein der fließenden Identität) geben kann, wenn die Pragmatik versagt hat, das heißt, wenn ein praktischer Mißerfolg eingetreten ist.«[5]

So können auch die Probleme der »bürgerlichen Ehe« leichter gelöst werden. Die bedrückende Lähmung, die oft von länger dauernden festen Beziehungen ausgeht, rührt oft daher, daß wir im gewohnten Beisammensein mit dem Partner das Gefühl für uns selbst verlieren und gleichzeitig auch der Partner aus unserem Gefühl vrschwindet. Tasten wir uns dann zu einem sensiblen, behutsamen Gespür sowohl unser selbst als auch des Partners vor, werden unsere Probleme den quälenden Charakter des Unlösbaren verlieren. Vieles werden wir jetzt spielerisch erledigen können.

Tiefgreifende Veränderungen der Persönlichkeit geschehen nur in der Hingabe an einen Menschen oder ein Werk. In der ungeteilten Hingabe werden Sie selbst zu einem einheitlichen Menschen. Die Erfahrung der *Ganzheit* ist immer eine dynamische Erfahrung der *Bewegung*. Sich *ganz* einer Tätigkeit hinzugeben, sei diese geistig oder köperlich, heißt, zu einer einzigen strömenden Bewegung zu werden. Das Selbst befindet sich immer am Punkt der intensivsten Hingabe. Dabei verschwindet die Subjekt-Objekt-Spaltung auf natürlichem Wege: Sie sind, was Sie gerade tun. Sie sind die Bewegung, durch die Sie gleichzeitig sich und ein Stückchen der Welt verändern.

In der geschlechtlichen Begegnung, falls sie Ausdruck von Hingabe ist, können Sie diese Erfahrung besonders tief machen. Die gemeinsame Hingabe macht aus Ihnen und Ihrem Partner eine größere Ganzheit. Die Verschiedenheit der Partner voneinander hat vor allem den Sinn, beiden die gemeinsame größere Ganzheit im Zusammenspiel erfahrbar zu machen. Und nicht nur das: Indem Sie sich beide in der einen Hingabe erfahren, sind Sie keineswegs in einer Welt zu zweit eingeschlossen, sondern die *eine Hingabe* wird für Sie zur *einen Bewegung*, zum Rhythmus der ganzen Welt. Auch die so erfahrene »ganze Welt« ist keine begrenzte Größe, sondern nichts als Expansion, Bewegung, Rhythmus, Energiewirbel. So wird der Koitus zur eigentlichen *Urbewegung*.

Dies gilt für alle Phasen des sexuellen Zusammenseins: In der ruhigen Erregung des sexuellen Vorspiels stimmen Sie und Ihr Partner sich aufeinander ein, bis Sie im Atem, in den lässigen, runden, weichen Bewegungen, in den leisen Vibrationen der Haut, ja in den Ausdünstungen zu einer gemeinsamen »Gestimmtheit« finden, wie Wilhelm Reich sich ausdrückte. Auch in der sanften Gemächlichkeit und der rhythmischen Mühelosigkeit der ersten Phase des Koitus sind Sie voll und ganz Hingabe. In der Hingabe gibt es nicht ein Mehr oder Weniger. Sie sind ganz dabei, mit welchen Bewegungen und Rhythmen auch immer. Diese ergeben sich von allein, wenn Sie mit der Hingabe identisch sind. Ob Ihre Bewegungen ganz innerlich, innig, sanft und weich oder wild, ausschweifend, ekstatisch sind, oben alles wie von ungefähr, leichtfüßig und flüssig oder im Gegenteil tief ergreifend und füllend geht, immer ist es ein und dieselbe Hingabe. In ihr fühlen Sie den Pulsschlag der Welt.

Wie anders ist es beim selbstzerstörerischen Koitus, bei dem jeder um die eigene Lust kämpft, die Partner in einer Art Kriegsbündnis stehen und die mechanischen Bewegungen die Lust erzwingen. Die Gesichter haben den verbissenen Ausdruck eines »Dir geb' ich's!« oder »Mach's mir!« Die sadistischen und masochistischen Untertöne sind unüberhörbar. Die fiebrigen Vibrationen der negativen Lust erschöpfen den Menschen an Leib und Seele, so daß die Partner nach dem Orgasmus voneinander lassen, als würden sie sich wegstoßen. Im »degoût après« wird offensichtlich, daß jeder der beiden sich durch den Koitus nur behaupten, durchsetzen, Macht demonstrieren – und die eigene Isolierung verstärken wollte. In dieser Umkehrung seiner Bedeutung wird der Koitus zur Urbewegung der Selbstzerstörung.

Im Gegensatz dazu zeigen die überströmende Dankbarkeit der Partner nach dem Orgasmus, die gleichzeitige Vertiefung ihrer Entspannung und Nähe, der zeitlose Augenblick des ruhigen Versinkens in wortlosen Urgrund das natürliche Ende einer großen Welle in der Beziehung an. In Wirklichkeit ist es kein Ende, sondern ein Weiterfließen im Wellental, aus dem sich die nächste Welle irgendwann aufschäumend emporheben wird. Es ist wichtig, diese Beschreibung einer geglückten sexuellen Begegnung zuzulassen und nicht als Idealisierung abzuwehren. Sie spiegelt die natürliche Dynamik eines menschlichen Koitus, auch wenn nicht jeder Koitus diese zu erfüllen vermag. Ihre Abwehr könnte zeigen, daß Sie sich das Recht auf Glück nicht zugestehen oder die überschäumende Hingabe nicht zutrauen.

Die »Lustkämpfer« dagegen haben ein undeutliches Gefühl für die Unvollständigkeit ihres Orgasmus, auch wenn dieser von der erzielten genitalen Lust her intensiv war. Daher suchen sie eine Ergänzung und Vervollständigung des sexuellen Orgasmus in ihren orgastischen Streitigkeiten. Im negativen Spannungsaufbau ihrer sterilen und destruktiven Kämpfe zielen sie regelmäßig auf die Totalexplosion hin. Tritt diese ein, fühlen sie sich ermattet und endlich entspannt. Mehr noch als der »notgezüchtete« Sexualorgasmus bedeutet diese Totalexplosion im Streit ihren »Negativorgasmus«. Sie ist der ursprüngliche Ausdruck ihrer Beziehungen. Meist vermindert sich bei solchen Paaren die Häufigkeit und Intensität der sexuellen Kontakte, während die Zahl der »Negativorgasmen« im Streit gesteigert wird. Die Angst vor dem Ich-Verlust in der Hingabe hat die beiden in die höllische Umkehrung des zur Einheit drängenden Eros gezwungen.

Die negative Lust äußert sich in der Sexualität in vielen Details, zum Beispiel beim Mann in der »kalten Erektion«: Das Glied wird als Waffe gegen die tödliche Angst vor dem Ich-Verlust eingesetzt. Die mechanisch-aggressive Bewegung soll vor dem gemeinsamen, spontanen Bewegtsein der Hingabe schützen. Daher hat der Mann in seinem Glied keine warmen, pulsierenden, von allein drängenden Empfindungen. Das steife Glied ist kühl und tot wie ein Revolver.

Die erwähnte Schwierigkeit, gleichzeitig ganz bei sich und ganz beim anderen und in der gemeinsamen Hingabe ganz eins zu sein, wird von manchen Menschen auf ungewöhnliche Weise gelöst. Ich erinnere mich an eine Frau, die während ihrer fünfjährigen Ehe, aus der zwei Kinder hervorgingen, keinen Orgasmus erlebte, weil sie sich in ständiger Abwehr gegen ihren Mann befand. Nach der Scheidung ging sie eine lesbische Beziehung ein, in der die polare Spannung und somit auch die Angst vor dem Ich-Verlust geringer war. In dieser Beziehung lernte sie gleichzeitig ihrer selbst und der Freundin in einer einzigen gemeinsamen Bewegung gewahr zu werden: ganz bei sich und ganz in der Hingabe. Zwei Jahre später ging sie wieder eine Beziehung zu einem Mann ein. Dank ihrer Erfahrungen in der vorangegangenen lesbischen Beziehung fand sie mit diesem den Weg in eine angstfreie, strömende erotische Verbindung.

Ohne es zu wissen, neigen wir vermutlich dazu, in der Sexualität die seelischen und körperlichen Bewegungsmuster des gleichgeschlechtlichen Elternteils zu übernehmen, auch wenn wir keine direkte Kenntnis von diesen haben. Ich konnte dies jedenfalls aufgrund der Befragung von Eltern durch ihre erwachsenen Kinder in vier mir zugänglichen Fällen feststellen, aus denen ich allerdings noch keine Regel ableiten kann. Nach dieser Hypothese fallen Sie als Frau unbewußt in das sexuelle Verhaltensmuster Ihrer Mutter und als Mann in das Ihres Vaters. Darin zeigt sich die Macht der verinnerlichten Elternbilder über uns. Wenn Sie jedoch zu einer Sexualbewegung finden, die aus Ihrem eigenen Selbst quillt, machen Sie sich von der elterlichen Bestimmung so radikal frei, wie Sie es durch keine bewußte Verhaltensänderung je erreichen können. Das Fremde war Ihre Zerstörung, das Eigene ist Hingabe an Ihr Selbst und das Du in einer einzigen Bewegung. In solcher Hingabe verstehen wir Martin Bubers Begründung der Nächstenliebe: »Liebe deinen Nächsten, er ist wie du.«[6] Eins in der Hingabe, erfassen wir intuitiv die tiefe Verwandtschaft zwischen Du und Ich.

Als Titel dieses Kapitels habe ich ein Zitat von Jaluddin Rumi gewählt: »Willst du umarmt werden, so öffne deine Arme.« Sie können das Zitat erweitern: »Willst du angelächelt werden, lächle«, und: »Willst du verstanden werden, versuche zu verstehen«, und vor allem: »Willst du geliebt werden, liebe« (Augustinus). Wie oft können wir einerseits unsere seelischen Bewegungen, nämlich die Emotionen, und andererseits unsere körperlichen Bewegungen wie Gestik und Mimik nicht miteinander in Einklang bringen, indem wir die zweiten auf die ersten abstimmen. Dann bleiben wir uns fremd, weil kein Widerhall und keine Spiegelung unsere Empfindungen richtig bewußt machen und verstärken können.

Wozu runzeln Sie die Stirn und machen ein strenges Gesicht, obschon Sehnsucht nach Nähe und Wärme Sie verzehrt? Warum lächeln Sie verbindlich starr, obgleich Sie eine Wut im Bauch haben? Warum ziehen Sie Ihren Bauch ein, wenn Sie doch Lust auf sexuelle Empfindungen spüren? Weshalb ziehen Sie Ihre Schultern hoch, obschon Sie gerne umarmen möchten? – Sie kennen bereits die Antworten. Die Fragen waren diesmal nur rhetorisch gemeint. Und fangen Sie jetzt nicht an, sich von außen zuzuschauen und sich die Kosmetik neuer Körperhaltungen anzudressieren. Gehen Sie vielmehr in sich hinein, um zu erfühlen, was in Ihnen sich eigentlich »hinausbewegen« möchte; das ist die wörtliche Übersetzung des Wortes E-motion. So findet Ihre Empfindung den ihr gemäßen Ausdruck, kann sich fortpflanzen und verstärken. Lassen Sie auf diese Weise Ihre Seele aus Ihrem Körper leben! Ob Sie in der Bäckerei Brot kaufen oder ein Gespräch führen, oder mit Ihrem Partner schlafen, immer geht es darum, daß Sie auf die Welt beweglich bezogen sind. Auf diesem Weg wird jede Beziehung für Sie zum Austausch gemeinsamer Bewegungen und Ihre Identität zu einer Beziehungsidentität.

> Zum ersten Mal schmeckte ich den Tod,
> und der Tod schmeckte bitter,
> denn er ist Geburt, ist Angst und Bangnis
> vor furchtbarer Neuerung.
> (Hermann Hesse, Demian)

Ein vierzehnjähriger Junge, eher still und zurückgezogen, von einer feinen, diskreten Schönheit, wurde von einem forschen Mitschüler, dem besten Turner der Klasse, angerempelt: »Daß du's nur weißt: Du bist eine schwule Sau!« Der so Beschimpfte verstand nicht, zuckte mit den Schultern und kehrte sich ab, um zu gehen. Da riß ihn der andere zurück und schlug ihm mit der Faust scharf und präzis in die Geschlechtsteile: »Hast du verstanden? Du bist eine schwule Sau!« Der Geschlagene heulte auf, riß sich los und rannte durch die Gänge des Gymnasiums davon. Der »gute Turner« verfolgte ihn. Am Ende des langen Ganges ging es hinunter ins Erdgeschoß und von dort in den Keller. Vor einer verschlossenen Tür kam der Gehetzte zum Stehen. Sein Jäger holte ihn ein, packte ihn mit der Linken am Genick und schlug mit der Rechten wieder und wieder in seine Geschlechtsteile. »Du schwule Sau!« Nach einer Weile ließ er von ihm ab. Mit roten Köpfen kehrten beide langsam und wortlos ins Klassenzimmer zurück. Die gleiche Szene wiederholte sich in den nächsten Wochen mehrmals und wurde zu einem Ritual, das auch der Gejagte mit wachsendem Einverständnis, angst- und lustvoll zugleich, über sich ergehen ließ.

Doch nicht vom Gehetzten, sondern vom »guten Turner« und seiner Angst soll hier die Rede sein. Als mir sein damaliges Opfer, ein jetzt vierzigjähriger Mann, diese Schlüsselgeschichte erzählte, erinnerte ich mich an Musils Erzählung ›Die Verwirrungen des Zöglings Törless‹. Allerdings ist Törless' Sadismus seinem Mitschüler Basini gegenüber psychischer Art: Dieser soll einen Diebstahl, den er im Internat ausführte, bewußt erleben. Die physische Folter überläßt Törless seinen Kameraden Beineberg und Reiting. In der Beobachtung dieses Vorgangs ist Törless gespalten: Einesteils interessiert ihn Basinis Unmoral, andererseits nimmt er an der sadistischen Mißhandlung Basinis innerlich teil. In der Folge beschäftige ich mich nur mit dem sadistischen Anteil des Zöglings Törless.

Was war sowohl beim »guten Turner« als auch bei Törless der Anstoß zum sadistischen Impuls? – Was den »guten Turner« zum ersten »Tiefschlag« gegen seinen hübschen Mitschüler bewogen hat, weiß ich nicht. Doch können wir es erahnen, wenn wir uns dem Zögling Törless in Musils Schilderung zuwenden.

Als Törless eine Prostituierte besuchte, erzählte ihm diese, auch Basini habe sie besucht. Sie habe ihn gefragt, »ob er sich denn nicht vor seiner Mutter schämen würde«, und er habe geantwortet: »Mutter? . . . Mutter? . . . Was ist das? Das existiert jetzt nicht. Das habe ich zu Hause gelassen, bevor ich zu dir ging.« Bei dieser Erzählung der Prostituierten spielte sich in Törless' Innern etwas ab, das seinen späteren Sadismus Basini gegenüber verständlich macht: »Bei diesen Worten bekam Törless wieder die frühere Vorstellung von sich selbst. Wie er alles hinter sich ließ und *das Bild seiner Eltern verriet.*«[1] In der Pubertät, wie später in jeder Umbruchsphase müssen wir einen *schwierigen Verrat* begehen. Deshalb sind wir in Zeiten des Übergangs so gefährdet. Für Törless hat sich eine »Falltür« geöffnet: Er hatte wirkliche Todesangst.

Diese ist auch für Hesse der Kern der »Angst und Bangnis vor furchtbarer Neuerung«. Das Buch ›Demian‹ enthält die verschlüsselte Geschichte von Hesses eigener Analyse bei einem Schüler C. G. Jungs. In der Ablösung von seinem Analytiker erlebte Hesse dasselbe wie Törless in der Ablösung von den Elternbildern: Es ist »ein bitterer und furchtbarer Augenblick, wenn wir plötzlich zu erkennen meinen, daß die führende Strömung in uns von dem Geliebten wegführen will. Da richtet jeder Gedanke, der den Freund und Lehrer abweist, sich mit giftigem Stachel gegen unser eigenes Herz, da trifft jeder Hieb ins eigene Gesicht.«[2] Es ist die »führende Strömung« in uns, der Entwicklungstrieb, der eine neue, noch schlummernde Gestalt unseres Lebens wecken und durchbluten will, die Untreue und Verrat von uns fordert. Wirklicher Abschied ist nie leicht. Wir reißen uns dabei auch von einem Stück eigenen Lebens los. Es muß sein, doch es tut weh. Sogar der Abschied von einer selbstzerstörerischen Identität ist qualvoll.

Auf schicksalshaften Schwellen unseres Lebens realisieren wir, daß die Vorstellung eines bleibenden, unzerstörbaren Ich Illusion ist und daß unsere Identität immer auch Nicht-Identität ist: eine Geburt und ein Tod. »Sein *oder* Nichtsein«, das ist keine Frage, denn die Realität ist Sein *und* Nichtsein. Jeder Schnitt durch die fließende Wirklichkeit ist eine Abstraktion. Aus einer ganzheitlichen Perspektive gibt es nur Energie und somit nur Fluß und Bewegung und Wandlung. Das hat der Buddhismus mit seinen paradoxen Aussagen über Alles und Nichts, Fülle und Leere, Existenz und Nichtexistenz vielleicht am tiefsten erfaßt.

In Lebensphasen relativer Stabilität können wir uns vor dieser Tatsache verschließen. Um so schmerzhafter rührt es uns an, wenn ein Gleichgewicht, das wir sicher wähnten, auf einmal zusammenbricht. Elementare Todesangst packt uns, wenn wir die beruhigende Illusion der Unbeweglichkeit nicht mehr aufrechterhalten können und mitten in der Zerstörung der alten Welt erwachen. Es ist niemandem in die Wiege gelegt, im realistischen Gewahrsein des fließenden Augenblicks den notwendigen Verrat am Alten zu begehen und die Todesangst hinter sich zu lassen.

Die Schwelle zum Erwachsenenalter in der Pubertät ist das Modell für alle weiteren Schwellen im Laufe eines Menschenlebens. Deshalb wird sie so häufig in der Literatur beleuchtet. Die Überwindung der Todesangst im schwierigen Verrat an vertrauten Prägungen bedeutet durch das ganze Leben einen Lernprozeß. Von ihm hängt es ab, ob wir unser Leben wirklich leben oder ungelebt lassen. Aus diesem Grund ordnet die Psychoenergetik alle anderen seelischen Lernprozesse diesem einen unter.

Törless fiel der Verrat besonders schwer, weil die Elternbilder, von denen er sich lösen mußte, gleichzeitig die verlogene, modrige Moral des k. und k. österreichischen Bürgertums enthielten. Durch die Verdrängung der Triebe, vor allem des Sexualtriebes, nährte diese die Illusion einer heilen, fraglosen Stabilität.

Aber auch abgesehen von der Prägung durch eine abgestandene Moral gilt Hesses Aussage: Jede Neuerung ist furchtbar. Denn sie ist für jedes Individuum eine totale Neuerung. Auch wenn Millionen zuvor das »Gleiche« durchlebt haben, ist es doch für den einzelnen nicht das »Gleiche«, weil wir zwar geistige Inhalte *vorausdenken,* aber nicht emotionale Inhalte *vorausempfinden* können.

Durch die Äußerung der Prostituierten wurde sich Törless bewußt, daß er seine Kindheit verriet. Da war es ihm, als würde aus seinen Gedanken ein »fauler süßer Geruch« aufsteigen: der Verwesungsgeruch des Todes. Seine Reaktion zeigt klar, wie auch wir – Sie und ich – auf Schwellensituationen zerstörerisch reagieren könnten, statt uns ihnen zu stellen. Törless bringt den »Mut zur Angst« (S. Anders) nicht auf. Er scheut die schauererregende Wandlung vom Kind zum Erwachsenen. Wie arrangiert er sich mit seiner Feigheit? Basini soll sein Stellvertreter sein. Törless zerstört Basini seelisch, statt die notwendige Zerstörungsarbeit an seiner Kindheit auf sich zu nehmen. Dank diesem Arrangement kann er der angepaßte Zögling bleiben und gleichzeitig die Lust an Basinis Zerstörung als Ersatz für seine unterdrückte »Wandlungslust« genießen. Doch nur diese wäre eine »schöpferische Lust an der Zerstörung« (Bakunin).

So erspart Basini es Törless, von seinen Elternbildern Abschied zu nehmen. Als Stellvertreter wird Basini dem Schrecken des Todes ausgesetzt: Er wird von Beineberg und Reiting gequält, geschlagen, sexuell gedemütigt und in der Phantasie sogar zu Tode gemartert. In Volker Schloendorffs Verfilmung wird er schließlich in den Selbstmord getrieben. In Törless' beobachtendem Sadismus vermischen sich abgewehrte sexuelle Lust und zerstörerische Gewalt. Weil er Sexualität gemäß der elterlichen Moral für erniedrigend und demütigend hält, empfindet er an Basinis Erniedrigung und Demütigung Lust. Doch ergibt er sich schließlich trotz seinem inneren Widerstand der sexuellen Anziehung durch Basini. Gleichzeitig flüstert er dabei: »Das bin nicht ich! . . . nicht ich!« Sogar jetzt kann er sich nicht leben lassen.

Erwachsene neigen zu feineren Formen der Verdrängung ihrer Angst vor »schrecklicher Neuerung«, zum Beispiel zur Überhöhung von starren Prinzipien oder Ideologien, durch die sie andere unterdrücken. Jetzt können sie bleiben, wie sie im Grunde genommen gar nicht bleiben möchten, nämlich gleich wie eh und je. So idealisierte zum Beispiel ein Bischof seine

»Standfestigkeit«, indem er als Leitspruch für seine Amtsfüh-rung wählte: »semper idem«, das heißt »immer das Gleiche«. Wahrlich, ein verlockendes Programm. Es bedeutet das Gegen-teil des schwierigen, aber notwendigen Verrats.

Törless gerät in geschlechtliche Erregung, während Basini von Reiting und Beineberg ausgezogen, geschlagen, gepeitscht wird. Dieselbe geschlechtliche Erregung entdeckte ich auch bei den Peinigern Jesu auf einem Bild vom Kreis um Hans Holbein d.J., nämlich ›Die Geißelung Christi‹, das im Kunstmuseum Basel hängt. Jesus steht an der Martersäule. Einer der drei Pei-niger äfft sein Leiden nach. Dabei ragt die Zunge phallusartig starr und rot aus seinem Mund hervor: ein Bild obszöner Sinn-lichkeit. Der Scherge rechts mit der Peitsche drängt mit seinem starken Penisschutz wie zu einer analen Vergewaltigung auf Jesus ein. Anale Vergewaltigungen des besiegten Feindes waren bei manchen Völkern verbreitet. Die sexuelle Lust kam dabei nicht aus dem Eros, sondern aus der Zerstörung dessen, der stellvertretend für den Vergewaltiger »sterben soll«, damit er seine eigene Todesangst verdrängen konnte. Das Ziel des Sadis-mus in all seinen Ausprägungen – auch bei Törless – ist der unmögliche Triumph über die Thanatophobie.

Wie destruktiv wirkt sich doch die Verdrängung der Todes-angst, das heißt die Verweigerung des schwierigen Verrats und der schrecklichen Neuerung, auch gesellschaftlich aus! Wie schwierig ist es, diesen Teufelskreis zu durchbrechen! Törless wurde von seinen Eltern in ein Konvikt geschickt, in dem die Söhne der besten Familien des Landes ihre Ausbildung erhiel-ten. Ob sie nun später in den Militär- oder Staatsdienst eintra-ten, in allen Fällen »galt es als besondere Empfehlung, im Kon-vikte zu W. aufgewachsen zu sein«. So unverblümt wie in der Beziehung zu einem Basini wird im späteren Leben eines Tör-less die Destruktivität als Folge der verdrängten Todes- und Wandlungslust wohl nicht mehr in Erscheinung treten. Die gesellschaftlichen Formen dämpfen die Vor-Stöße der unter-schwelligen Destruktivität. Doch angestaut in verspannten Muskeln von Millionen verklemmter Menschen, bricht die Zer-störungswut auf einmal kollektiv aus, anscheinend ein Beweis dafür, »daß es halt ab und zu Krieg geben muß«.

Zwar sind die moralischen Zwänge der bürgerlichen Gesellschaft schwächer als um die Jahrhundertwende. An ihre Stelle sind jedoch zum Teil die äußere Bedrohung durch eine globale Katastrophe und eine ständige im Wachstum begriffene Zahl von Sachzwängen getreten. Diese zusammen schaffen eine ähnliche Steigerung der Thanataphobie wie die moralischen Zwänge zur Zeit des Zöglings Törless.

Die Angst vor dem schwierigen Verrat als Ausdruck der Thanatophobie tritt in folgendem Beispiel aus meiner Praxis deutlich zutage. Es soll Sie einen Schritt weiterführen. Ich erzähle es, damit Sie zum Schluß dieses Kapitels den psychoenergetischen Ansatz in der Therapie besser nachvollziehen können.

Vor mir saß eine Frau mit hochgezogenem Schultergürtel, verspannten Armen und geballten Fäusten. Auf meine Frage, was sie fühle, antwortete sie: »Nichts. Leere. Gleichgültigkeit. Alles scheißt mich an.« Einige Zeit sagte ich nichts, um zu spüren, welche Emotion sich in mir regte. Doch begann ich mich müde zu fühlen und wünschte mir, die Sitzung wäre zu Ende. Kurz darauf wurde mir klar, daß ich durch meine Müdigkeit einer negativen Emotion der jungen Frau auswich, die in mir schwingen wollte, weil sie in ihr noch nicht schwingen konnte. Ich hatte mich also von der Abwehr meiner Klientin anstecken lassen. So versuchte ich, meine Gefühlsaufmerksamkeit so weit wie möglich zu öffnen, um im direkten Gewahrsein der Frau meine Abneigung gegen deren unbewußte negative Emotion aufzulösen.

Nach und nach bekam ich eine Wut, die sich rasch steigerte. Diese richtete sich zunächst »ganz natürlich« gegen die Frau, die an meinen Nerven zehrte. Dann realisierte ich, daß meine Wut ein weiteres Abwehrmanöver war, um nicht in der negativen Emotion der Frau mitzuschwingen. Statt mich mit ihr zu verbünden, war ich dabei, mich gegen sie abzugrenzen. Als ich dies begriff, begann ich mich zunehmend wohl zu fühlen. Warum nur? Noch immer empfand ich die gleiche Wut, aber es war nicht mehr eine Wut gegen die Frau, sondern eine Wut mit ihr. Als Resonanzkörper ihrer Wut war ich voll und ganz in Verbindung mit ihr. Die dicke Luft von vorher hatte sich verflüchtigt. Es wurde angenehm frisch im Raum. Die Frau begann zu reden, irgend etwas, wie mir schien. Sie erzählte mir nämlich Geschichten über ihren Mann: wie tüchtig er im Beruf und wie geachtet er überall sei. Die Atmosphäre von Wohlbehagen breitete sich noch weiter im Raum aus. Wie wenig Zeit ihr Mann leider privat habe, fuhr sie dann fort.

Auf einmal begann sie zu *weinen*. Die atmosphärische Intensität verdichtete sich. Ich bemerkte, daß sich ihr Körper ein wenig gelockert hatte. Immer noch spürte ich unverändert meine Wut, *unsere* Wut, trotz der großen Traurigkeit, die die Frau verbreitete. Es kam mir vor, als würden wir gemeinsam an einem Ball bleiben, der uns unentwegt nach allen Seiten hin entwischen wollte.

Auf einmal ließ die Frau ihre Schultern in einer kleinen, natürlichen Bewegung nach unten sinken – nicht entmutigt nach vorne hängen! –, wie um über die Muskelkraft der Schultern und Arme frei verfügen zu können. Gleichzeitig wandelte sich ihr Weinen in empörte, schluchzende Ausrufe, wie: »Dieser Dreckskerl. Dieses Arbeitstier. Läßt mich hocken. Und ich verkomme, ich verkomme wirklich!« Dann brach die Wut in erschütternder Heftigkeit aus ihr heraus. Ich fragte sie, nachdem die ersten Wutstöße bei ihr ein wenig verebbt waren, ich aber dennoch mit unveränderter Kraft die gleiche Wut in mir spürte: »Auf wen sind Sie wütend?« Und sie nach längerem, aufmerksamem, schweigendem Insichgehen: »Auf meinen Vater.« Nun verebbten die Wellen unserer Wut. Eine gleichmäßige, sanft und innig ziehende Strömung bewegte uns beide.

Im Sinne der Psychoenergetik hatte ich nichts anderes getan, als im Überschreiten meiner Ichgrenzen das Schwingungsmuster der eigentlichen Emotion des Du mir gegenüber zuzulassen. Dadurch wurde in diesem ein ganzheitlicher Prozeß in Gang gesetzt. Ohne es zu wissen, hatte die Frau auf mich eine leichte, gebremste Schwingung übertragen. Diese breitete sich in mir aus, so daß ich ihr die nun verstärkte Schwingung zurückgeben konnte.

Die Körperverspannungen der Frau waren psychischen Ursprungs. Auf dem gleichen psychischen Weg, wie sie entstanden waren, konnten sie sich ganz natürlich lösen. Wenn Verspannungen nicht so korrigiert werden, wie sie entstanden sind, nämlich auf psychischem Weg, besteht die Gefahr, daß die alten körperlichen Blockierungen nach einiger Zeit wieder einsetzen. Diese Gefahr hat übrigens bereits Alexander Lowen erkannt.

Deshalb ist die Psychoenergetik eine wichtige Ergänzung zur Bioenergetik. Diese geht oft bereits psychoenergetisch vor. Die Bewußtmachung dieses Vorgehens jedoch steigert seine Wirksamkeit.

Das psychoenergetische Vorgehen in der Therapie gründet in der archaischen, instinktverbundenen Erfahrung unserer Tierseele. Ein französischer Troubadour ruft in einem Lied aus: »Ich bin wie ein Elefant, der nur aufsteht, wenn die Stimmen der anderen Elefanten ihn aufheben.« Stimme ist körperlich-seelische Schwingung. Die aus Entmutigung und Angst zaghaft gewordene Schwingung bedarf zu ihrer Neubelebung der verwandten Schwingung eines anderen Menschen, in der sie selber wieder an- und mitschwingen kann, bis ihr eigener Lebensrhythmus neu erstarkt ist.

Ähnliches ahnte wohl der deutsche Romantiker Josef von Eichendorff, als er vor 150 Jahren die berühmte Strophe schrieb: »Schläft ein Lied in allen Dingen, die da träumen fort und fort, und die Welt hebt an zu singen, triffst du nur das Zauberwort.« Das Zauberwort, das auch Sie finden müssen, wenn Sie sich mit einem bestimmten anderen Menschen verbinden möchten, löst eine eingefrorene »Stimmung« und »Gestimmtheit«. Ist der »richtige Ton«, das »stimmige Wort« gefunden, beginnt Ihr Gegenüber zu vibrieren, und in der Ausbreitung dieser ursprünglichen Begegnung zwischen Ihnen beiden »hebt die ganze Welt zu singen an«. Zum Wesen des Eros gehört die Fortpflanzung einer einzigen Schwingung in die Welt hinein. Nur in dieser positiven Erfahrung einer neuen, lebendigen Resonanz kann der schwierige Verrat an alten, bereits toten, starren Beziehungs- und Lebensmustern vollzogen werden. Die junge Frau in meiner Geschichte verriet ihren Vater, gewann jedoch ihr Leben.

Folgendes Zitat aus Hesses ›Steppenwolf‹ faßt das im letzten Kapitel Gesagte zusammen und leitet zu diesem über: »Mit der fortschreitenden Zerstörung dessen, was ich früher meine Persönlichkeit genannt hatte, begann ich auch zu verstehen, warum ich trotz aller Verzweiflung den Tod so entsetzlich hatte fürchten müssen, und begann zu merken, daß auch diese scheußliche und schmähliche Todesfurcht ein Stück meiner alten, bürgerlichen, verlogenen Existenz war.«[1]

Die Todesangst wird durch die bürgerliche Moral verstärkt. Doch hängt sie nicht nur von ihr, sondern allgemeiner von der »condition humaine« ab. Sie gehört zum Menschsein. Ein Tier nimmt so lange den Totstellreflex ein, wie die gegenwärtige Gefahr besteht. Ein Mensch jedoch, geprägt durch Erinnerungen und geführt durch Erwartungen, kann sein ganzes Leben in einem einzigen fortgesetzten Totstellreflex zum Erstarren bringen, solange er nicht zum fließenden Punkt der Gegenwart zurückfindet. Die progressive Zerstörung der eigenen nicht mehr passenden Persönlichkeit ist Aufgabe jedes Menschen. Im Zug der Entwicklung kann das heute Passende morgen unpassend, das heute Lebendige morgen tot sein. Die »fließende Existenz« läßt keine festen Bezugspunkte außerhalb ihrer Bewegung zu.

Paul Watzlawick, ein ehemaliger Absolvent des Zürcher C. G. Jung-Instituts, hat im Anschluß an Jungs dynamische Psychologie der Gegensätze die pragmatischen Konsequenzen einer »fließenden Existenz« herausgearbeitet. Wir neigen dazu, an früher ausreichenden, erfolgreichen Lösungen und Anpassungen auch dann noch festzuhalten, wenn sich die Lebensumstände geändert haben: »Man wendet mehr derselben Lösung an und erreicht damit genau mehr desselben Elends.«[2] Doch reicht diese vernünftige Einsicht nicht aus, um einen an bewährte Verhaltensweisen fixierten Menschen zu motivieren, neue Anpassungs- und Lösungsmuster zu suchen, die der veränderten Situation entsprechen. Denn die Ursache für das Festhalten an alten Mustern ist nicht ein Mangel an Intelligenz und

Einsicht, sondern die den ganzen Menschen emotional lähmende Thanatophobie. Diese muß zunächst auf psychoenergetischen Wege angegangen werden. Die pragmatischen Lösungen kommen an zweiter Stelle.

Die Befreiung aus der ängstlich verzweifelten Existenz, wie Hesse sie beschreibt, geschieht in der Entdeckung einer »Rhythmusidentität«: Tod und Leben werden in den Rhythmen, aus denen unser Leben besteht, zum Beispiel im Atemrhythmus, als Auf und Ab einer einzigen Bewegung erfahren. Dann können wir, wie Ken Wilber schreibt, »mit jedem Ausatmen Körper, Geist und Seele ganz in die Leere entlassen. Bei jedem Ausatmen bedingungslos dem Tod nachgeben heißt, mit jedem Einatmen wiedergeboren ... zu werden.«[3]

Der Tod ist nicht nur einer der beiden Aspekte unserer Rhythmusidentität, sondern auch der notwendige *Kontrasthintergrund* für unsere Lebenslust. Wer ganz und gar im Augenblick lebt, hat – wie bereits erwähnt – das beglückende Gefühl, immer wieder aus dem Nichts in die Existenz gerufen zu werden. Jeder Ton, den Sie hören, jedes Bild, das Sie sehen, jeder Duft, den Ihre Nase auffängt, bekommt in der Gestimmtheit intensiver Gegenwart die Morgenfrische einer Neuschöpfung. Das Nichts als Hintergrund des Lebens ist die Ursprungserfahrung der Schöpfung aus dem Nichts.

Bis in die ersten christlichen Jahrhunderte hinein gab es bei den Germanen traditionelle heidnische Bräuche, »bei denen Menschenmengen – nackt, rasend, Schwerter schwingend – auf den Friedhöfen über die Gräber tanzten ... Der Tod war Anlaß zur Erneuerung des Lebens. Der Tanz mit den Toten auf ihren Gräbern war eine Gelegenheit zur bejahenden Freude darüber, am Leben zu sein.«[4] Der kosmische Tänzer Schiwa aus der indischen Mythologie *tanzt* seinen Flammen sprühenden, Energie anziehenden und herausschleudernden ewigen Tanz der Schöpfung und Zerstörung, der Geburt und des Todes, auf dem Dämon der Unachtsamkeit. Diesen müssen wir überwinden, damit wir unserer Rhythmusidentität von Leben und Tod gewahr werden und die Lebensenergie aktivieren. Das Gegenteil der Unachtsamkeit ist die Gefühlsaufmerksamkeit als Ausdruck unserer Achtung vor der Realität.

Der orgastische *Tanz auf dem Friedhof* war Ausdruck der

sich schaffenden Lebenslust. Wohlverstanden: Er hatte nicht die Bedeutung einer magischen Angstabwehr des Todes. Sondern das Leben entfaltete sich im eigentlichen Sinne auf dem »Boden« des Todes. Der einzelne ist ein Funke im kosmischen Flammenkreis von Leben und Tod.

Die christliche Kirche bekämpfte den Tanz auf dem Friedhof als heidnischen Brauch und ersetzte ihn im späten Mittelalter durch das morbide *Memento mori*: Wir sollen uns immer *erinnern*, daß wir *eines Tages* sterben werden. So sind wir denn in jedem Augenblick eingeklemmt zwischen einer düsteren Erinnerung und einer ebenso düsteren Erwartung. Die Gegenwart erstickt zwischen Vergangenheit und Zukunft. Der Augenblick wird nicht mehr aus dem schöpferischen Nichts entlassen, sondern von allen Seiten her in den Tod gesaugt. Jeder müht sich damit ab, mit seiner eigenen Sterblichkeit individuell durchs Leben zu tanzen. Der Tod wird aus seinem kosmischen Zusammenhang herausgerissen, und das Individuum verliert seine Rhythmusidentität. An die Stelle der Relativierung des Todes durch das Leben tritt die Relativierung des Lebens durch den Tod. »In der Gestalt seines Körpers trägt Jedermann seinen eigenen Tod mit sich und tanzt mit ihm durchs Leben.«[5] So kommt es zum Ausruf der christlichen Mystik: »O monstrum vitae, et mortis profunditas«: »O Ungeheuer des Lebens und Tiefe des Todes«. Keine Religion setzt den Menschen einem solchen Todessog aus wie die christliche. Wie beweglich kommt uns im Gegensatz dazu folgendes Zitat von Tagore entgegen: »Der Tod gehört zum Leben wie die Geburt. Das Gehen vollzieht sich im Heben wie im Aufsetzen des Fußes.«

Je weniger wir leben, desto wichtiger nehmen wir uns. Das »ewige Leben«, sofern es nicht als die Intensität des gegenwärtigen Augenblicks, sondern als »Leben nach dem Tode« verstanden wird, ist Folge unserer Thanatophobie. Wenn der Tod gefürchtet und das Leben gescheut wird, kommt es zur Projektion des Lebens auf den Tod. Bezogen auf Ihr Leben in der Gegenwart dagegen sind Sie ganz mit dieser identisch. Sie verbinden sich dann, ohne dies ausdrücklich anzustreben, organisch mit der Sie umgebenden Welt, weil die gleiche, alle Bereiche durchflutende Energie Sie verbindet. Welche Freiheit!

Welche Enge dagegen, wenn ich durch ängstliche Identifikation mit meinem blockierten Ich und ungelebten Leben dem Wunsch Raum gäbe, mein individuelles Selbst müsse ewig leben: Wahrhaftig, eine *armselige »Unsterblichkeit«*! Das Leben würde bis jenseits des Todes hinausgezögert.

In den ersten zwei Jahren meiner seelsorglichen Tätigkeit besuchte ich regelmäßig Schwerkranke und Sterbende. Dabei fiel mir etwas auf, was ich damals noch nicht begreifen konnte. Zu Beginn einer schweren Krankheit klammerten sich die Menschen oft krampfhaft an die Vorstellung eines Lebens nach dem Tode und unternahmen *gleichzeitig,* sofern es ihr Gesundheitszustand zuließ, alles mögliche, wie etwa Wallfahrten, um für ihr Weiterleben in dieser Welt zu kämpfen: an sich ein gesunder, natürlicher Kampf. Doch wirkte dieser bei Menschen, die wenig gelebt hatten, auf mich oft unnatürlich verbissen.

Bei fortschreitender Krankheit sprachen die meisten immer seltener sowohl von ihrem Wunsch nach Genesung als auch von einem Leben nach dem Tode. Beide Entwicklungen liefen oft auffällig parallel. Ein Zusammenhang zwischen beiden drängt sich folglich auf. Wenn die Lebensenergie in einem Individuum langsam erlischt, gehen gleichzeitig der Wunsch nach Verlängerung des Lebens im Diesseits und das Verlangen nach seiner Fortsetzung im Jenseits zurück. So sagte mir eine sehr fromme Frau, die vor ihrer Krankheit im Zusammenhang mit den damals gerade erschienenen ›Interviews mit Sterbenden‹ von Elisabeth Kübler-Ross engagiert für ein Leben nach dem Tod plädiert hatte, auf dem Sterbebett: »Ich weiß nicht, ob es nach dem Tode etwas gibt. Ich bete kaum mehr. Es ist alles nicht mehr so wichtig.«

Diese Aussage bleibt mir als Tenor vieler ähnlicher Mitteilungen von Schwerkranken und Sterbenden noch nach achtzehn Jahren deutlich in Erinnerung. Solche Sätze wurden keineswegs in einem traurigen, resignierten oder gar verzweifelten Ton geäußert. Die Frau, die ich soeben erwähnt habe, war in den letzten Wochen ihres Lebens oft heiter und lachte mehr, als ich sie früher hatte lachen hören. Ähnliches berichtete mir ein Bekannter von seiner sterbenden Mutter. Das Nachher wird für solche Menschen unwichtig. Denn im Augenblick geht es nur um das völlige Loslassen und die prozeßhafte Auflösung in das Ganze der Welt hinein. Ebenfalls fiel mir bei diesen Schwerkranken auf, daß sie oft – im Gegensatz zu früher – eine wohltuende Direktheit, Freiheit, Offenheit ausstrahlten. Diese Echtheit und menschliche Reife hätte ich manchen von ihnen früher nicht zugetraut.

Ich spreche hier natürlich nur von solchen Menschen, die ohne allzu quälende körperliche Schmerzen sterben durften und die zum Sterben Zeit hatten. Die anderen, abrupt in ihrem Lebensfluß gestaut, klammerten sich in verständlicher und natürlicher Todesfurcht am Leben fest und äußerten oft voller Angst die Frage nach einem Weiterleben nach dem Tode. Das langsame Hineinschwingen in einen größeren Rhythmus war ihnen verwehrt. So fielen sie aus begreiflichen Gründen in den letzten Stunden oder Tagen ihres Lebens der Illusion eines »ewigen Individuums« zum Opfer.

Wohl aus dem gleichen Grund sehen viele Menschen im Koma als abgespaltene Beobachter ihren leblos daliegenden Körper wie schwebend aus einer gewissen Distanz von oben her. Daraus einen Beweis für das ewige Leben des Individuums abzuleiten, wäre naives Wunschdenken. Der noch lebende Zuschauer seiner selbst kompensiert den sterbend daliegenden Körper. Doch beide löschen zusammen aus, weil sie eine untrennbare Einheit bilden. – Ich weiß, daß die christlichen Theologen unter Ewigkeit nicht »fortdauernde Zeit« verstehen. Doch so sieht es der Volksglaube. Das Entscheidende ist, daß sowohl von den »offiziellen« Theologien als auch vom Volksglauben an der Unzerstörbarkeit des einzelnen Individuums festgehalten wird.

Der Wunsch nach individuellem Weiterleben nach dem Tod ist einer jener Versuche, »Energie zu speichern«, von denen die Rede war. Der Friede kommt durch das Nachgeben oft erst in den letzten Stunden vor dem Tod. Solange ein Schwerkranker vom Weiterleben nach dem Tode spricht, sind bei ihm meist Angst und Verkrampfung zu spüren. Wenn dann das »ewige Leben nicht mehr so wichtig ist«, weicht die Verkrampfung einer oft heiteren Gelöstheit. Es ist wohl das Bewußtsein der weiteren kosmischen Identität, das den Sufi Inayat Khan sagen läßt: »Es gibt so etwas wie Sterblichkeit gar nicht, außer als Illusion und als Eindruck dieser Illusion, den der Mensch sein Leben lang als ständige Angst in sich trägt.«[6]

166

Als ich selbst kurz vor meiner schweren Operation meine Frau Heike fragte: »Werde ich sterben?«, war in mir kein Raum für den Gedanken an ein Leben nach dem Tode, denn ich war ganz und gar identisch mit dieser Begegnung, der vielleicht letzten mit ihr.

Gustav Aschenbachs Sterben in Thomas Manns Erzählung ›Der Tod in Venedig‹ ist vor allem seit Viscontis Verfilmung für viele zu einem mythologischen Bild des Loslassens im Sterben geworden. Morbides und Selbstzerstörerisches, das sich im Laufe der Erzählung zunächst steigert, löst sich zum Schluß in eine reife Parabel des Sterbens auf.

Der alternde Aschenbach, dessen Leben an Antrieb und Aufschwung verloren hat, verliebt sich in Venedig in den schönen polnischen Knaben Tadzio, der für ihn ein Bild ständigen Werdens und Vergehens, ein Symbol für die Erneuerung im Kreislauf von Leben und Tod bedeutet. Aschenbach folgt mit letzter Hingabe des Knaben Bewegung, zunächst nur mit den Augen, dann auch auf vielen Irrwegen durch ein labyrinthisches Venedig.

Es ist von vornherein klar, daß mit dieser »Nachfolge« nicht eine reale äußere Beziehung gemeint sein kann. Kein Wort wechseln die beiden miteinander. Nur ein Lächeln des Jungen von Zeit zu Zeit lockt den Alternden erneut in die gemeinsame Bewegung. Die Verschmelzung des Todgeweihten mit dem sich erneuernden Leben ist der Sinn auch der letzten Blickverbindung zwischen den beiden. Im Sterben sieht Aschenbach Tadzio ins Meer hinausschreiten: »Indes sein Antlitz den schlaffen, innig versunkenen Ausdruck tiefen Schlummers zeigte«, sahen seine Augen »den bleichen und lieblichen Psychagogen, der dort draußen ihm zuzulächeln, zu winken schien«. Aschenbach will sein Leben nicht festhalten. Denn Tadzio ist, wie Aschenbach ihn mit seinem letzten, seinem neuen Blick sieht, »vom Festland geschieden durch breite Wasser, ... eine höchst abgesonderte und verbindungslose Erscheinung, mit flatterndem Haar, dort draußen im Meere, im Winde, vorm Nebelhaft-Grenzenlosen«. Tadzio, der Seelengeleiter, führt Aschenbach ins grenzenlose Meer, in den heimatlosen Wind, in den unendlichen Horizont, in die Welt als Ganzes, die Formen verschlingt und Formen gebiert.

Tadzio kann dank seinem jugendlichen Alter und seiner überindividuellen Schönheit für den sterbenden Aschenbach das Leben versinnbilden, das weitergeht. Das Leben ist sein Geleiter in den Tod. Der Eros, den Tadzio in Aschenbach weckt, bedeutet dessen letzte Hingabe ans Leben, nicht an sein eigenes, individuelles, sondern ans Leben überhaupt. Auf dem Gipfel dieser Hingabe kann er sterben. Hingabe des einzelnen bedeutet immer »Hineingabe« in die Welt. Aschenbachs Tod ist der Übergang von einer Welle zur anderen. Seine Blickverbindung mit Tadzios Augen ist der ewige Augenblick einer Erleuchtung: »Meine Grenzen sind keine Grenzen. Schon immer lebte ich hinein ins Lebensganze, doch wußte ich es nicht.« In diesem Blick, diesem Augen-Blick, stirbt Aschenbach. Ein Individuum erlöscht, das es als »ewiges Licht« nicht gibt. Eine Illusion löst sich befreiend auf. Der Tod bricht unseren letzten Widerstand gegen die einfachste Wahrheit, nämlich: Wir sind fließende und zerfließende Bewegung eines umfassenden Bewegungsmusters. Aschenbach hat die Lebensfackel an einen, der auf der Schwelle zum Mannesalter steht, weitergegeben. Sein Abschied ist Aufbruch, sein Sterben Geburt. Noch im Sterben hat er gelebt und »auf dem Friedhof getanzt«.

Eine letzte Versuchung mußte er kurz vor seinem Tod, den ich soeben beschrieben habe, bestehen. Aschenbach folgt Tadzios Kampf mit dem kräftigeren Jaschu, »der rasch mit dem Fall des schwächeren Schönen endet«. Der Sieger »drückte, auf seinem Rücken kniend, dessen Gesicht so anhaltend in den Sand, daß Tadzio, ohnehin vom Kampf außer Atem, zu ersticken drohte. Seine Versuche, den Lastenden abzuschütteln, waren krampfhaft, sie unterblieben auf Augenblicke ganz und wiederholten sich nur noch als Zucken.« Ohne Zweifel: Aschenbach bangt, sein eigenes Sterben auf Tadzio projizierend, um dessen Leben. Die überspannte Wahrnehmung dieser gewöhnlichen Rauferei unter Jungen zeigt Aschenbachs letzte Versuchung, letzten Zweifel, letzte Angst: Wird mit ihm alles Leben sterben, geht die Welt unter, wenn er untergeht? Diese Vorstellung ist die letzte Möglichkeit zur Selbstzerstörung: Das Individuum setzt sich im Sterben an die Stelle der Welt, statt das Feuer weiterzureichen. Doch Aschenbach widersteht der Versuchung des alternden Menschen, im Blick auf die aufgehende Jugend nur den Untergang zu sehen, statt dem eigenen Untergang Sinn, Verbindung, Lebendigkeit zu geben. Tadzio erhebt sich vom sandigen Boden und schreitet ins Meer hinaus. Gustav Aschenbach ist bereit zu sterben.

Sie erinnern sich an den Bischof, der als Leitspruch für sein Amt die zwei Worte »semper idem« – »immer der Gleiche« wählte. Im Gegensatz zu dieser *verschlossenen, statischen Identität*, die sich nach vorgegebenen Normen richtet, steht die *offene, dynamische Identität*, die auf Erfahrungen gründet, wie ich sie Ihnen in diesem Kapitel vermitteln möchte. Auch die Frage wird uns beschäftigen, warum gerade am heutigen Punkt unserer Zivilisationsgeschichte die Sehnsucht nach einer offenen Identität so groß geworden ist. Diese bedeutet die Befreiung zur *Lebensbewegung des Eros* – zu einer immer umfassenderen Bezogenheit auf die Welt in der Liebe –, die allein das Überleben der Menschheit sichern kann.

Sie kennen sicher die intensive Erfahrung der Identität durch einen *Identitätsverzicht*. Nehmen Sie einmal an, Sie fühlen sich seit Tagen nervös und verstimmt. Ihr Mißmut entspricht einem Lebensgefühl, an dem Sie öfters leiden. Man kann schließlich nicht ständig frisch sein, so begründen Sie vielleicht Ihre negative Stimmung. Wenn man »schafft«, ist man halt abgeschafft, durch die Anstrengung abgeschlafft, durch die Anspannung abgespannt und ganz allgemein durch den Lebenskampf verkrampft. Alltag ist so. Es kann nicht immer Feierabend, Feierstunde, Feiertag sein. Mitten im Griesgram Ihrer grauen Stimmung treffen Sie zufällig einen Menschen, den Sie gerne mögen. Auf einmal erleben Sie einen seelischen Wetterwechsel. Die Welt wird farbig, die festen Formen der Häuser, Menschen, Landschaften geraten in eine lustige Bewegung. Sind Sie in einer belebten Straße, ärgern Sie sich nicht mehr über die vielen Leute, denen Sie ständig ausweichen müssen. Flüssig bezogen auf die Umwelt, gehen Sie beweglich Ihren Weg. Wie leicht ist das auf einmal, da der Mensch, den Sie mögen, mit Ihnen geht!

Achten Sie auch darauf, was sich jetzt in Ihrem Körper als Folge des seelischen Wetterwechsels abspielt. Es ist wie ein feines, belebendes Kribbeln, das durch Sie geht. Die Lebensenergie bildet im Individuum keinen geschlossenen Kreislauf, wie etwa der Blutkreislauf oder der Atem. Im Körper erleben

Sie sinnenfällig, daß Sie lebendig geworden sind. Wodurch? Durch die unwillkürliche Öffnung der Sympathie für diesen Menschen. Doch nicht nur aus ihm strömt Ihnen Energie zu. Eine wirkliche Öffnung der Identität kann nicht begrenzt sein: Jetzt nehmen Sie ein Kind wahr, das lacht, einen Ball, der hoch in die Luft fliegt, einen Baum, der knarrt. Durch Ihre Begegnung sind Sie grundsätzlich offen geworden, auch wenn Sie konkret gegen vieles noch verschlossen sind. Leben durchwirbelt Sie. Sie geben und nehmen gleichzeitig. Sie fragen sich nicht mehr: »Bin ich dies oder jenes?« Alternativfragen zur eigenen Identität können Zeichen eines gehemmten Lebensflusses sein.

Natürlich sind Sie nicht identisch mit diesem oder jenem Menschen, dem Sie begegnen, sondern in mancherlei Hinsicht einmalig und etwas Besonderes. Was aber jetzt in Ihrer unwillkürlichen Öffnung und Verbindung als Identitätsgefühl dominiert, ist nicht das feste Lebensmuster, mit dem Sie sich sonst identifizieren und durch das Sie sich von anderen unterscheiden. Es ist eigentlich gar nichts Inhaltliches, was Sie in diesem Moment, da Sie sich auftun, als Ihre Identität erfahren. Ihr Identitätsgefühl beschränkt sich auf das Da-Sein, Dabei-Sein, Mit-Sein. Was Sie konkret sehen und erleben, ist weniger wichtig als Ihre Haltung der aufmerksamen Offenheit.

Ohne daran zu denken, verzichten Sie darauf, das zu tun, was Sie in Zeiten der Stockung und des Mißmuts immer tun, nämlich einen statischen Querschnitt durch Ihr Leben zu machen, um sich wenigstens sagen zu können: »So also bin ich. Das ist zwar scheußlich, aber immerhin beruhigend. Ich kann mich definieren.« Jetzt sind Sie auf diese abstrakte Beruhigung nicht mehr angewiesen. Vorher waren Sie unbeweglich und nervös zugleich. Jetzt gehen Sie in einem ruhigen Rhythmus mit dem Leben. Sie haben Ihre Identität in der Bewegung gefunden.

In Ovids Metamorphosen lesen wir über Narziß, der sich im Wasserspiegel betrachtet: »*Reglos* staunt er sich an, mit *unbeweglichem* Antlitz, *starr* eine *Statue* gleich, die aus parischem Marmor geformt ist.«[1] Der in sich gefangene Mensch ist starr. In der Erfahrung der verbindenden Bewegung dagegen finden wir unsere Identität. Der griechische Philosoph Heraklit, für den »alles fließt«, zog Spiele mit Kindern allen anderen Beschäftigungen vor. Im Spiel versunkene Kinder sind gleichzeitig ruhig und in ständiger Bewegung. So fühlen auch Sie sich in Ihrer neuen Gestimmtheit.

Ohne es zu beabsichtigen, haben Sie also auf Ihre Identität verzichtet und dabei Ihre Identität gefunden. Auf einmal erleben Sie, was zu tun Ihre Hände fähig sind, was zu denken Ihr Kopf imstande ist, auf welche eigene Art und Weise Sie Menschen begegnen, Situationen bewältigen, den Körper Ihres Partners berühren können. Das also sind Sie und wußten es vorher nicht.

Sie können die Gegenprobe zu dieser anregenden Erfahrung machen: Denken Sie eine Weile ernsthaft und konzentriert darüber nach, zu welchen konkreten Leistungen Sie besonders fähig sind, welche Begabungen und Eigenschaften Sie als Individuum haben, wie Sie auf andere Menschen spezifisch wirken, kurz, wer Sie sind und wie Sie ihre Identität inhaltlich definieren können. Denken Sie lange, ohne abzuschweifen, darüber nach. Fühlen Sie sich etwas unwohl? Beharren Sie trotzdem darauf, Ihre Selbstbeobachtung weiterzuführen. Sie wollen doch unbedingt wissen, wer Sie sind.

Was ist geschehen? Sie haben Ihr Identitätsgefühl von vorhin verloren. Was Sie jetzt krampfhaft als Ihre Identität konstruieren, ist Resultat einer Kopfarbeit. Ohne Zweifel: alles, was Ihnen eingefallen ist, gehört auch zu Ihnen. Doch Ihre eigentliche Identitätserfahrung ist viel ursprünglicher. Sie ist umfassendes Gewahr- und Bezogensein, das Ihre Lebensmöglichkeiten aktiviert. Da sind Sie an einen Strom angeschlossen, der im wesentlichen nichts Individuelles ist und daher Individuen verbinden kann. Jetzt gehören Sie und die Welt zusammen. Trotzdem waren Sie als Individuum noch nie so frei und unabhängig, so »individuell« wie jetzt. Dieses Paradox macht Ihre neue Identitätserfahrung aus.

Wenn Sie um diese wissen, sind Sie nicht mehr auf spontane Begegnungen und glückliche Zufälle angewiesen, um sich in ihr wiederzufinden. Achten Sie immer wieder auf Ihren Körper: ein Kribbeln da, ein Jucken dort, ein leichter Schmerz an der alten Stelle, ein Angstgefühl in der Brust: Sie leben. Bleiben Sie noch etwas dabei. Nach und nach stellt sich ein einheitlicheres Fluten der Energie ein, die gleiche Verbundenheit nach innen und außen: Phantasien und Ideen purzeln locker aus Ihnen heraus. Im Nachbarhaus spielt ein Radio. Die Musik stört Sie nicht; sie kommt und zieht weiter. Sie sehen zum ersten Mal an einem Ort eine Blume, an dem Sie viermal am Tag vorbeigehen.

Es ist ganz natürlich, daß Sie ab und zu Bilanz ziehen und »Identitätsquerschnitte« machen. Doch verweilen Sie nur so lange dabei, als es für Sie nötig ist. Das ist nicht Ihr Leben. Eigentlich ist Ihr Ich nichts anderes als diese präsente, wache, offene Aufmerksamkeit. Für den Philosophen Martin Buber liegt die Identität im Zwischen: weder im Ich noch im Du. Ich bezeichne sie deshalb auch als *Beziehungsidentität*: Eine energetische Identität, die Sie mit anderen Menschen, aber auch mit Tieren, Pflanzen und der übrigen Welt an dem Ort verbindet, wo Sie gerade sind. Im Lichte der Beziehungsidentität meint die Sehnsucht des Individuums nach *Ein*maligkeit nicht in erster Linie dessen Unterschiedenheit von anderen, sondern zunächst einfach ungeteiltes Gewahrsein, in dem es *eins* wird, also die Überwindung der Unachtsamkeit, Zerstreutheit, Unentschlossenheit, Ver-zweiflung: Die *Einmalig*keit im »*nur einen Mal*« dieses Augenblicks.

Je nach Zusammenhang bezeichne ich die Identitätserfahrung, in die einzudringen wir im Begriffe sind, als *offene Identität, Bewegungsidentität, Rhythmusidentität, energetische Identität* oder *Beziehungsidentität*. Ich gehe sparsam mit dem Begriff der *kosmischen Identität* um, der einem grandiosen Mystizismus und passiven »ozeanischen« Stimmungen Vorschub leisten könnte. Von meinem längeren Aufenthalt in Indien her weiß ich aus eigener Anschauung, daß für westliche Menschen die Gefahr der inflativen Flucht in bloß empfundene, aber nicht zum Lebensvollzug motivierende Begriffe der fernöstlichen Philosophie groß ist. Dagegen bedeutete zum Beispiel für den indischen Philosophen Aurobindo, den Begründer des Integralen Yoga, und Teilhard de Chardin das *kosmische Bewußtsein* eine gleichzeitig mystische und zu einzelnen Schritten motivierende Erfahrung, die sich auch im pädagogischen, sozialen und politischen Engagement auswirkt.

Dank der Auffassung einer letztlich inhaltsfreien Identität verlieren unsere *Identifizierungen* den Charakter des Absoluten und Allgemeingültigen und bekommen etwas Spielerisches.[2] Sogar mit unserem Körper, den wir doch im Gewahrsein des Energieflusses intensiver denn je spüren, können wir uns nicht mehr ganz identifizieren, weil die Beziehungsidentität über den eigenen Körper hinausführt, auch die Körperidentität sprengt. Auf allen Stufen seelischer Entwicklung, angefangen bei der unbewußten, symbiotischen »Dualunion« von Mutter und Kleinkind, ist unsere Identität eine Beziehungsidentität. Das Ich entfaltet und stärkt sich nicht *gegen* Beziehungen, sondern *innerhalb* gelungener Beziehungen. Auch Trotz- und Abgrenzungsphasen geschehen ja innerhalb von Beziehungen. Darum fördert die Psychoenergetik die Erfahrung der inhaltsfreien Beziehungsidentität. Nur diese ermöglicht die Ausformung stärkerer und flexiblerer »Ich-Strukturen«, die Bewußtmachung von Verdrängungen und die Belebung des Entwicklungspotentials. Die Beziehungsidentität stimuliert den Energiefluß und verhindert dessen Umkehrung in Isolierung und Selbstzerstörung.

Sie ist das Gegenteil der psychischen Entgrenzung in der Überschwemmung des Ich durch Unbewußtes oder der »Folie à deux«, das heißt der zerstörerischen, totalen Verschmelzung zweier Menschen in einem gemeinsamen Wahn. Ich habe bereits den Bedeutungsunterschied in den gemeinsamen zentralen Begriffen der Schizophrenie und des Buddhismus wie Leere, Nichts, Spiegel, »Entselbstung« und »Substanzlosigkeit« herausgearbeitet. Dabei wurde deutlich, daß die Entgrenzung des Individuums in der Schizophrenie der offenen Beziehungsidentität in der Psychologie des Buddhismus entgegengesetzt ist.

Die als solche bewußt gewordene Beziehungsidentität läßt Sie leichter mit der *Furcht vor dem Versuch* fertig werden und etwas Neues, worauf Sie Lust haben, anpacken. In Shakespeares Drama ›Maß für Maß‹ sagt Lucio: »Unsere Zweifel sind Verräter und bringen uns um das Gute, was wir oft gewinnen können, durch die Furcht vor dem Versuch.« Rigide Moralvorstellungen entzweien uns mit uns selber, weil sie wichtige, sozial nicht konforme Anteile unserer Natur ausgrenzen. Daher läßt Shakespeare in ähnlichem Sinne Marianne sagen: »Man sagt, die besten Menschen haben Fehler, und meistens werden sie viel besser, wenn sie etwas schlecht gewesen sind.« Für C. G. Jung werden unsere hartnäckigen Probleme oft erst dadurch gelöst, daß wir sie »überwachsen«.

Selbstzerstörerische Lebensmuster müssen von ihrer Wurzel, nämlich der verschlossenen Identität her angegangen werden, die Angst vor Öffnung und Wachstum bedeutet. In der Einstellung einer offenen Beziehungsidentität dagegen entziehen wir dem ausgetrockneten Flußbett und der leeren Hülse eines überlebten Lebens und unser Interesse, wenn es Zeit dazu ist. So kann es eines natürlichen Todes sterben, statt daß wir uns selber vor der Zeit in unnatürlicher Weise zugrunde richten. Erst jetzt wird die Auseinandersetzung mit den durch Energieentzug lockerer und zugänglicher gewordenen Problemen möglich. Solange Sie sich etwa an einer abgestorbenen Beziehung festklammern, tappen alle Gespräche über diese im dunkeln. Sobald Sie sich jedoch von ihr gelöst haben, können Sie anfangen, deren Problematik zu begreifen. Gleichzeitig werden Sie gefühlshaft offen für die Welt: Sie erlernen die erotische Einstellung.

Durch die offene Beziehungsidentität finden wir den Zugang zur *dritten Dimension des Unbewußten.* Dieses »enthält« nicht nur als »persönliches Unbewußtes« Verdrängtes aus der Kindheit (Freud) und als »kollektives Unbewußtes« das allen Menschen gemeinsame seelische Entwicklungspotential (Jung). In seiner tiefsten Schicht, unter allen Prägungen, ist es einfach Nichts, *schöpferisches Nichts,* aus dem wir in jedem Augenblick neu entstehen: die Todesdimension als Urgrund des Lebens, deren wir nur im fließenden Punkt des Augenblicks gewahr werden. Die Notwendigkeit, im Leben zu sterben, zeigt die psychologische Bedeutsamkeit des schöpferischen Nichts als der tiefsten Schicht des Unbewußten. Erreichen wir diese nicht, stehen wir in Gefahr, seelisch zu erstarren. Stoßen wir jedoch zu ihr vor, wandelt sich die Thanatophobie in Kreativität, die »Käfig-Identität« in eine offene Beziehungsidentität. Das *leere Unbewußte,* wie ich diese tiefste Schicht des Unbewußten nenne, ist also alles andere als ein philosophisches Konstrukt. Der Zugang zu ihm ist psychologisch unerläßlich.

Es entspricht unserer Erfahrung, daß es keine Wirklichkeit außerhalb von Bewegung und Wandel gibt. Im *leeren Unbewußten* sind wir mit der ganzen Welt verbunden, die dem gleichen Gesetz von »Stirb und Werde« unterworfen ist, nicht nur mit der individuellen und kollektiven Vergangenheit des Menschen. Obschon das leere Unbewußte ganz unanschaulich ist, ist es doch die unmittelbarste und gleichzeitig umfassendste Dimension des Unbewußten. Zu seiner Umschreibung werden ortende Wörter wie »Inhalt«, »Ebene«, »Schicht«, »Dimension« völlig unzulänglich. Der Begriff des leeren Unbewußten verbindet die Psychologie mit fernöstlichen Anschauungen der Psyche. Er hebt die Spaltung zwischen einem beobachtenden Subjekt und einem beobachteten Objekt auf und wird dadurch »rein subjektiv«, aber auch gleichzeitig »rein objektiv«, wie es den Grundgegebenheiten von Leben und Tod eigen ist. Das macht das leere Unbewußte als Begriff für unseren Verstand so unbefriedigend und als heilende Erfahrung so notwendig. Es ist wichtig, das leere Unbewußte bewußter zu machen und in Beziehung zum persönlichen und kollektiven Unbewußten zu setzen, sowohl um die zugrundeliegende Erfahrung psychologisch zu erschließen als auch um den vielen Menschen unserer Zeit, die ihr Heil richtig in fernöstlichen Lebensimpulsen erahnen, konkrete Heilung zu ermöglichen.

Die Psychoenergetik will die in jeder Mystik implizierte Erfahrung eines leeren Unbewußten mit den bisherigen Auffassungen des Unbewußten verbinden und den therapeutischen Nutzen dieser Verbindung aufzeigen. Das leere Unbewußte ist insofern unbewußt, als seine Bewußtmachung sowohl durch die bekannten Abwehrmechanismen verhindert als auch durch Introspektion, durch Einblick in die Seelentiefe, gefördert werden kann. Es ist kein bloßer Aspekt des kollektiven Unbewußten, da es nicht von der Unanschaulichkeit der Archetypen, sondern von der Todesdimension als psychologischer Grundbedingung seelischen Lebens ausgeht.

Nach diesem theoretischen Exkurs kehre ich zur praktischen Anschauung der offenen Beziehungsidentität zurück, aus deren Erfahrung ich die Existenz eines leeren Unbewußten abgeleitet habe. Martin Buber beschreibt sie folgendermaßen: »Bei sich beginnen, aber nicht bei sich enden; sich erfassen, aber sich nicht mit sich befassen.«[3] Wer sich vor allem mit sich selber, und sei es mit der eigenen Verantwortung und Schuld befaßt, ist in sich gefangen. Psychoenergetisch ist die Nabelschau des um sich selber kreisenden Individuums selbstzerstörerisch, auch wenn sie mit den besten Absichten geschieht. In diesem Sinne warnte Rabbi Gerer in einer Predigt am Versöhnungstag vor der Selbstpeinigung: »Rühr her den Kot, rühr hin den Kot, bleibt's doch immer Kot.«[4]

Unsere Zivilisationsgeschichte war ein langer, mühseliger Weg zur Befreiung des Individuums von der »verschlingenden Mutter« einer Sippe, eines Stammes, eines Volkes, einer Religion oder Ideologie. Von der archaischen Identität mit einem Kollektiv zur Identität des Individuums: Dies war der bisherige Entwicklungsweg des menschlichen Bewußtseins. Heute jedoch empfindet das von der Welt abgeschnittene, isolierte Individuum die Notwendigkeit, den Weg zurückzugehen: aus der Vereinzelung in die Bezogenheit, aus der Isolierung zur Lebensbewegung des Eros, und diesen Weg im Gegensatz zur Vorgeschichte der Menschheit bewußt zu gehen. Wir wollen die Welt, auf die wir um unserer Freiheit willen verzichtet haben, in aller Freiheit wieder in unsere Identität aufnehmen. Von da rührt unser Bedürfnis nach dem Übergang von einer verschlossenen zu einer offenen Identität her. Deshalb suchen immer mehr Menschen nach einer Verbindung zu den im Laufe der Zivilisationsgeschichte ausgegrenzten Bereichen des Körpers, der Emotionen und Empfindungen, der Erde und des Kosmos.

Das vereinzelte Individuum gleicht einem Fisch, der sich selbst in ein zu kleines Aquarium gesteckt hat. Aus Angst vor freieren Gewässern, in denen er früheren Gefahren erneut ausgesetzt wäre, ist er versucht, im Aquarium zu bleiben. Wenn der Lebensraum in einem Aquarium zu begrenzt ist, kommen bestimmte Fischarten um. Goldfische passen ihr Größenwachstum weitgehend der Größe des Aquariums an. Mit einer offenen Identität brauchen Sie kein Aquarium mehr. In spielerischen Versuchen stellen Sie fest, in welche Bereiche Sie sich vorwagen können. Welche Lebensräume Sie sich konkret erschließen, ist weniger wichtig als Ihre Haltung wacher Offenheit und Lebendigkeit: die erotische Einstellung. – Stanislaw Grof schreibt: »Ein wesentliches Merkmal psychischer Gesundheit ist die Fähigkeit, an einfachen und gewöhnlichen Aspekten des Alltagslebens Freude zu haben, an Elementen der

Natur, an menschlichen Beziehungen und Aktivitäten, wie auch am Essen, Schlafen, am Sex und anderen physiologischen Körperprozessen. Diese Freude ist im wesentlichen – von einigen drastischen Ausnahmen abgesehen – von den äußeren Lebensbedingungen unabhängig.«[5]

Der Übergang von einer verschlossenen zu einer offenen Identität geschieht meist nur unter einem konkreten *Leidensdruck,* etwa durch schwierige Anlagen, einen Verlust, eine Krankheit. Wir müssen vom Leben schon schlimm geschüttelt werden, bis wir unser Aquarium mit freien, offenen Gewässern vertauschen. Dies unterstreichen folgende zwei Geschichten:

Eine achtundzwanzigjährige verheiratete Frau träumte in der Nacht, nachdem der Arzt ihr mitgeteilt hatte, sie könne keine eigenen Kinder haben, folgendes: »Ich bin nachts mit einer Freundin in einer öden Dünenlandschaft unterwegs. Meine Freundin fordert mich auf, zurückzuschauen. Ich drehe meinen Kopf und sehe über die Schulter einen Kometen mit einem langen Schweif, der von Osten nach Westen fliegt und untergeht. Als der Komet verlischt, denke ich: ›Ich kann keine Kinder bekommen.‹ Ich schaue in die einsame Dünenlandschaft und sage zu meiner Freundin: ›Ich werde mein ganzes Leben wandernd verbringen.‹«

Die Träumerin empfand ihre Kinderlosigkeit als schweres Unglück. Der Komet, oft Bild eines Unheil bringenden Schicksalsschlages, verlischt endgültig. Jetzt realisiert sie, daß sie ihr ganzes Leben lang als Wanderin in Bewegung bleiben wird. Sie weiß noch nicht, wie sie ihr Dasein sinnvoll gestalten soll. Doch nimmt sie zum ersten Male wahr, daß ihre Identität eine offene ist. Sie kann die große Tragweite des Paradigmawechsels noch nicht ermessen. Dieser einschneidende Traum war für sie der Anfang eines in mancher Hinsicht fruchtbaren und interessanten Lebens.

Schicksalsschläge können Sie mutiger machen. Sie helfen Ihnen, die übermäßige Anpassung an gesellschaftskonformes Verhalten über Bord zu werfen. Das, womit Sie sich bisher fraglos identifiziert haben, ist tot. Dies zwingt Sie zur Distanzierung vom Bisherigen. Wenn Sie in diesem Sinne Ihre Krise wach durchleben, gelangen Sie nicht nur zur angestrebten Neuorientierung, sondern darüber hinaus in Ihrer Grundeinstellung zu einer offenen Beziehungsidentität. Nie mehr werden Sie in einer Identitätshülle so gefangen sein wie in der letzten. Sie sind durchlässiger geworden. Die anfängliche Traurigkeit weicht einer neuen Freiheit und einer Lebenslust, die immer der Spur des stärksten Energiegefälles folgt.

Auch die zweite Geschichte zeigt den Leidensdruck als Voraussetzung für eine offene Beziehungsidentität. Ein bisher angesehener Mann, der wegen eines Vermögensdelikts im Gefängnis saß – ich habe bereits von seiner Frau erzählt –, meinte nach seiner Entlassung: »Mit dem Verlust meines Ansehens habe ich auch etwas gewonnen, nämlich eine innere Unabhängigkeit von Ansehen und Prestige überhaupt. Irgendwie bin ich freier und geschmeidiger geworden.« Diese Aussage wird von Ken Wilber erweitert: Leiden »zwingt uns, in einem besonderen Sinne lebendig zu werden – sorgfältig zu schauen, tief zu empfinden, mit uns selber und mit der Welt auf eine Weise in Berührung zu kommen, die wir bisher vermieden haben«.[6]

In der herrlichen romanischen Kirche Groß Sankt Martin von Köln betrachtete ich vor einem Jahr eine Holzskulptur des Leidensmannes. Dabei machte ich eine bewegende Erfahrung. Zwar durchfurchte tiefer Schmerz das ausdrucksstarke Gesicht. Doch war für mich das Leidensantlitz gleichzeitig wie diaphan: Ein Ausdruck intensivster und hingebungsvollster Liebe leuchtete durch den Schmerz. Die durchscheinende Liebe bestimmte die Ausstrahlung der ganzen Gestalt. Der Leidensmann erschien mir wie das Bild eines Menschen, der in der Hingabe ans Leben das Leiden ständiger Wandlung auf sich nimmt: kein Stellvertreter fremder Schuld, sondern ein Sich-Hingebender an die furchtbare Neuerung, eine Symbolfigur für die erotische Einstellung.

Anläßlich eines Initiationsritus, den der Dalai Lama im August 1985 im schweizerischen Tibet-Zentrum in Rikon vollzog, stellten Mönche in wochenlanger hingebungsvoller Arbeit mit verschiedenfarbigem Sand ein großes Mandala – Schaubild zur meditativen Versenkung – her. Es war ein herrliches, hochdifferenziertes Kunstwerk. Warum wohl hatten es die Mönche aus einem vergänglichen, jedem Wind ausgesetzten Material, nämlich aus Sand, angefertigt? Die Antwort gab der Ritus selber. Mit der gleichen gesammelten, wachen Aufmerksamkeit, mit der die Mönche das Mandala geschaffen hatten, zerstörten sie es wieder. Kein Widerwille gegen diese schreckliche Zerstörung war in ihnen zu spüren, im Gegenteil, nur innige Andacht und ungeteilte Hingabe.

Folgender Traum einer zweiunddreißigjährigen Frau, die in einer hoffnungslosen Ehekrise steckte und trotzdem – wie sie sich ausdrückte – »ums Verrecken«, das heißt um den Preis ihrer Lebendigkeit, ihren Mann von einer Trennung abhalten wollte, zeigt in faszinierender Klarheit die Notwendigkeit, dem Verlust zuzustimmen, in ihn einzustimmen. Er konfrontiert die Träumerin mit dem leeren Unbewußten: der Todesdimension als Grundbedingung des Lebens. Daher erzähle ich ihm zum Schluß dieses Kapitels, ohne ihn in seinen Einzelheiten zu deuten: »Ich sehe mein Gesicht im Spiegel. Es ist durchsichtig. Dahinter sehe ich einen Totenschädel. Meine rechte Hand ist wie von einer heimtückischen Krankheit geschwollen. Ich bin runzelig und alt.«

Nach dem Erwachen fühlt sich die Frau merkwürdig entspannt und glücklich. Etwas in ihr weiß jetzt, daß sie ihren Mann loslassen muß. Sie hat ihn bereits losgelassen. Das Leben ist nichts Festes und Unverrückbares, vielmehr ständiger Abschied. Das machen ihr die drei Spiegelbilder menschlicher Vergänglichkeit bewußt, die von der Berufungsgeschichte des Buddha her bekannt sind, nämlich die Bilder von Alter, Krankheit und Tod. Diese geben auch ihr die Freiheit, Erstarrtes loszulassen und sich erneut auf das Leben einzulassen: Sie wird über ihre rechte Hand wieder verfügen können, das heißt ihre Handlungsfreiheit wiedergewinnen. Von daher rührt ihre Heiterkeit. Zum ersten Mal in ihrem Leben tritt sie mit dem leeren Unbewußten in Verbindung und ahnt die Möglichkeit einer offenen Beziehungsidentität.

Vermutlich war der Mensch seelisch noch nie so unbeweglich wie heute. Der sich ausbreitende narzißtische Typus ist »wellenlos«, ab und zu von einer »wellenlosen Schönheit«, wie sich meine Frau Heike einmal ausdrückte. Seine Bewegungen sind in jedem Fall mechanisch. Er ermangelt völlig der vibrierenden Lebendigkeit. Seine seelische Unbeweglichkeit steht im Kontrast zu seinem beweglichen Lebensstil. Beruf und Wohnsitz werden in unserer Zeit immer häufiger gewechselt, wie die Statistiken berichten; riesige Strecken werden zwischen zwei Mahlzeiten im Flugzeug überflogen, und so weiter. In der äußeren Mobilität kommt die Sehnsucht nach innerer Beweglichkeit zum Ausdruck. Doch ist jene nur Ersatz für diese. In welche Stadt der Erde Sie reisen, überall finden Sie diesen gewandten, verbindlichen, ohne konkrete Abwehr doch abweisenden und diskret distanzierten Menschentypus. Gut organisiert und funktionstüchtig, scheint ihm nichts zu fehlen. Ein neuer Menschenschlag, gut eingepaßt in das affekt- und fehlerfreie, quantifizierende, binäre Computerdenken: ein Beweis – so könnte man meinen – für die fast unbeschränkte Anpassungsfähigkeit des Menschen, diesmal nicht an fremde, von außen aufgezwungene Umweltbedingungen, sondern an Verhältnisse, die er sich selbst im Laufe der letzten Jahrzehnte geschaffen hat.

So zumindest wirken Menschen, die diesem neuen Schlag angehören, von außen. Von innen jedoch fühlen sie sich isoliert, einsam, sinnentleert, ziel- und lustlos, gebremst, gestockt, gehemmt und oft in irgendeiner Form suchtabhängig. Vage Wellen von Angst sind oft die einzigen seelischen Bewegungen, die sie wirklich empfinden.

Und trotzdem: dieser neue Menschentypus bedeutet einen Fortschritt gegenüber dem in unzählige menschliche Abhängigkeiten eingebundenen früheren Menschen. Er hat die *Bewegungssymbiose,* das heißt die unbewußte Verschmelzung und Identifizierung mit den von Generation zu Generation übertragenen Bewegungsmustern aufgegeben. – Als ich vorhin in der

Bäckerei nebenan eine Baguette kaufte, wurde ich zum ersten Mal von dem Töchterchen der Bäckersleute bedient. Die letzten Tage stand immer die Mutter hinter dem Ladentisch. Jedesmal hatte mich die Art erheitert, wie diese, noch während sie mir das Wechselgeld zurückgab, bereits zum nächsten Kunden aufschaute und ihn schnell fragte: »Et ensuite?«, »Und Sie wünschen?« In der gleichen emsigen Geschäftigkeit, demselben Augenaufschlag und Tonfall fragte vorhin das Töchterchen, noch während es mir das Wechselgeld zurückgab, von mir schon abgewandt den nächsten Kunden: »Et ensuite, Monsieur?« Das ist Bewegungssymbiose. Durch sie sind wir alle von wilden zu zivilisierten Menschen geworden: ›Im Anfang war Erziehung‹.[1]

Der narzißtische Menschenschlag, den ich »idealtypisch« beschreibe, vollzieht die angelernten Bewegungen aus seiner Sozialisation noch immer, doch nur, wenn sie funktional sind und mechanisch ohne innere Beteiligung und Bewegtheit. Diese würden ja eine unbewußte Verschmelzung mit den Menschen anzeigen, die »im Anfang« seines Lebens da waren: Eltern, Lehrer, Partner, Freunde und so weiter. Die Verweigerung der Bewegungssymbiose ist deutlich spürbar und entbehrt nicht der Faszination. Narzißtische Menschen machen ihre Mitmenschen oft ratlos und manchmal neidisch. In ihnen kulminiert die jahrtausendealte Entwicklung des Individuums. Weiter kann die Vereinzelung nicht mehr gehen. Der narzißtische Typus verkörpert die unfreiwillige Befreiung des Individuums aus kollektiven Abhängigkeiten.

Kulminationspunkte sind gleichzeitig Umschlagpunkte. Ein Zurück in die Bewegungssymbiose ist weder möglich noch wünschenswert. Doch in der erreichten Unbeweglichkeit des »freien Individuums« ist jede Lebendigkeit erstarrt. Das lockende Ziel von einst, nämlich die Freiheit des einzelnen, entpuppt sich als zwanghafte Isolierung. Solange die Individuen noch gemeinsam »kollektiv durchblutet« waren, konnten sie ihre Unabhängigkeit ersehnen. Nun ist das Leben des Menschheitskollektivs im narzißtischen einzelnen abgestorben. Im Individuum herrschen Totenstille und bedrückende Leere wie in einem Haus, das früher eine große Familie beherbergt hat und jetzt nur noch von einer Witwe bewohnt wird.

Fremde, angelernte Bewegungen als unser eigenes Leben zu verkennen ist uns nunmehr verwehrt. Wenn wir sie dennoch ausführen, tun wir es ohne die unbewußte Lust, durch sie mit Millionen anderer Menschen leibhaft verbunden zu sein. Von der gesellschaftlichen Perspektive aus betrachtet, sind wir Menschen der westlichen Zivilisation alle narzißtisch: Wir leben im »Zeitalter des Narzißmus«.[2] Wenn ich jedoch spezifisch ein einzelnes Individuum als narzißtisch bezeichne, meine ich darüber hinaus durch persönliche Lebensbedingungen und Anlagen deutlich übersteigerte Formen des heute allgemeinen Narzißmus. Durch diese Unterscheidung werde ich auch dem heutigen Sprachgebrauch gerecht. Wir können die Verallgemeinerung des Wortes Narzißmus ohnehin nicht mehr ändern. Außerdem ist diese sinnvoll, falls wir obige Unterscheidung zwischen einem sozial bedingten allgemeinen und einem individuell bedingten spezifischen Narzißmus im Auge behalten.

Was nun? Wie finden Sie und ich in die je eigene Lebensschwingung hinein, deren Existenz wir aus unserer Angst ableiten können? An diesem Punkt angelangt, muß ich anmerken, daß Alice Millers Buchtitel ›Im Anfang war *Erziehung*‹ eigentlich falsch ist. Denn ganz im Anfang war *Beziehung*. Hätte es die affektive, spiegelnde Nähe einer Mutter nicht gegeben, wären Sie und ich nicht mehr am Leben. Gleichzeitig allerdings begann eine zum Teil destruktive Erziehung, die im Gegensatz zum Wesen der Urbeziehung stand. Hier setzt Alice Miller mit ihrem Buch zu Recht ein.

Zurück zur Frage des narzißtischen Menschentypus: Wie finden wir zu einer Lebensschwingung, die zwar wie alles, was wir tun und sind, auch von außen her beeinflußt, doch in ihrer Kernerfahrung authentisch ist, einer Lebensschwingung, aus der viele lebendig koordinierte Einzelbewegungen fließen können? Wir können die gleiche Frage inhaltlich so stellen: Wie kommen wir dem Selbst als Ursprung und Ziel aller unserer Antriebe und Entfaltungsmöglichkeiten jenseits der trennenden Gegensätze näher? Wir sind zu unserer Selbstentfaltung auf ansteckende Impulse aus der Außenwelt angewiesen. Doch wie kann es Verbindung ohne überhandnehmende Abhängigkeit, Beziehung ohne destruktive Erziehung geben? Im Kulminationspunkt des verabsolutierten Individuums blockiert, stellt der narzißtische Mensch Fragen, die keiner vor ihm stellen konnte, weil nur er um das schier unerträgliche Leid des einzelnen an der Vereinzelung weiß und nur ihm der Weg zurück in die bergende Brutwärme ganz und gar verwehrt ist. In ihm sind gleichzeitig Keime der Selbstzerstörung und Lebenskeime eines neuen Menschen am Werk.

Jede authentische innere Schwingung fängt mit einer fast unmerklichen, feinen, winzigen, leisen Bewegung an: eine vorbeihuschende Regung von Erstaunen, Erkennen, Sehnsucht, brennendem Schmerz und so weiter. Wenn wir diese mit unserer Wahrnehmung »erwischen«, uns sorgsam an sie halten und mit ihr gehen, finden wir nach und nach zu einer seelischen Beweglichkeit und Lebendigkeit, die immer mehr unsere eigene ist und gleichzeitig in Verbindung mit der Außenwelt steht. An die Stelle der früheren Bewegungssymbiose tritt dann die *Bewegungsidentität* als ein Aspekt der offenen Beziehungsidentität. Jede eigene Bewegung braucht in irgendeiner Form eine ihr entsprechende auslösende Bewegung in der Außenwelt: Das Kleinkind lächelt sein eigenes Lächeln zurück ins Lächeln der Mutter; das ist die Ursituation der ansteckenden winzigen Bewegung.

Neulich ging ich in der Umgebung Zürichs einen steilen Weg bergab. Mir entgegen kamen langsam Kinder, die ihre Fahrräder schoben. Unwillkürlich übertrug sich ihr langsamer Rhythmus auf mich, zuerst ganz sachte, dann, als ich mir seiner bewußt wurde, immer kräftiger. Mein Körper entspannte sich, und ein gutes Lebensgefühl breitete sich in mir aus. Ich verlangsamte meine eigenen Schritte. Vorher waren in schnellem Tempo einige Autos an mir vorbeigeflitzt. Jedesmal hatte ich etwas gereizt und mit leichter Abwehr auf sie reagiert; dies realisierte ich erst jetzt. Es war die *gemächliche* Gangart der Kinder, die mich ansteckte und es mir erlaubte, seelisch wieder flüssig und beweglich zu werden. Solche ansteckenden Bewegungen erleben wir viele Male am gleichen Tag, ohne uns darüber Gedanken zu machen. Wenn wir jedoch ihre Bedeutung erfassen, können sie uns zu einer gleichzeitig autonomen und bezogenen seelischen Beweglichkeit führen.

Die uns wesensfremden Beeinflussungen wirken nach wie vor, doch haben sie ihre dominierende Macht über uns verloren. Dieser Vorgang einer belebenden, passenden Ansteckung entspricht der *Leitbildspiegelung,* die ich im nächsten Kapitel erklären werde.

Der narzißtische Menschentypus ist zwar nicht mehr den in der Generationenfolge übernommenen Bewegungsmustern unterworfen, um so mehr aber den *toten Rhythmen* im Zeitalter der Industrie und Computer. Wohl oder übel teilen wir mit diesen unser Leben, doch sind sie weder von ihrer Starrheit noch von ihrem Frequenzbereich her auf uns abgestimmt. Daher schirmt sich der menschliche Organismus unwillkürlich gegen sie ab. Diese Schutzreaktion gegen unsere Motoren, elektronischen Geräte, die automatische Verkehrsregelung und so weiter ist in unserer Zeit zu einer neuen, wichtigen Ursache für den von Wilhelm Reich beschriebenen Körperpanzer und den erwähnten Energiekäfig geworden. Eine schwer vermeidbare Isolierung unserer natürlichen Lebensbewegung ist die Folge davon. Da diese sich nicht mehr ausschwingen kann, werden wir immer mehr von den in uns eindringenden toten Rhythmen bestimmt. Wir werden zu toten Geschöpfen der ohne Rücksicht auf unsere natürliche Beweglichkeit vorwärtspeitschenden oder zügelnden Schrittmacher unseres technischen Zeitalters. Solche unheimliche Disziplinierung zwingt uns in selbstzerstörerische Rhythmen hinein, die viel gefährlicher als die frühere Bewegungssymbiose mit anderen Menschen sind. Diese verband uns immerhin mit lebendigen Menschen, jene jedoch nur mit unseren toten Produkten. Tote, zerstörerische Rhythmen lähmen uns, solange wir uns gegen sie wehren. Wenn wir dann, müde geworden, schließlich vor ihnen kapitulieren und uns ihnen ergeben, elektrisieren sie uns, drehen uns auf, reißen uns in den Strudel hybrider, fiebriger Aufreizung hinein und machen in rauschhafter, negativer Lust das sonst Unmögliche möglich. Jetzt sind wir selbst es, die uns von Termin zu Termin, von Aufregung zu Aufregung, von Kitzel zu Kitzel, von Happening zu Happening, von Grenzüberschreitung zu Grenzüberschreitung anstacheln: ein moderner Weg dionysischer Selbstzerstörung.

Wenden wir uns also wieder der winzigen, weichen Bewegung zu, die den Impuls zur wirklichen Lebendigkeit geben kann. In der unscheinbaren Bewegung dieses Augenblicks können wir die Dynamik unseres ganzen Wesens erfassen, viel präziser und echter, als wenn wir eine ganze Selbstbiographie schreiben würden.

Die eigene Bewegung, die durch eine verwandte Bewegung in unserer Umwelt ausgelöst und verstärkt wird, schafft eine innere Beziehung zum auslösenden Impuls und dadurch auch zur übrigen Welt. Manchmal ergibt sich aus einer so entstandenen inneren Beziehung zu einem bestimmten Menschen auch eine äußere, gegenseitige Beziehung und somit ein gemeinsames Schwingungsmuster, das Elemente des einen und anderen Partners enthält. Dieses ist eine unmittelbar erlebte »Vereinigung der Gegensätze«, in der sich jeder der beiden in einem wichtigen Teil seiner selbst neu findet.

Bei nicht erwiderter Verliebtheit die gemeinsame Schwingung erzwingen zu wollen, ist ein unmögliches Unterfangen und hat selbstzerstörerische Konsequenzen. Wir dürfen eine Begegnung, die uns belebt, nicht ohne weiteres als Aufforderung zu einer Beziehung mißverstehen. Dazu ein Beispiel: Nehmen wir an, Sie lernen einen Menschen kennen, in den Sie sich gleich heftig verlieben. Sie vibrieren im spezifischen Schwingungsmuster, das nur zwischen Ihnen beiden entstehen kann. Nun müssen Sie zu Ihrem Schmerz feststellen, daß der bezaubernde Mensch kein näheres Interesse an Ihnen hat. Nicht, daß er für die gemeinsame Schwingung zwischen Ihnen unsensibel wäre, aber es ist für ihn nicht jene Schwingung, die jetzt zu seiner zentralen Lebensbewegung werden will. Nun haben Sie die Wahl, auf diese Ihnen verwehrte Lebensmöglichkeit bewußt zu verzichten oder sich unbewußt in Ihre unglückliche Liebe hinein zu verlieren. Im letzteren Falle werden Sie das gemeinsame Schwingungsmuster, das Sie so glücklich gemacht hat, bald wieder verlieren und sich vom »geliebten« Menschen auffressen lassen: Sein Leben wird das Ihre bestimmen, wie ich dies im Kapitel ›Tödliche Zweiheit‹ ausgeführt habe. Sich selber fremd, werden Sie sich dann immer zerrissener fühlen. Von einer Einsamkeit sind Sie in die andere geraten, von Ihrer in die seine, und fühlen sich nur noch einsamer und von allen guten Geistern verlassen. Anstelle der Verbindung der Gegensätze leben Sie nur *einen* Gegensatz und nicht einmal den Ihren. Mit anderen Worten: Sie haben Ihre Bewegungsidentität gesucht und sind wiederum in eine Bewegungssymbiose gefallen. Vielleicht haben Sie sich schon als Kind bei einer kühlen Mutter oder einem gleichgültigen Vater eingeschmeichelt und schon damals das Gespür für sich selbst verloren.

Verzichten wir doch auf solche selbstzerstörerischen Manöver! Es ist besser, allein, statt in zehrender Abhängigkeit zu leben. Denken wir nicht gleich wieder an eine neue »große Liebe«, dank der in unserem Leben alles anders werden soll. Sonst befinden wir uns schon wieder auf der Schwelle zu einer Neuauflage der Bewegungssymbiose. Machen wir uns vielmehr durch unzählige, alltägliche Begegnungen nach und nach mit der Dynamik einer winzigen, ansteckenden Bewegung vertraut. So werden wir zu einer anregenden Gestimmtheit gelangen, die im wesentlichen die gleiche wie im geglückten Spannungsaufbau einer längeren Beziehung ist. Inwieweit eine kleine Begegnung uns beglückt, hängt nicht davon ab, ob die Sympathie bei beiden im gleichen Ausmaß da ist. Einzig wichtig ist, daß wir wirklich dabei sind. Dann kommen wir »in Fahrt«, auch über die vielleicht kurze Zeit der Begegnung hinaus.

Ich gehe noch weiter. Das Entscheidende an der »winzigen, ansteckenden Bewegung« ist nie eine äußere Beziehung, die daraus manchmal entsteht und meistens nicht entsteht. Wenn Sie die äußere Beziehung mehr als den inneren, heilenden Impuls suchen, wollen Sie den anderen Menschen für sich *haben.* Dadurch verlieren Sie wieder Ihre anfängliche innere Bewegtheit, die im Kontakt mit ihm entstanden ist. Die Einübung in die winzige, weiche Bewegung fängt heimlich in Ihrer Seele an und muß auch später nicht unbedingt zu einer Beziehung mit dem Menschen, der Ihnen die Bewegung geschenkt hat, führen.

Außerdem kommen heilende Bewegungsimpulse nicht nur von Menschen: Ein Vogel fliegt unerwartet vor Ihnen auf, und schon schließt sich Ihre Seele seinem plötzlichen Aufflug an. Auf einmal befinden Sie selbst sich in einer lebendigen Bewegung, die die Welt einschließt. Alles in Ihnen und um Sie herum wird beweglich: weich und kraftvoll zugleich, wie ein Flügelschlag. Aufmerkend realisieren Sie, daß Sie leben. Sie können jetzt natürlich der Frage nachhängen, warum es gerade ein Vogel war, der Ihre Lebendigkeit geweckt hat. Doch achten Sie vor allem darauf, daß Sie im unbeweglichen Punkt Ihres ziehenden Lebens bleiben. Sonst führt Sie die intellektuelle Neugier ins Abseits der eben erst erwachten Bewegung.

Welche äußere Ihre innere Bewegung ausgelöst hat, ist zweitrangig. Wichtig ist vor allem, daß ein äußerer Bewegungsimpuls sich in eine innere Gestimmtheit gewandelt hat.

Oder Sie erblicken eine junge Frau, die in einem verbindenden Schwung der Schultern, Hüften und Beine lässig, gemächlich dahinschlendert. Vielleicht folgen Sie ihr einige Momente und nehmen das faszinierende Bewegungsmuster in sich auf, natürlich nicht durch äußere, physische Nachahmung, sondern als eine innere entsprechende Gestimmtheit, die ganz Ihnen gehört. Dann, reicher geworden, gehen Sie wieder Ihre eigenen Wege.

Seelische Bewegungen, die aus unserer Mitte quellend Körper und Geist in eine dynamische Einheit bringen, sind immer sanft und weich, auch wenn sie heftige und kraftvolle Gefühle ausdrücken. Weich bedeutet weder schwächlich noch zaghaft. Sogar in der sexuellen Lust, wenn Ihr Leben mit Kraft nach vorne zieht, in den zuckenden Bewegungen Ihres Körpers, außer denen es für Sie nichts mehr gibt, wirkt das Weiche und Runde. Weich ist ein anderes Wort für das in Wellen flutende Leben.

Nicht manipulierte, ganzheitliche Bewegungen sind immer mit der Erfahrung des *ewigen Augenblicks* verbunden. Dieser gleicht einem Punkt, der sich in einem Raum ohne Grenzen bewegt und dessen Bewegung folglich »objektiv« nicht zu definieren ist. Er scheint absolut fest am selben Ort zu bleiben.

Stellen Sie sich vor, Sie befinden sich auf einer Schiffahrt über den Atlantik. Sie haben eine lange Reise hinter und eine lange vor sich. Nirgends ist Land in Sicht. Auf einmal sind Sie nichts anderes mehr als das Gefühl des Fahrens und Gleitens. Sie befinden sich in einem unbeweglichen, fließenden Punkt und ewigen Augenblick. Merken Sie, wie entspannt Sie jetzt sind und wie gut durchblutet Ihr Körper ist? Die Erfahrung des fließenden Punkts im ewigen Augenblick hat eine tiefe, heilende Wirkung, weil sie die Erfahrung des Lebens schlechthin ist. Dasselbe können Sie auf einer langen Autofahrt über wenig befahrene Straßen erleben, und noch mehr auf einer Radtour oder gemächlichen Wanderung. Vermutlich ist Ihnen diese Erfahrung bekannt, und Sie haben sie der guten Stimmung, der schönen Landschaft oder dem Sonnenuntergang zugeschrieben. Dies alles mag mitgespielt haben. Doch jetzt wissen Sie um das Wesen dieser Erfahrung. Sie können sie häufiger zulassen. Mit der Zeit wird sie zu einem tragenden Lebensgefühl, das Ihnen mehr Sicherheit gibt, als eine Partnerschaft oder Weltanschauung geben kann.

Als ich vor über zwanzig Jahren Motorrad fuhr, erlebte ich oft das ziehende Gefühl des Fahrens sinnlich intensiv. In der Bewegung klebten die beiden Räder fest am Boden. Gewissermaßen blieben sie stets am gleichen Punkt. Die intensivsten Bewegungserfahrungen sind gleichzeitig auch Erfahrungen von unübertreffbarer Festigkeit. Eben dies ist das Paradox der fließenden Identität: Je mehr Sie ganz und gar Bewegung sind, desto identischer sind Sie mit sich selber. Die Identitätserfahrung in der Bewegung kann auch bei großen körperlichen Anstrengungen, falls sie rhythmisch geschehen und wir ganz mit ihnen eins sind, erlebt werden, so beim Joggen und auf Bergwanderungen.

Die ganzheitliche Erfahrung der fließenden Identität hat noch eine weitere Eigenart, für mich die bewegendste und zentralste. Wenn Sie im festen Punkt der Augenblicksbewegung Töne, Bilder, Gerüche und sonstige Empfindungen im fließenden Zusammenhang gemeinsam wahrnehmen, erleben Sie mitten in ihrer Fülle das Nichts! Ein Ton, der Sie ohne Hohlräume ganz ausfüllt, ist gleichzeitig Stille; ein Bild, das Sie lückenlos sehen, gleichzeitig Leere. Völlige Ruhe und Bildlosigkeit machen die tiefste Dimension des im Augenblick fließenden Punktes aus. Weil Sie nur Punkt und Augenblick sind, also hier und jetzt sterben und geboren werden, ist das verschlingende Nichts allgegenwärtig. Das *leere Unbewußte* ist Ihnen jetzt bewußt und wird vielleicht bereits im »nächsten Augenblick« wieder in Unbewußtheit versinken, dann nämlich, wenn Sie erneut dem Irrtum verfallen, dies oder jenes sei *das* Leben, *die* Welt. In Momenten tiefster und intensivster Liebeslust haben wir manchmal das Gefühl, im leeren Raum zu schweben: ein Nichts im Nichts. Nie sind wir mit uns so identisch wie jetzt. Die Bewußtmachung des leeren Unbewußten führt zur tiefsten Identitätserfahrung, Identifizierungen dagegen zur Entfremdung.

Diese wohl subjektivste aller möglichen Erfahrungen leitet

uns ins Zentrum der objektiven Realität. Wir haben die Neigung, uns eine Bewegung in statischer Abstraktion wie einen Film, der aus unzähligen Einzelbildern zusammengesetzt ist, vorzustellen. Gerade dies ist Bewegung nicht. Auch unsere Sprache ist oft hilflos, wenn es darum geht, Bewegungen auszudrücken. Vorhin brauchte ich den Ausdruck »im nächsten Augenblick«. Er bildet in sich einen Widerspruch. Um seelische Bewegung auszudrücken, verwenden wir oft Bilder von Bewegungen in der Natur. Allerdings sollten wir nicht vergessen, daß alle unsere Tätigkeiten Bewegungen sind. Daher sprechen wir von Rede*fluß,* von der Arbeit, die uns locker von der Hand *geht,* von seelischen *Bewegungen (Emotionen!)* und so weiter. Doch ist uns der Bewegungsaspekt in allem, was wir tun und sagen, weitgehend unbewußt geworden. Entweder hasten oder erstarren wir. Die bewußte Bewegung im fließenden Augenblick ist ein Wert in sich, ja der zentrale Wert, da sie mit der direkten Erfahrung unserer Lebendigkeit identisch ist. So ist das schwierigste Problem, ein Buch wie dieses zu schreiben, sprachlicher Art. Es gilt, die Seichtheit einer bloß schwärmerischen Bewegtheit wie auch die Naivität des pubertären Dranges zu vermeiden. Daher dürfen wir uns nicht auf Naturbilder beschränken, um den Bewegungsaspekt aller Dinge hervorzuheben. Dem Wesen der Bewegung kommen wir am nächsten, wenn wir sie in paradoxen Gegensätzen ausdrücken: schöpferisches Nichts, Leere und Fülle, ewiger Augenblick, fließender Punkt und so weiter. Auch der Strom eines Kunstwerks lebt von solchen Paradoxen, die dem Künstler quälend und befreiend zugleich gegenwärtig sind.

Die Psychologie darf die Verantwortung, den Menschen die heilende Erfahrung der Augenblicksbewegung zu vermitteln, nicht den bloßen Körpertherapien überlassen. In den analytisch orientierten Psychotherapien und allen Formen der Gesprächstherapie besteht hier oft eine entscheidende Lücke. Diese macht es notwendig, die Psychoenergetik einzubeziehen.

Die Psychoenergetik vermittelt das Gespür für die kritischen Übergänge von einem fließenden in ein stockendes und umgekehrt von einem stockenden in ein fließendes Lebensgefühl und ermöglicht somit die Korrektur seelischer Blockierungen bereits in den ersten Ansätzen. Sie zeigt auf, wie äußere Bewegungsimpulse zu verwandten inneren Bewegungen überleiten können. Auch daraus wird klar, daß eine Psychologie der Bewegung Körper und Seele nicht voneinander trennen kann. Was Sie an einem äußeren »körperlichen« Vorgang bewegt, ist dessen seelische Gestimmtheit, und umgekehrt drückt sich Ihre eigene seelische Gestimmtheit immer unmittelbar in körperlicher Bewegung aus: im Atem, Kreislauf, Stoffwechsel, Bewegungsapparat und so weiter.

Seelische Gesundheit ist nicht zu verwechseln mit seelischer Stabilität, es sei denn, diese beruhe auf der »stabilen« Erfahrung der unaufhörlichen Bewegung. Seelische Gesundheit heißt fließende Identität. Diese entsteht durch unzählige, bewußt erlebte und zugelassene Übergänge von der Stockung in die Bewegung. Übergänge sind nie einfach, obgleich sie jeweils im Rückblick aus der Perspektive der jetzt wieder »vibrierenden Existenz« als das Selbstverständlichste und Leichteste der Welt erscheinen. Der Augenblick ist unser lebenslänglicher Therapeut.

Wie haben Sie heute auf Ihrem Weg zur Arbeit den großen Baum wahrgenommen, an dem Sie jedesmal vorbeikommen? Stand er für Sie unbeweglich, unbezogen, tot in der Landschaft, oder haben Sie unwillkürlich tief eingeatmet, als Sie an ihm vorbeigingen? Haben Sie ihn kaum beachtet, oder vibrierte in der Berührung Ihrer Sinne mit ihm eine leise Verbindung? War das letztere der Fall, brauchen Sie sich nicht zu schämen. Sie haben Ihre Seele nicht in den Baum projiziert, denn frei gingen Sie weiter. Im Baumkörper lebte eine Entsprechung Ihrer Seele. Sie sind der Welt als Du begegnet und haben Ihre Beziehungsidentität erfahren. War es die unendliche Langsamkeit und stetige Kraft, mit der sich der Baum aus den Wurzeln in den Himmel reckt, die Sie bewegt hat? Denken Sie nur wenig darüber nach. Ihre Ansteckung durch den Baum will sich weiter ausbreiten. Bleiben Sie deshalb stärker »am Ball Ihrer inneren Lebendigkeit« als beim äußeren Bild des großen Baumes. Von ihm werden Sie sich bald lösen, ohne dabei der Gestimmtheit verlustig zu gehen, zu der er den Anstoß gegeben hat.

Menschen, die ihren Narzißmus noch nicht in der winzigen, weichen Bewegung befreit haben, sind oft süchtig nach Jugendlichkeit, bei sich selbst und anderen. Der Kult der Jugendlichkeit hält sie davon ab, ihre Lebendigkeit im Tod dieses Augenblicks, das heißt in ständiger Wandlung und Reifung zu suchen. Er dient der Abwehr des Todes. Doch dieser lauert, wie in Oskar Wildes Erzählung ›Dorian Gray‹, für den Jugendsüchtigen als alterndes Bildnis in der Geheimkammer der Verdrängung. Das leere Unbewußte wird für den bedrohlich, der sich vor ihm verschließt. Die Thanatophobie verhindert die winzige, weiche Bewegung, die in den Tod und ins Leben lockt. Naturvölker, die – wenn auch unbewußt – mit dem fließenden Augenblick häufiger identisch sind, machen die schroffe Unterscheidung zwischen jungem und altem Leben nicht. Wichtig ist das Leben an sich, in welchen Formen es auch immer aufbricht. Ob zum Beispiel ein alter Mensch Geschichten erzählt oder Jugendliche am Meeresstrand miteinander Ball spielen, immer ist es das gleiche Leben, das uns anrührt und mitreißen will.

Die Lebensenergie überflutet die Dämme, die die Thanatophobie aufgerichtet hat. Sie trägt uns mit Vorliebe in solche Regionen des Lebens, die wir bisher vermieden haben, falls wir es ihr gestatten. Und immer ist es eine winzige Bewegung, in die wir bloß einzustimmen brauchen, um als lebendige Menschen zu erwachen. In diesem Sinne sagt Laotse: »Das Kleine sehen heißt erleuchtet sein«, und Rumi: »Der Sufi ist ein Sohn des Augenblicks.« – Ein kurzer Spaziergang kann für Sie bedeutsamer als eine Weltreise sein. Entscheidend ist, ob Sie *mitgehen*, das heißt als ganzer Mensch mit Leib und Seele dabei sind. Wenn es in einer Therapie gelingt, über längere Zeit eine ganz kleine, kaum spürbare Lebensschwingung gemeinsam zu nähren und durchzutragen, ist die Heilung nicht Zukunftsmusik, sondern bereits erlebte Gegenwart.

Bei der winzigen Bewegung im energiegeladenen Punkt des Augenblicks beginnt der Abschied von der Selbstzerstörung auch in der heutigen Gesellschaft. So unscheinbar und harmlos dieser Ansatz ist, so riesig und überwältigend ist das menschliche Zerstörungspotential. Unter dem Druck der gemeinsamen Angst vor einer globalen, tödlichen Katastrophe, sei es in einem Atomkrieg oder einem Umweltkollaps, neigen wir immer mehr zur *Psychologie der Haifischembryos:* Diese fressen sich gegenseitig im Mutterleib auf, so daß von etwa sieben nur zwei geboren werden. Die gemeinsame Überlebensangst verbindet die Menschen nicht, sondern trennt sie.

Ängste, die uns gemeinsam bedrücken, machen uns gegeneinander destruktiv. Vor der bedrohlichen kollektiven Destruktivität flüchtet sich der narzißtische Mensch in die Isolierung.
Doch der Aufschub bringt keine Lösung. Die immer mehr
Menschen verbindende neue innere Beweglichkeit muß stärker
als die Notwehr der Bedrückten werden. Der Umschlagpunkt
von der thanatophoben Isolierung zur offenen Bewegungs- und
Beziehungsidentität scheint für das Ganze der Menschheit
nichts zu bedeuten. Doch von diesem Nichts können Impulse
zum Denken und Handeln im psychologischen, sozialen und
politischen Bereich ausgehen. Ich mache die Erfahrung, wie
ansteckend der neue, freie Lebensstil ist, der sich aus der Bewegungsidentität ergibt. Aus diesem Nichts kann das entscheidende Korrektiv zur selbstzerstörerischen Dynamik in unserer Gesellschaft kommen. Durch ein immer dichteres Beziehungsnetz
werden die »*Todeslandschaften der Menschheit*« im Geiste der
erotischen Einstellung zunehmend eingegrenzt. Ein globales
Körpergefühl kann sich entwickeln: das Gespür auch für die
Leiden unseres großen Körpers, der Erde.

Auf diese Weise könnte der *Augenblick des* »*unendlich Kleinen*« (Blaise Pascal) zum »springenden Punkt« in der Menschheitsgeschichte werden. Die großartigen eschatologischen Ent-
würfe der Menschheitsgeschichte in den Religionen und Ideologien haben ausgedient. Einige Menschen hängen ihnen nur
noch aus bloßer Gewohnheit nach. Es gibt immer weniger
ideologisch motiviertes Interesse an Gewerkschaften und Ver-
bänden aller Art. Doch auf eine neue, direkte, von inhaltlichen
Botschaften unbelastete Weise beginnen viele Menschen einander Signale zuzusenden. Es geht dabei, wie gesagt, nicht mehr
um »gute Botschaften« und rettende Theorien, sondern zunächst bloß um Standortbestimmungen: »Hier bin ich – dort
bist du.« Was verbindet dich und mich im Raum zwischen uns
beiden? Zunächst kein gemeinsames Credo und keine gemeinsamen Pläne und Aufgaben. Der Zwischenraum ist leer. Er ist
bloße Beziehung. Diese rührt uns an und läßt eine leise Schwingung zwischen uns entstehen. Wir stehen wieder am Anfang
der Schöpfung vor der Namensgebung. Bevor du dieser oder
jener bist, bist du du: ein Gegenüber, ein Gegenpol, das andere
Ende der Saite, die zwischen uns zu schwingen anfängt. So

beginnen wir wie Narren mit der Walkie-talkie-Kommunika-
tion das Leben neu und verbinden uns im »unendlich Kleinen«
dieses Augenblicks miteinander: »Hier bin ich...«

Der Abschied von der Selbstzerstörung geschieht in der Liebe. Unter Liebe verstehe ich kein passives Gefühl, von dem wir uns zu fernen Inseln des Glücks schwemmen lassen, sondern *schaffende Hingabe:* wache Verbundenheit und aktives Einstimmen in die Melodie, die dich und mich beseelt. Sie ist Da-Sein für den anderen, Verzicht auf das uns beiden Unmögliche und gemeinsame Gefühlspräsenz im Möglichen, jetzt Wirklichen. Sie ist der kleine Klang der Seele mit dem großen Widerhall. In ihr werde ich zu einem Punkt ohne Ausdehnung: zum Schnittpunkt deines und meines Lebens, zu Schweigen und Leere. Doch im Raum zwischen dir und mir schwingt eine Fülle anklingender Akkorde. Liebe bedeutet, ins Dunkle des Nichts treten. Sie ist Musik zwischen zwei Schweigenden, flutendes Licht zwischen zwei Dunkelheiten, Leben zwischen zwei Toten.

In drei Umkreisungen möchte ich Sie an Ihre Erfahrungen mit der Liebe erinnern, damit in deren Bewußtmachung die Liebesfähigkeit wachse. Ich werde Ihren Blick regelmäßig auf die Selbstzerstörung als dunklen Kontrast zur Liebe lenken. Er soll uns davor bewahren, uns in die Liebe zu verlieben, statt uns für die Welt zu öffnen, und uns helfen, die reale Spannung zwischen den aufbauenden und zerstörerischen Impulsen mit wachem Bewußtsein auszuhalten. Ich bezeichne die *drei Umkreisungen der Liebe* als *Leitbildspiegelung, Begegnung mit dem leeren Spiegel* und *Stellvertretung.*

Bevor wir uns in die drei Umkreisungen der Liebe einlassen, erwähne ich *zwei Formen* menschlicher Beziehung, in denen die *Liebe verfehlt* wird. Es sind sogenannte *Spiegelbeziehungen,* die dem *Narzißmus* eigen sind. Ihre Befreiung zur erotischen Einstellung, in der sich die Liebe ausdrückt, geschieht durch die Leitbildspiegelung und die Begegnung mit dem leeren Spiegel, die ersten zwei Umkreisungen der Liebe.

Allgemein gilt für die narzißtische Spiegelbeziehung der Satz Mario Jacobis: »Narzißtische Menschen verkennen die Umwelt als ein Spiegelbild ihrer selbst.«[1] Daher können sie andere Menschen in deren Fremdheit nicht wahrnehmen. Sie kennen die realistische Spannung zu einem verschiedenen Du nicht. Ihre vermeintliche »Liebe« hat deshalb kein Wandlungspotential. Auf diese narzißtische Grundsituation zeigen Menschen zwei verschiedene Reaktionen. Diese sind die *zwei Formen der narzißtischen Spiegelbeziehung.*

Menschen, die die *erste Form* leben, wähnen sich auf andere hin zu öffnen, doch durch die Verwechslung des anderen mit dem eigenen Ich verschließen sie sich immer mehr in ihrer Einsamkeit. Wie Narziß suchen sie sich selber und wissen es nicht. Sie suchen Resonanzräume für ihr Ich und meiden die Begegnung mit dem Fremden, Unbekannten. Ihre Gefahr ist die *Erstarrung des Ich.* Sie gleißen, aber leuchten nicht, blenden den anderen mit ihrem Glanz, um ihn nicht sehen zu müssen. Ihre Ausstrahlung entbehrt der Wärme. Sie stellen sich zur Schau und sonnen sich in der Bewunderung der anderen. Daher leben sie isoliert, jeder auf seinem Stern, wie der Mann, der in den anderen Menschen nur Bewunderer sieht, in Saint Exupérys modernem Märchen ›Der kleine Prinz‹. Nach innen sind sie im übertragenen Sinne das, was die Franzosen eine »porte condamnée«, eine »verdammte Tür« nennen, nämlich verschlossen. Sie schirmen sich gegen ihre eigene Tiefe ab, vor allem gegen das leere Unbewußte, das sie mit ihrer Thanatophobie konfrontieren würde. *Sie füllen die Welt mit ihrem Ich, um sich vor ihr zu schützen.*

Die *zweite Form der narzißtischen Spiegelbeziehung* ist der ersten entgegengesetzt. Sie zeigt, wovor sich narzißtische Menschen, die zur ersten Kategorie gehören, schützen wollen. Menschen, die diese zweite Form leben, sehen ebenfalls in der Welt ein Spiegelbild ihrer selbst, und auch sie wissen nicht darum. Doch setzen sie sich dem Sog des dunklen Spiegels völlig aus. Sie schützen ihr Ich nicht, sondern gefährden es. Ihr Spiegel ist tiefer als in der ersten Form der narzißtischen Spiegelbeziehung. Er verbirgt für sie ein lockendes Geheimnis: das Geheimnis ihres unbekannten Selbst. Wenn sie darum wüßten, könnten sie sich um seine Erschließung bemühen. Dies wäre der Weg der Leitbildspiegelung. Doch verlieren sie angesichts des Spiegels Verstand und Willen. Sie lassen sich von anderen Menschen ansaugen und verschlingen. Ihre Gefahr ist der *Ich-Ver-*

lust. Aus Sehnsucht nach ihrem Selbst entleeren sie ihr Ich in die Welt hinein. Oft schwanken Menschen zwischen der ersten und zweiten Form der narzißtischen Spiegelbeziehung, die sich komplementär sind. Der beschriebene narzißtische Menschentypus ist der Ausgangspunkt für beide Störungen der Beziehungsfähigkeit. Wäre er heute nicht so weit verbreitet, könnten auch die narzißtischen Störungen im engeren Sinne nicht so überhandnehmen.

Auf dem Hintergrund der narzißtischen Störungen verstehen wir die Ablehnung der Spiegelmetapher für die Liebe durch Autoren wie Martin Buber, der schreibt: »Das Reich des flügellahmen Eros ist eine Welt von Spiegeln und Spiegelungen. Wo aber der Geflügelte waltet, wird nicht gespiegelt; da meine ich, der Liebende, diesen anderen Menschen, den Geliebten, in seiner Anderheit, in seiner Selbständigkeit und Selbstwirklichkeit, und meine ihn mit aller Ausrichtungsstärke meines eigenen Gemüts ... Ich verseele mir nicht, was mir gegenüber lebt.«[2]

Fordert Bubers Absage an die »Spiegel-Monologisten« den Verzicht auf die Spiegelmetapher überhaupt, um das Wesen der Liebe zu ergründen? Dieser Verzicht würde bedeuten, daß der narzißtische Mensch keine Erlösungschancen hat, weil sein Schicksalssymbol, der Spiegel, ihn nicht aus der Isolierung führen könnte. Es würde überdies heißen, daß wir alle in unserem tiefsten Selbst nur Einsame und Andere wären, weil es kein Tor vom Ich zum Du gäbe.

Gewiß, der jüdische Philosoph Buber wehrt sich zu Recht gegen die »Verseelung« und »Eintragung«, das heißt Vereinnahmung des Du. Doch kann das Du als Spiegel die Ich-Grenzen sprengen und die offene Identität fördern. Dies ist das Gegenteil der von Buber angeprangerten Vereinnahmung des Du durch die Spiegelmetapher in der Liebe. Wie jedes ganzheitliche Symbol vermag das Bild des Spiegels zu beleben oder zu zerstören, je nachdem, wie wir mit ihm umgehen. Der Spiegel ist das entscheidende Symbol, nicht nur für narzißtisch gestörte Menschen, sondern für unsere »atomisierte Gesellschaft«, die aus isolierten einzelnen zusammengesetzt ist, also für den narzißtischen Menschentypus. Die Lebensenergie des Spiegelsymbols zu erschließen ist daher von größter Wichtigkeit. Seit zehn Jahren schon bewegt mich dieses Anliegen.[3]

Das »*Leiden am Spiegel*«, das heißt entweder die *Erstarrung* oder die *Auflösung des Ich* im Narzißmus, kann nur in der »*Heilung durch den Spiegel*«, das heißt in der *Leitbildspiegelung,* und der *Begegnung mit dem leeren Spiegel* aufgelöst werden. Diese beiden stelle ich folglich als erste Umkreisungen der Liebe vor. Doch muß ich zuvor erklären, was Heinz Kohut unter der sogenannten Spiegelübertragung in der Psychotherapie versteht.[4] Andere haben seinen Ansatz kompetent weiterverfolgt,[5] so daß ich mich auf einen Hinweis beschränke. Die Spiegelübertragung in der Psychotherapie kann in manchen Fällen die Voraussetzung dafür sein, daß ein Mensch zur Leitbildspiegelung und Begegnung mit dem leeren Spiegel fähig wird.

Durch die Spiegelübertragung soll ein entsprechendes frühkindliches Defizit überwunden werden. Sie bedeutet in Kohuts schwieriger Sprache »die therapeutische Wiederherstellung jener normalen Entwicklungsphase des Größen-Selbst, in dem der Glanz im Auge der Mutter, der die exhibitionistische Darbietung des Kindes widerspiegelt, ... das Selbstwertgefühl des Kindes stärken und durch eine schrittweise zunehmende Spezifität dieser Reaktionen das Selbstwertgefühl in eine realistischere Richtung« lenken soll.[6] Es geht auf dieser Stufe also um die Umwandlung des erwähnten »Bewunderers«, den der narzißtische Mensch braucht, in etwas Inneres und Eigenes, nämlich in ein wachsendes Selbstwertgefühl, das vor Ich-Verlust schützt. Doch geschieht die Spiegelübertragung nie isoliert von der realen Beziehung zwischen dem Klienten und dem Therapeuten. Auch der narzißtisch gestörte Klient ist kein Kleinkind, das im Therapeuten einzig und allein die spiegelnde Mutter sieht und dadurch sein Selbstwertgefühl stärkt. *Gleichzeitig* und immer mehr hat jede therapeutische Beziehung auch eine realistische Seite, wie C. G. Jung unterstreicht. Von dieser her sieht der Klient den Therapeuten von allem Anfang an, wenn auch oft nur in kleinsten Ansätzen, als realen Menschen, *nebst* der Projektion seines Größen-Selbst, in der er den Therapeuten in seiner Wirklichkeit verkennt. Diese realistische Seite der Beziehung gilt es zu stärken. So kann die »*Größen-Selbst-Übertragung*« nach und nach in eine *Leitbildspiegelung* überleiten. Das eigene Entwicklungspotential wird dann im realistischen Bild des Therapeuten wahrgenommen und dank dieser Wahrnehmung belebt.

In diesem Buch geht es nicht um die therapeutische Beziehung, sondern allgemein um die Liebe als Gegenkraft zur Selbstzerstörung. Was verstehe ich in diesem weiteren Zusammenhang unter Leitbildspiegelung? In meiner Antwort fasse ich zusammen, was ich andernorts ausführlich beschrieben habe.[7] Die Leitbildspiegelung ist unsere *erste Umkreisung der Liebe.* Nur zusammen mit den beiden anderen kann sie ein einigermaßen umfassendes Gespür für das Wesen der Liebe vermitteln. Diese Einschränkung gilt auch für die beiden folgenden Umkreisungen der Liebe.

Es ist nicht zufällig, daß gerade dieser Mensch Sie mehr als alle anderen zutiefst in Ihrem Gemüt bewegt. Dies hängt zum Teil mit Ihren Projektionen zusammen, die sowohl aus den noch unverarbeiteten früheren Beziehungen zu Ihren Eltern und Geschwistern (Freud) als auch Ihren noch nicht realisierten unbewußten Lebensmöglichkeiten (Jung) stammen. Doch erfassen Projektionen immer auch einen Teil der *Wirklichkeit* des sogenannten Projektionsträgers, also hier des Menschen, den Sie lieben. Die unbewußte Mischung der projizierten Vorstellungen mit einem Kern Wahrheit gibt Ihrer Beziehung etwas Zwingendes und Unfreies. Wird Ihre Beziehung durch unpassende Projektionen zunehmend behindert, etwa weil der andere gegen das Bild, das Sie ihm überstülpen, zu protestieren beginnt, bedeutet das für Sie ein Signal, Ihre Projektionen soweit wie möglich bewußt zu machen und zurückzunehmen und gleichzeitig auch den Kern Wahrheit herauszuschälen, der Sie zur Liebe gerade zu diesem Menschen bewegt. Wenn Ihr Partner Sie jetzt nach der größtmöglichen Rücknahme Ihrer Projektionen immer noch interessiert, belebt, beschäftigt, ärgert, durcheinanderbringt, zum Nachdenken motiviert, bedeutet dies folgendes: Er verkörpert in seinen hervorstechenden Wesenszügen Eigenschaften und Fähigkeiten, die auch in Ihnen schlummern und jetzt unbedingt geweckt werden möchten. In seinem *Spiegel* nehmen Sie ein *realistisches Leitbild* – keine bloße Projektion – für Ihre jetzt angezeigte Entwicklung wahr. Ihre Liebe zu ihm weist Ihnen die Spur zu sich selber: Das ist Leitbildspiegelung. Zwar werden Sie es in den jetzt belebten

Eigenschaften und Fähigkeiten nie so weit wie Ihr Partner bringen, denn immerhin handelt es sich bei ihm um seit früher Kindheit entwickelte und geübte Anlagen. Zum Beispiel werden Sie, falls Sie von seiner Gefühlsstärke fasziniert sind und dank dieser Faszination Ihr eigenes Gefühl entwickeln, nie so gefühlsstark wie er werden. Insofern brauchen Sie nicht zu befürchten, daß die belebende Spannung zwischen Ihnen beiden zusammenbricht und die Liebe erlahmt, wenn Sie Ihrem Partner etwas ähnlicher werden.

Wagen nicht nur Sie allein, sondern auch Ihr Partner diesen Prozeß, wird Ihre Beziehung lebendiger, weil viele sich bisher störende Gegenrhythmen wegfallen. Das Leben beider findet ein neues Entwicklungsgefälle. Das Du ist ebenso unerschöpflich wie das Selbst.

Liebe ohne *gegenseitige Leitbildspiegelung* ist auf Dauer nicht möglich; denn nach den Phasen der ersten Verliebtheit und der zunehmend auch negativen Projektionen haben Sie eigentlich nur die Wahl, Ihre Liebe absterben zu lassen oder die gegenseitige Leitbildspiegelung zu erlernen. Aus dem Gesagten geht hervor, daß es sich bei der Leitbildspiegelung nicht um die äußerliche Nachahmung eines unpassenden Vorbildes handelt. Solange Sie sich selbst frei und schöpferisch fühlen, sind Sie der Versuchung zur bloßen Anpassung und Nachahmung nicht zum Opfer gefallen. Doch ist in diesem Punkt wache Vorsicht geboten. Die Grenze zwischen Anpassung und Leitbildspiegelung ist nie völlig eindeutig zu ziehen, ebensowenig wie die Grenze zwischen Projektion und Leitbildspiegelung.

Das Leitbild, das Sie im Partner sehen, ist für Sie ein *symbolisches* Bild, das heißt, es entspricht nicht photographisch genau der Realität des anderen. Dieser bleibt für Sie geheimnisvoll. Sie merken dies daran, daß er Ihnen ein Leben lang Rätsel aufgibt. Und doch berühren Sie in Ihrer Leitbildspiegelung etwas Wahres in ihm. Das merken Sie an der neuen Gefühlsschwingung, die zwischen Ihnen beiden entsteht, wenn Sie die Leitbildspiegelung üben.

Im Gegensatz zur Projektion geschieht die Leitbildspiegelung bewußt. Natürlich bleibt in jeder Beziehung jederzeit viel Unerklärliches und Beunruhigendes: Neue Projektionen tauchen auf und geben Ihrer Partnerschaft Salz und Pfeffer. Doch deren eigentliche Entwicklung geschieht in der gegenseitigen Leitbildspiegelung. In eben dem Augenblick, da Sie in einer kleinen körperlichen oder seelischen Bewegung Ihres Partners – etwa in einer flexiblen Kehrtwendung bei einem Streitgespräch – etwas wahrnehmen, was Sie bisher noch nicht aus sich heraus entwickelt haben, nehmen Sie diese Bewegung in Ihr Lebensmuster auf; auch Sie werden zum Beispiel flexibler. Dies bereichert Ihr Leben um ein neues Motiv.

Obschon die Leitbildspiegelung in der Partnerschaft ein bewußter Vorgang ist, bedeutet sie doch keine jederzeit abrufbare Methode. Denn nicht sie ist der Ursprung der Liebe; sie fördert bloß deren Verwurzelung und Entfaltung. Wenn diese eine kleine Gebärde Ihres Partners, diese bestimmte Bewegung, diese Tönung seiner Stimme, diese Berührung oder Überlegung Sie nicht im Kern Ihrer Seele trifft und ergreift, sind Sie nicht zur Leitbildspiegelung, zur Umwandlung der äußeren Bewegung in inneres Leben motiviert. Denn die Leitbildspiegelung kann auch ein schwieriger, schmerzhafter Prozeß sein. Wenn wir zum Beispiel seit zwanzig Jahren dank unserer Pedanterie und egozentrischen Sturheit Karriere machen, wird es uns nicht leichtfallen, die Lässigkeit des Partners, die wir je nach Situation als Schludrigkeit ablehnen oder als Lockerheit bewundern, auch in unser eigenes Lebensmuster einzuweben. Meist müssen wir von den Lebensumständen, etwa in einer ernsthaften Krise in der Partnerschaft, arg durcheinandergebracht werden, bis wir uns dazu entschließen. Und sogar dann tun wir es bloß, wenn Liebe uns bewegt.

Leitbildspiegelung ist kein Programm, sondern ereignet sich nur in der offenen Gefühlspräsenz für diesen Augenblick, in dem wir gemeinsam fließen. Dann weckt jeder im anderen kleine, neue Bewegungen, die uns einander näherbringen und bei allen Meinungsverschiedenheiten Einverständnis schaffen. Dank solcher Leitbildspiegelung mag es uns gelingen, die angstvolle Isolierung des narzißtischen Menschentypus zu überwinden, denn die Öffnung auf die Welt hin bedeutet keinen Identitätsverlust mehr, sondern im Gegenteil eine bewußte Erweiterung unserer Persönlichkeit, die Erfahrung einer offenen, fließenden Identität, die erotische Einstellung. In einer Welt von mechanischen, toten Rhythmen weckt die Leitbildspiegelung das Gespür für lebendige Bewegungen in einem immer vielfältigeren Zusammenspiel. Die Starrheit des Narziß löst sich. Er verwechselt die Welt nicht mehr mit seinem Spiegelbild, sondern kann, sich von ihr abgrenzend, gleichzeitig neue Lebensimpulse von ihr aufnehmen. Darin ist er Jakob vergleichbar, der sich in seinem Kampf mit dem Engel gleichzeitig vom Gegner kämpferisch abgrenzt und ihn doch anlockt, um im Segen seine Kraft zu übernehmen. Diese *Verbindung abgrenzender Selbstbehauptung und aufnehmender Liebe,* die die Leitbildspiegelung kennzeichnet, ist besonders deutlich auf einem großen Freskogemälde von Delacroix in der Kirche Saint-Sulpice von Paris zu erkennen, das Jakobs Kampf mit dem Engel darstellt.

Die Leitbildspiegelung bedeutet also nicht unbewußte Verschmelzung, sondern bewußte innere Verbindung. Daher wird das, was Sie dabei von sich selber erfahren, immer unabhängiger von dem die Leitbildspiegelung auslösenden geliebten Menschen. Auch mit dessen Tod erlischt diese Erfahrung nicht. Dazu zitiere ich den letzten Satz aus Hesses Erzählung ›Demian‹. Demians Freund Sinclair spricht ihn nach dessen Tod aus: »Aber wenn ich manchmal den Schlüssel finde und ganz in mich hinuntersteige, da, wo im dunklen *Spiegel* die Schicksalsbilder schlummern, dann brauche ich mich nur über den schwarzen Spiegel zu neigen und sehe mein eigenes *Bild,* das nun ganz ihm gleicht, ihm, meinem Freund und *Führer.*«[8]

Am Ende einer langen Freundschaft, die der Tod unterbricht, wird Demian zu Sinclairs innerem *Führer,* zu seiner passenden *Leitfigur.* Sinclair erkennt in ihm ein dunkles *Spiegelbild,* das ihm die in seiner Anlage vorgesehene Orientierung gibt. Allerdings gelingt ihm die innere Verbindung zu Demian nur »manchmal«, »wenn er den Schlüssel findet«. Diese Eigenschaft des Punktuellen, Improvisierten, trotz aller Bemühungen nicht Machbaren gehört zur Leitbildspiegelung, weil sie eine Eigenschaft der Lebensbewegung ist.

Rembrandts Selbstportraits zeigen in ihrer chronologischen Abfolge nicht nur den natürlichen Alterungsprozeß des Künstlers, sondern vor allem die immer tiefere Einsicht ins eigene Wesen. Der sich selbst portraitierende Künstler betrachtet sich in einem *Spiegel.* Im geduldigen, konstanten, umfassenden

Hinschauen erfaßte sich Rembrandt so tief und vollständig, wie es einem nur analytisch reflektierenden Geist unmöglich wäre. Dieser Prozeß sieht dem der Leitbildspiegelung ähnlich. Indem sich nämlich der Maler durch aufmerksame Beobachtung neu wahrnimmt, wandelt er sich selbst zu dieser seiner neuen Wahrnehmung hin. Das im künstlerischen Ausdruck erfaßte neue Bild der eigenen Persönlichkeit wird im Fluß seines Erfaßtwerdens ein neues, bewußtes Lebensmotiv des Künstlers: ein Leitbild für seine Entwicklung.

In unserer *zweiten Umkreisung der Liebe* stoßen wir auf den leeren Spiegel. Die *Begegnung mit dem leeren Spiegel* ist die Antwort auf die zu Beginn dieses Kapitels beschriebene zweite Form der narzißtischen Spiegelbeziehung, nämlich auf die Gefahr, sich in einer Beziehung unbewußt ins Du hinein zu entleeren: die Gefahr des Ich-Verlustes. In der Liebe, insofern sie Begegnung mit dem leeren Spiegel ist, entleeren wir uns ebenfalls ins Du hinein. Wie in einem tiefen, dunklen Spiegel verlieren wir uns in ihm, ohne jeden Gedanken an Verwertung, »Verseelung«, Vereinnahmung des Du. Darin liegt ihr Unterschied zur Leitbildspiegelung. Das Du existiert einzig und allein um seiner selbst willen. Die Hingabe ist ohne Eigennutz, also »ich-leer«. Es geht nicht mehr um die Spiegelung eines mir unbekannten eigenen Persönlichkeitsanteils durch das Du, sondern um den Spiegel selbst, die Hingabe an das Du. Der Unterschied zur narzißtischen Störung der Ich-Entleerung liegt in der wachen Bejahung dieser Hingabe, die also nicht unbewußte Verschmelzung, sondern bewußtes Loslassen der alten Identität bedeutet. Das kleine Licht fortwährender Aufmerksamkeit soll uns davor bewahren, mit dem Du, in das hinein wir uns verlieren, identisch zu werden. In der Begegnung mit dem Spiegel ist das Ich nichts anderes mehr als eben diese liebende Aufmerksamkeit für das Du. Natürlich gelingt dies nie vollständig: Wir neigen immer dazu, die Wachheit in einer Liebesbeziehung zu verlieren, also schläfrig, stumpf, uns selber fremd, unbewußt zu werden oder in halbherziger Hingabe mit einem Bein »draußen« bei unseren privaten Interessen zu sein. Doch indem ich diesen zweiten Aspekt der Liebe – die Begegnung mit dem leeren Spiegel – in künstlicher Abstraktion aus dem Ganzen einer Liebesbeziehung heraushebe, können Sie etwas sehr Zentrales an der Liebe begreifen, nämlich ihre *Todesdimension.*

Die Liebesmystiker des Mittelalters haben diesen einen Aspekt der Liebe sehr einseitig gelebt. Uns obliegt es, ihn mit den beiden anderen zu verbinden, doch ohne seine Wichtigkeit zu verwässern. Im Lied eines französischen Troubadours ertönt der Ausruf: »Die tiefen Seufzer haben aus mir einen Toten gemacht.« Liebe ist Tod des Ich. Der Augenblick der Liebe ist eine Schaltstelle des Lebens. In ihm sind wir plötzlich wie »*aufgehoben*«, und zwar im Doppelsinn des Wortes: Es gibt uns nicht mehr; für ganz kurze Zeit wird der Tod zur einzig erfahrbaren Dimension des Lebens. Gleichzeitig sind wir in der Bewegung der Hingabe völlig geborgen. Solche Begegnung mit dem Spiegel führt zur Erfahrung des leeren Unbewußten, während die Leitbildspiegelung in der Belebung des eigenen Lebenspotentials durch das Du zur Erfahrung des kollektiven Unbewußten führt.

Wir begegnen nicht nur bei den Gottesmystikern, sondern auch bei den Liebesmystikern dem Bild des Spiegels. Lieben heißt »in einen Spiegel fallen«, »sich im Augenspiegel der geliebten Frau verlieren«. Die eigentliche Lust kommt aus dem Ver-lust des Ich, das Leben strömt aus dem Tod, die Fülle aus der Leere.

Der französische Dichter Stéphane Mallarmé hat im 19. Jahrhundert an diese Erfahrung des leeren Spiegels bei den Troubadours angeknüpft. Der »Tod des Dichters« ist mit der Geburt des Werks identisch. Narziß stirbt, aber an seiner Stelle blüht die Blume.

Ebenso ist das Werk des Liebenden die Liebe. Sein Blick gilt einzig dem Du. Das Du ist für mich Spiegel seiner selbst, also Spiegel nach innen, ähnlich wie wir vom Auge als Spiegel der Seele sprechen. In der Leitbildspiegelung dagegen ist das Du Spiegel nach außen für den Betrachter. In der Begegnung mit dem leeren Spiegel verliert sich der Liebende in die Tiefe des Du und erfährt im Augenblick der intensivsten Hingabe absolute Freiheit von allen Vorstellungen, Denkstrukturen, Lebensgewohnheiten, sozialen Konventionen. In diesem Moment ist er wirklich nichts anderes als Bewegung, Lebensfluß, lustvolles »Sich-Entsterben«, inhaltslose Energie, fließender Punkt ohne

Ausdehnung. Für Mallarmé ist die Liebe für eine Frau mit der Liebe des Todes identisch.

Der leere Spiegel meint die Todeserfahrung in der Liebe als intensivstes Leben: den »kleinen Tod« nicht nur im sexuellen Orgasmus, sondern in jedem Augenblick, da wir hingerissen durch ein Du alles tun, um *sein* Leben zu suchen. Der Spiegel ist leer, weil wir nicht mehr ihn sehen und uns in ihm betrachten, sondern ihn bereits durchschritten haben und nur noch das Du im Auge haben. Jetzt sehen wir die Rückseite des Spiegels, die mit dem Du identisch ist.

Dies ist die idealtypische Beschreibung eines Vorgangs, den es in dieser Einseitigkeit nicht geben kann. Doch als eigentümliche Tönung der Liebe ist die Begegnung mit dem leeren Spiegel keineswegs eine Utopie, sondern jedem Liebenden bekannt. Nur zusammen mit den beiden anderen Aspekten der Liebe, nämlich der Leitbildspiegelung und der Stellvertretung, läßt sie sich real verwirklichen.

Im Gegensatz zur romantischen Liebe führt die Liebe als Begegnung mit dem leeren Spiegel nicht zur Verfallenheit an den geliebten Menschen, weil sie, wie erwähnt, wache Hingabe ist. Die konkreten »Liebesdienste« auch im gemeinsamen, alltäglichen Leben machen Sie deshalb nie unfrei. Im Gegenteil: im Fluß des ungeteilten Da-Seins erleben Sie das ziehende Gefühl gegenwärtiger Freiheit. So jedenfalls entspricht es dem Wesen der Liebe als Begegnung mit dem leeren Spiegel. Erlebnisse der Unfreiheit rühren daher, daß Sie sich von diesem entfernen.

Der »Tod des Ich in der Hingabe« bedarf der Wachheit, um nicht in selbstzerstörerische Versklavung umzuschlagen. Ob der Troubadour seine Laute schlägt, ein Vertreter des Bhakti-Yogas, das heißt des Yogas der Liebe, oder ein Boddhisatva aus »universalem Mitgefühl« banale Dienste am Mitmenschen leistet, ob der verrückte Franziskus ein Spinnengewebe flickt oder eben: ob Liebende essen, arbeiten, sich umarmen, trauern, lachen oder einsam sinnen: Immer ist die Wachheit der entscheidende Unterschied zu einem regressiven Ich-Verlust.

Die Liebe als leerer Spiegel ist wohl der deutlichste Ausdruck der Psychoenergetik: Es geht um die Ermöglichung des Sterbens in diesem Augenblick, also um die Überwindung der Thanatophobie. In weniger zentralen Anliegen verdankt die Psychoenergetik vieles verschiedenen psychotherapeutischen Richtungen. Außer den mehrfach zitierten muß ich hier die Gestalttherapie F. Perls erwähnen, die das »Gefühlskontinuum« fördert, das heißt den Fluß gefühlsmäßigen Gewahrseins im Hier und Jetzt.[9] Ich erinnere daran, daß die Psychoenergetik keine neue Richtung, sondern nur eine neue, allerdings zentrale Perspektive in der Tiefenpsychologie ist.

Die *dritte Umkreisung der Liebe,* nämlich das *Prinzip der Stellvertretung und Solidarität,* gründet wie die Begegnung mit dem leeren Spiegel auf einer Todeserfahrung. Diese jedoch ist anderer Art. Es geht nicht mehr um die lustvolle Entleerung des Ich ins Du, sondern um Begrenzungen, die Ihnen vom Schicksal aufgezwungen oder einfach gegeben sind, also um Krankheiten, Behinderungen aller Art, oder allgemeiner um natürliche, anlagemäßige Grenzen der Persönlichkeit, sei es bei Ihnen selbst, sei es bei Ihrem Partner. Eben diese schwierigen Grenzen werden zu »Berührungslinien«, wenn wir sie im Geiste der offenen Identität annehmen.

In jeder Liebesbeziehung gibt es bei beiden Partnern viele Beschränkungen. Wir können wie Sisyphos dagegen rebellieren, indem wir die Partnerschaft an die Bedingung der Vollkommenheit des Du knüpfen. Erst dann erleben wir solche Grenzen als unüberwindliche, tragische Todeserfahrungen. Oder wir können uns in den Begrenzungen beider miteinander *solidarisieren,* so daß jeder in bestimmten Bereichen zum *Stellvertreter* des anderen wird. Dann werden die auch durch das größtmögliche Engagement nicht zu überwindenden Grenzen zum Ausgangsort neuer Berührung, neuer Liebe. Das verstehe ich unter dem Prinzip der Stellvertretung und Solidarität. Dieses begrenzt auch die Möglichkeiten der Leitbildspiegelung: Wir können nicht alles vom Partner in uns »verseelen«. Zwar ist unser Entwicklungspotential theoretisch unbegrenzt, weil wir in uns das Wissen der ganzen Menschheit tragen. Doch uns mit diesem zu identifizieren käme einem inflativen Ich-Verlust gleich. Wir würden in die Falle der narzißtischen Spiegelbeziehung treten, in der die Umwelt mit dem Ich verwechselt wird. Der individuelle Tod ist der deutlichste Hinweis auf die konkreten Grenzen, die der Selbstverwirklichung gesetzt sind. Unsere Ahnungen vom Menschsein gehen weiter als unsere individuellen Entfaltungsmöglichkeiten. Und doch können wir uns dank dem gelebten Prinzip der Stellvertretung über die individuellen Grenzen hinaus mit vielem verbinden, was zu entwickeln uns als Individuen verwehrt ist. In dieser dritten Umkreisung nähern wir uns also der *kollektiven Dimension des Eros.* Sie konkretisiert die erotische Einstellung und läßt uns dem *planetarischen Bewußtsein* (Teilhard) näherkommen.

Daraus folgt eine ebenso realistische wie radikale Relativierung des Individuums. Jetzt geht es darum, den Zusammenhang der offenen Beziehungsidentität mit dem menschlichen Kollektiv ins Auge zu fassen. Wir nehmen uns als einzelne so wichtig, daß wir unübersteigbare Mauern um uns aufbauen. Zum Beispiel: Haben Sie Angst vor der sexuellen Hingabe? So wichtig also sind Sie als Individuum, daß Sie Angst haben, in ein größeres Ganzes hineinzusterben! Oder haben Sie Schlafstörungen? Wie großartig muß doch ihr Bewußtsein sein, daß Sie es nicht für einige Stunden auslöschen wollen! Leben Sie am nächsten Tag besser, wenn Sie sich weder in die Sexualität noch in den Schlaf haben fallen lassen? Sind Sie solider geworden, stabiler, unverletzbarer, »unsterblicher«? Ich richte diese Fragen nicht an Sie, weil ich mich ausschließen möchte, sondern weil ich aus Erfahrung weiß, wie leicht es ist, sich aus der »Man-« und »Wir-Form« herauszuschleichen.

Als ich im Januar 1985 auf den Tod krank war, lebte – wie ich eingangs erzählt habe – meine Frau Heike auch an meiner Stelle. Dies war eine Evidenz für uns beide, die keiner Worte bedurfte. Unsere Beziehung gründete eine Zeitlang ganz und gar auf dem Prinzip der Stellvertretung. Die nicht nur äußere, sondern vor allem innere Solidarisierung des Partners kann in kritischen Situationen lebensrettend sein. Der Eros ermöglicht es manchmal, eine Grenze zu überschreiten, die sonst die letzte wäre. In dieser Situation wurde ich mir der völligen Relativität des Individuums und auch der unerhörten Macht des Grenzen sprengenden Eros klar bewußt. Trotz aller Schmerzen und Ängste fühlte ich wohltuende Entlastung, nicht weil ich Lust hatte, mich passiv gehen zu lassen, sondern weil ich eine fatale Täuschung los war, nämlich die einer absoluten, in sich geschlossenen, unsterblichen Individualität. Mein Identitätsgefühl wurde weiter als je zuvor. Es mündete in die Erfahrung einer »kollektiven Ganzheitsidentität«. Bewußt realisierte ich diese Entwicklung allerdings erst nach und nach.

In Teilhard de Chardins Tagebuch las ich folgende hingekritzelte Bemerkung: »Am vordersten Rand der Welle, an der Oberfläche des Werkzeugs, handelt das individuelle Element als Stellvertreter der Gesamtheit, als das *Ganze*. Es trägt die Verantwortung für die Gesamtheit.« Diese Einsicht in das Prinzip der Solidarität und Stellvertretung übt eine belebende Macht aus. Alles, was wir tun, ist gleichzeitig präzis und allgemein, individuell und universal.

Je intensiver Sie den gegenwärtigen Augenblick leben, desto tiefer erleben Sie Ihre Verbindung mit dem Ganzen der Welt. In einem riesigen Kommunikationsnetz sind Sie Empfänger und Sender zugleich. Die Atmosphäre, in der Sie dies realisieren, ist der Eros. Der ungeteilt gelebte Augenblick gibt Ihnen in einem neuen Sinn das Gespür für *geschichtliche Kontinuität.* Die Annahme, die Einstimmung in den fließenden Augenblick entferne vom Gespür für geschichtliche Zusammenhänge, ist falsch. Menschen, die sich wirklich mit dem Augenblick »nach vorne« bewegen, verfügen auch über hilfreiche Erinnerungen an Vergangenes und lockende Phantasiebilder von Zukünftigem. Nur sammeln sie biographische und historische Fakten nicht wie Briefmarken, die sie ins Album des »objektiven« Lebens und der »objektiven« Geschichtsschreibung kleben würden. Erinnerungen und Erwartungen begegnen sich im Schnittpunkt des gegenwärtigen Lebens und verstärken dessen Energiegefälle. Im Gegensatz zu Christopher Lasch[10] sehe ich die Ursache für die Ungeschichtlichkeit des narzißtischen Menschentypus nicht darin, daß dieser einen Kult des Hier und Jetzt betreibt, sondern ganz im Gegenteil, daß er den »kleinen Tod« in der Hingabe an das Hier und Jetzt meiden will. Das von der Gestalttherapie propagierte Hier und Jetzt ist seiner Realisierung noch fern. Ein neues, realistisches, weil auf den Augenblick als das einzig Reale bezogenes Geschichtsbewußtsein würde daraus entstehen.

In meinen Fingerspitzen, die auf den Schreibmaschinentasten hüpfen, also in den Wellenbewegungen dieser Gedanken, ist jetzt mein Leben, sonst nirgends. Doch darin bin ich mit meinem ganzen Leben, mit meiner Vergangenheit und Zukunft und darüber hinaus mit der Lebensenergie und der Welt als Ganzem verbunden. In einem lebendigen Gewebe wechselseitiger Stellvertretung erweitere ich meine Identität über das bloß Individuelle hinaus. Im Punkt des Augenblicks liegt die umfassende Erfahrung des Prinzips von Stellvertretung und Solidarität verborgen.

Im Gespräch mit meinem Freund Thomas, der sich als Arzt körperlich und geistig behinderten Kindern und Jugendlichen widmet, öffneten sich mir die Augen für einige konkrete Aspekte im allgemeinen Prinzip der Stellvertretung und Solidarität. Warum streben Behinderte regelmäßig das an, wozu sie körperlich oder geistig nicht in der Lage sind? Ist dies bloßes Wunschdenken, das in Widerspruch zu ihrer Realität steht?

Behinderte, falls sie in natürlicher Weise gefördert werden, empfinden stärker als wir die »kollektive Ganzheitsidentität«. Das Prinzip der Stellvertretung und Soldidarität ist ihnen selbstverständlich, leben sie doch mit Menschen zusammen, die stellvertretend für sie Funktionen übernehmen, die sie selber nicht ausüben können. Außerdem lernen sie durch Nichtbehinderte auf Umwegen Tätigkeiten auszuüben, die ihnen sonst verwehrt wären. So entwickelte Thomas für einen blinden Jungen ein eigenes Lötgerät, das er trotz seiner Sehbehinderung bedienen konnte. Schließlich nehmen sie durch zuschauende oder zuhörende Solidarisierung an Tätigkeiten teil, die ihnen individuell verwehrt sind. So entwickelte ein Gelähmter große Begeisterung für Fußball. Dies war seine Solidarität mit nicht behinderten Menschen.

Jedes Individuum, nicht nur der Behinderte, erlebt sich als *relativ,* das heißt wörtlich: *bezogen,* wenn es sich seiner Grenzen bewußt wird und diese als fließende Grenzen innerhalb eines Kollektivs erleben lernt. Dadurch verliert es seine *Absolutheit,* das heißt wörtlich: *Losgelöstheit* oder Isolierung. In ihm fließt jetzt die Energie eines überindividuellen, kollektiven Organismus: die Lebensenergie, die individuelle Grenzen durchbricht. Diese Erfahrung ist der Ansatz zum planetarischen Bewußtsein, in dem die unterschiedlichsten Begabungen einander ergänzend zusammenspielen.

In allen Beziehungen, die auf dem Prinzip der Stellvertretung beruhen, ist *Gegenseitigkeit* unerläßlich. Dies zeigt sich sogar in der Arbeit mit Schwerstbehinderten. Auch in einer Partnerschaft darf es keine einseitige Stellvertretung geben. Im gemeinsamen Gespräch können die Partner erspüren, inwiefern in einer konkreten Situation jeder für den anderen auf verschiedene Weise Stellvertreter ist. Die Gegenseitigkeit ist sogar da realisierbar, wo einer der beiden sich in einer äußerst schwierigen Lage befindet. Jederzeit haben beide Partner sich Wichtiges mitzuteilen. Neben der Gegenseitigkeit ist eine weitere Regel wichtig: Das Prinzip der Stellvertretung tritt erst in Kraft, wenn die momentane Grenze dessen, was ich selbst tun kann, erreicht ist. Eine falsch verstandene »Stellvertretung« führt zu Passivität und Abhängigkeit.

Die Urform der Stellvertretung und Solidarität ist die *Generationenfolge*. In den ihnen entwachsenden und erwachsenen Kindern erleben die Eltern ihre Ablösung an der Front des menschlichen Kollektivs. Sie haben nun die Wahl, sich selbstzerstörerisch in Neid, Eifersucht und nörglerischer Kritik einzuigeln oder ihr Leben auf eine Beziehungsidentität hin zu öffnen, in der sie sich organisch mit dem verbinden, was andere auch an ihrer Stelle und solidarisch mit ihnen leben. Entscheiden sie sich für das letztere, wird ihr Lebensgefühl dichter und strömender als je zuvor. Zum Beispiel kann der Blick auf sporttreibende Jugendliche einem alten Menschen deren pulsierende Körperlichkeit intensiver vermitteln, als diese Jugendlichen es vielleicht im Moment selber empfinden. Die größere Bewußtheit führt bei ihm zu einem stärkeren, auch körperlichen Erlebnis, auch wenn es nicht der eigene Körper ist, der sich im Sport auslebt. An die Stelle von Bitterkeit, Neid und Resignation kann so das bewußt geübte Prinzip der Stellvertretung und Solidarität treten. Dank ihm können wir bis zu unserem Tod in der erotischen Einstellung leben, die uns gefühlsmäßig mit der Welt verbindet.

Dieses Prinzip gibt Ihnen ein Gespür zurück, das in der zunehmenden Vermassung der Gesellschaft immer mehr verlorengeht, nämlich das Gespür für die *vielfältigen Ausprägungen des Menschlichen* in den verschiedensten Individuen. Sie lernen zum Beispiel, skurrile, »eigene« Menschen, sogenannte Originale, in einem Gesamtzusammenhang zu sehen und zu schätzen. Solange Sie einen etwas verrückten Menschen in Ihrem Wohnviertel isoliert ins Auge fassen, ärgern Sie sich über seine Beschränktheit. Sobald Sie jedoch die ihm eigene Note im menschlichen Gesamtakkord Ihres Viertels hören können, erleben Sie seine Gegenwart als sinn- und wertvoll. Dank dem Prinzip der Stellvertretung und Solidarität haben Sie den Zugang zu einem Individuum gefunden. Durch Ihre neue Zuwendung ermutigen Sie dieses auf seinem individuellen Weg. Die Verbindung zum Ganzen erschließt uns das einzelne. Das Resultat ist ein Zuwachs an menschlicher Energie bei Ihnen selbst und bei jenen, mit denen Sie sich konkret verbinden.

In einer Partnerschaft nährt das Prinzip der Stellvertretung und Solidarität die Liebe, weil es von starren Rollenverteilungen wegführt. Es motiviert zum flexiblen Zusammenspiel zweier verschiedener, doch in der gleichen Hingabe geeinter Individuen. In Krisen kann Ihnen aus dieser reifen Verbundenheit Sinn und Lebenskraft kommen.

Von der globalen Ausweitung des Prinzips von Stellvertretung und Solidarität hängt die Zukunft der Menschheit ab. Die Angst- und Abschreckungspolitik ist Verrat an der im menschlichen Entwicklungspotential schlummernden kollektiven und planetarischen Dimension des Eros. Wir können lernen, dieses Prinzip nicht nur in den Kleinstgemeinschaften von Partnerschaft und Familie, sondern in der menschlichen Gesellschaft als Ganzes zu fördern, indem wir die politischen Konsequenzen aus ihm ziehen. In unserer bedrohten Zeit ist die Menschheit als große Gemeinschaft der entscheidende Ort, wo unser Eros sich zu bewähren hat. Versagt er hier, wird die Menschheit in einer unvorstellbaren Katastrophe kollabieren und mit sich alle anderen Formen des Eros in den Abgrund reißen: »Wir harren einer Theophanie, von der wir nichts wissen als den Ort, und der Ort heißt Gemeinschaft.«[11]

Mit diesem Zitat aus dem Gedicht C. F. Meyers ›Der römische Brunnen‹ sammle ich die Fragen, Überlegungen, Ausblicke, die uns beschäftigt haben, in den einen Augenblick, der »strömt und ruht«, ohne feste Form und Namen. Im inneren Dialog mit Ihnen erfuhr ich, was Teilhard 1919 in seinem Tagebuch notierte: »Die Wahrheit muß wie ein Rubin sein, glühend unter der Geometrie. Für mich sprudelt das Licht immer im Bemühen, die Wirklichkeit zu bewältigen.« Dieses Buch entstand aus dem Anliegen, unter den vielen Facetten der Selbstzerstörung das eine Grundmuster klar herauszustellen, nämlich die zwanghafte Angst, sich in den fließenden Augenblick hinein zu verlieren, also die Thanatophobie, die alles aufkeimende Leben erstarren läßt, und in deren Umkehrung der Spur des Eros zum Ort der stärksten Strömung, des drängendsten Gefühls, des intensivsten Lebens zu folgen und so die erotische Einstellung zu stärken.

»Muß ich denn fürchten, was andere fürchten?« fragt Laotse. Müssen wir uns dem wachsenden Kollektivzwang zur narzißtischen Absonderung des Individuums fort vom verbindenden Lebensfluß fügen? Gibt es keinen anderen Weg als den des Sisyphos, der den unmöglichen Kampf gegen seine Sterblichkeit führt? Bleibt uns nichts anderes übrig, als wie Tantalos nach immer mehr Konsumgütern zu gieren, obschon wir sie nicht genießen können? Liegt die Lösung der Angst vor dem entfliehenden Leben im Speichern der Energie und im Anfertigen von Energiekäfigen, wo wir uns selbst einengen und zerstören? Müssen wir zerplatzen, um Luft zu bekommen, eine globale Katastrophe inszenieren, um endlich von allem frei zu werden, auch vom Leben? Kann Sebastian, der seinen Mörder sucht, uns den Ausweg aus dem todlosen Dasein zeigen? Und gibt es für den verlorenen Vater, der alles zerstört, um sich nicht hingeben zu müssen, keine Heimkehr?

Dies waren einige der Fragen, die uns in immer nähere und raschere Umkreisungen des Rätsels menschlicher Selbstzerstörung trieben. Je mehr wir uns um dessen Klärung bemühten, desto mehr wandelte sich das Tote, das wir umkreisten, in et-

was Lebendiges: An die Stelle der Todesbewegung der Selbstzerstörung trat die Lebensbewegung des Eros. Mit dem jungen
Törless lernten wir den schwierigen Verrat an dem, was wir für
ewig hielten, nämlich an vergangenen, überlebten Bindungen.
So konnten wir uns auch der Illusion eines immerwährenden
Lebens entledigen. Wir lernten, auf dem Friedhof zu tanzen
und den Tod als Bedingung des Lebens zu lieben. Wir begegne-
ten dem leeren Unbewußten, aus dem wir in jedem Augenblick
neu geschaffen werden. Wir begannen, in die winzige Bewegung des Augenblicks einzugehen, und fanden den Anschluß
an das Ganze. Wir übten uns in die offene Beziehungsidentität
ein und entdeckten die schwingende Gefühlsspannung zur
Welt, in der unser Leben kraftvoll pulsiert. Die Leitbildspiegelung half uns, Lebensimpulse vom Du in eigenes Leben zu
wandeln. In der Begegnung mit dem leeren Spiegel bejahten wir
den lustvollen Tod des Ich in einer Hingabe ohne Eigennutz.
Mit Gustav Aschenbach erfaßten wir die Notwendigkeit, das
Feuer weiterzugeben und nach der überindividuellen Ganzheitsidentität zu streben. Das Prinzip der Stellvertretung und
Solidarität konkretisierte diese in unseren gesellschaftlichen Be-
zügen.

Die *Psychoenergetik* ermöglichte unseren Weg. Denn sie verhindert, daß wir an bestimmten Denkinhalten und Vorstel-
lungsstrukturen kleben bleiben. Unbeirrt folgt sie der überra-
schenden Fährte, die das Energiegefälle des Lebens zieht. Dieser Fährte folgte ich auch in der Auswahl der Geschichten, die
ich Ihnen erzählte: aus meinem Leben, meiner analytischen
Praxis (mit den aus Diskretionsgründen nötigen Verfremdun-
gen), aus der Mythologie, der Mystik, der Literatur vor allem
unseres Jahrhunderts. Die Art, wie ich mit diesen Quellen um-
ging, war ebenfalls vom Anliegen der Psychoenergetik geprägt.
Damit verriet ich meinen Geschichtslehrer aus dem Gymnasium, für den *Bildung* identisch mit dem Wissen um den Ort
war, wo welche Informationen gespeichert sind. Anstelle der
Bildung aus dem Selbstbedienungsladen suchte ich Ihnen das
Leben zu vermitteln, das sich aus dem Kontakt mit Büchern in
mir selbst *gebildet* hatte. Ich strebte dabei bewußt die Begegnung des Subjektiven und Objektiven an – für Sie als Leser und
für mich als Autor. Ich versuchte, sowohl die Position des

abseits vom Leben stehenden Beobachters als auch die unbewußte Identifizierung zu vermeiden, also einerseits die Plastiksprache des reinen Fachbuchs und andererseits das Pathos der unkritischen Bekenntnisliteratur. Ich hoffe, Sie konnten dieses Stück Gratwanderung des Lebens mit mir genießen.

Wenn in einem Bahnhof gleichzeitig und in gleichem Tempo zwei benachbarte Züge anfahren, haben die Reisenden in beiden den Eindruck, stille zu stehen. Den gleichen Eindruck hätten die Fluggäste zweier Düsenmaschinen, die mit tausend Stundenkilometern nebeneinander fliegen würden. Je mehr Sie als Beobachter sich dem Beobachteten nähern, sich mit ihm verbinden und mit ihm bewegen, desto mehr haben Sie den Eindruck der Ruhe, auch wenn Sie sich in großer Geschwindigkeit fortbewegen. Solche Beobachtungen führten in der Physik zur speziellen Relativitätstheorie. Ebenso machen Sie in Ihren intensivsten Lebensbewegungen die Erfahrung tiefster Ruhe, sofern Sie ganz und gar mitgehen: *Sie strömen und ruhen zugleich.* Das Herz eines Augustinus ist so lange unruhig, wie es sich gegen den natürlichen Strom des Lebens, zum Beispiel gegen die Sinnlichkeit, stemmt und nicht in der Lebensbewegung ruht. Erinnern Sie sich an beschwingte Gespräche, an Musik, die Sie mitriß, an Erlebnisse »totaler« Sexualität? Sie waren in angeregtester Bewegung und gleichzeitig tief innerlich ruhig.

Warum wohl gehen in akuten Krisenzeiten Depressionen und Suizide auffällig zurück? In Notlagen schwenken wir in den Lebensfluß ein und schwimmen hellwach mit. Wir haben keine Zeit, uns zurückzusetzen, den Kopf zu wiegen und in nachdenklicher Distanz die Sinnfrage zu stellen. Für kurze Zeit nähern wir uns dann der Weisheit des Zen: Wir sind mit der Lebensbewegung identisch. Die Untergangsphantasien, die viele Menschen unserer Zeit quälen, haben wohl ihre Berechtigung. Doch ihre lähmende Wirkung kommt aus dem Abstand zur Bedrohung. Das Schwelgen in apokalyptischen Bildern zeigt immer eine Distanznahme vom Leben an. Es ist Ausdruck einer destruktiven Thanatophobie, die in Übergangzeiten der Geschichte regelmäßig zunimmt, denn der Kopfsprung in eine neue Lebenswelle macht angst. Es ist einfacher, als moralisierender Prophet den drohenden Untergang auszumalen. Diese

Zeitsituation macht denn auch die Psychoenergetik als Methode zur bewußten Einstimmung in die Lebensbewegung notwendig.

Auch in der Meditation erfahren viele Menschen die Ruhe in der Bewegung. Ich ziehe dem Wort Meditation, das wörtlich »Betrachtung« heißt, den Ausdruck »Sich-Versenken« vor, der den psychologischen Sachverhalt genauer trifft und auch im Buddhismus verwendet wird. Er illustriert, was ich unter »ganz dabeisein« verstehe, und beschreibt die seelische Haltung, durch die Sie mit dem fließenden Punkt des Augenblicks identisch werden, was immer Sie gerade tun. Sie folgen dabei dem allgemeinen *Gesetz der Schwerkraft* und erfühlen in sich den Ort des stärksten Gefälles, der »zügigsten« Strömung, der zentralen Empfindung. Ganz wach *sinken* Sie in Ihr Leben hinein. Sie lassen sich aber nicht willenlos fallen; Sie versinken nicht einfach, bis Sie ertrinken, sondern versenken *sich:* Aktiv gehen Sie mit Ihrem Leben mit, dem Gesetz der seelischen Schwerkraft folgend.

Wenn Sie abends vor dem Einschlafen die nötige »Bettschwere« haben, spüren Sie, wie das Blut in Ihrem Körper kreist, der ganz leise vibriert. Ebenso führt die Haltung des Sich-Versenkens zu einem flüssigen Lebensgefühl: Sie strömen und ruhen, auch im engagiertesten Tun. Das Sich-Versenken vertieft die Erfahrung des gleichzeitig fließenden und zeitlosen Augenblicks.

Jetzt nehmen Sie alles, was Ihnen begegnet, in unverstellter Direktheit wahr. Immer seltener schieben Sie Namen, Begriffe, Vorurteile zwischen sich und Ihre Wahrnehmung. Die Frische der Schöpfung vor der Namensgebung belebt Sie. Sie machen die *Erfahrung der namenlosen* Welt. Was verstehe ich darunter?

Ein Kind erlebt die Welt offen und ungeschützt. Erinnern Sie sich an das Gezwitscher des Vogels, der vor Ihrem Fenster pfiff, als Sie noch Kind waren? Wie intensiv ist diese Erinnerung, ganz anders als das Vogelgezwitscher, das Sie vielleicht in diesem Moment hören. Verfälscht Ihre Erinnerung die damalige Realität? In diesem Falle nicht: Sie hatten noch keine Namen zwischen sich und die Welt gestellt. Das Vogelgezwitscher war noch kein »Vogelgezwitscher«, sondern ... – die intensive Gefühlstönung, die in Ihnen jetzt wieder auflebt, wenn die reinen Töne von damals aus der Erinnerung in die Gegenwart hineinschwingen.

Bald lernt das Kind die Namen der Dinge. Es braucht sie zunächst spielerisch, und die Dinge bleiben wichtiger. Doch nach und nach gewinnen die Namen an Gewicht. Aus den sich verselbständigenden Namen wachsen Auffassungen, Verhaltensweisen, Verpflichtungen, Traditionen: Die inhaltsfreie, energetische Tönung der Wahrnehmung verblaßt. Die Namen gewinnen, und die Dinge verlieren an Gewicht. Im Laufe eines Menschenlebens ersticken die Namen die Dinge, und die Welt stirbt ab.

Die Psychoenergetik geht diesen Weg zurück, doch ohne die ordnende Bedeutung der Namen zu leugnen. Die Begegnung mit der Welt wird wieder zu einer Schöpfung aus dem Nichts. Wir gehen mit Worten nicht mehr wie mit Götzen um, sondern lernen wieder mit ihnen zu spielen. Unsere Sprache wird unmittelbarer, beweglicher, bezogener, weil sie unser Leben nicht verstellt, sondern musikalisch untermalt und mit Gedanken kitzelt. Die erotische Einstellung zur Welt erstarkt.

Grüßen wir zum Abschied *Narziß*, den wir auf unserem Weg begleitet haben. Ist auch er den Weg mit uns gegangen? Hat sich Narziß in uns befreit? In diesem Falle schaut er nicht mehr starr in die Tiefe des Wassers. Dieses bewegt sich, und er bewegt sich mit. Das Wasser ist für ihn kein starrer Spiegel mehr, der wie Eis zerbrechen kann. Wasser kann nicht zerspringen, weil es beweglich ist. Narziß erinnert sich daran, daß er *Sohn des Flußgottes* ist. Er erkennt sich auf eine neue Art. Er versucht nicht mehr, sich nur auf Distanz in einem Spiegel zu begreifen, sondern wagt den Sprung und wird seiner im Strömen des eigenen Lebens gewahr.

Anmerkungen

Kapitel 1
1 E. Fromm, Anatomie der menschlichen Destruktivität, 1974 S. 371.
2 K. Wilber, Wege zum Selbst, 1984, S. 352.
3 G. M. Martin, Weltuntergang, 1984, S. 123.
4 A. Lowen, Narzißmus, 1980, S. 229.
5 Ebenda.

Kapitel 2
1 P. Schellenbaum, Le Christ dans l'Energétique Teilhardienne, 1971.

Kapitel 3
1 C. G. Jung, Symbole der Wandlung, in: Gesammelte Werke, Bd. 1, ⁵1988;
  C. G. Jung, Über psychische Energetik und das Wesen der Träume, 1971.
2 C. G. Jung, Allgemeines zur Komplextheorie, in: Gesammelte Werke,
  Bd. 8, ¹⁵1987.
3 A. Lowen, Liebe und Orgasmus, 1980, S. 290.
4 P. Teilhard de Chardin, Le milieu divine, in: Œuvres, Bd. 4, 1957.
5 H. Kohut, Die Heilung des Selbst, 1979, S. 235.
6 P. Teilhard de Chardin, L'activation de l'energie, in: Œuvres, Bd. 7 1963
  (deutsche Übersetzung des französischen Zitats von mir), S. 183/84.

Kapitel 4
1 P. Noll, Diktate über Sterben und Tod, 1984, S. 273.
2 M. Ferguson, Die sanfte Verschwörung, 1982, S. 309.
3 I. Chang, Le Tao de l'art d'aimer, 1977, S. 49 ff.
4 F. Zorn, Mars, 1977, S. 172/73.
5 Vgl. M. Ferguson, Die sanfte Verschwörung, 1982, S. 299.
6 K. Wilber, deutsche Ausgabe: Wege zum Selbst, 1984 (der deutsche Titel
  entspricht nicht dem Anliegen des Autors).
7 P. Teilhard de Chardin, Brief v. 26. 10. 1952 an P. Leroy, Manuskript.
8 Vgl. A. Freud, Das Ich und die Abwehrmechanismen, 1964.

Kapitel 5
1 A. de Carlo, Vögel in Käfigen und Volieren, 1986, S. 69 (Hervorhebungen
  von mir).
2 L. Thylmann (Hrsg.), Gesänge des tanzenden Gottesfreundes, 1978, S. 89.
3 Zitiert in: K. Wilber, Wege zum Selbst, 1984, S. 40.
4 Vgl. C. Eggenberger, Die Demut überwältigt den Hochmut, in: Neue Zürcher Zeitung vom 21./22. 12. 1985, S. 56.
5 E. Neumann, Tiefenpsychologie und neue Ethik, 1973, S. 32.
6 F. Perls, Gestalt-Therapie, Bd. 1, 1985, u. a. S. 21, 37.
7 T. Mann, Tonio Kröger, 1986, S. 64.

Kapitel 6

1 Das Buch ›Sisyphos‹ von V. Kast erschien erst nach Abfassung dieses Kapitels, doch gibt es keine Überschneidungen mit meinem Hauptanliegen, wohl aber Übereinstimmung in den Punkten, die wir beide angehen. Vgl. auch A. Camus, Der Mythos von Sisyphos, 1959; R. von Ranke-Graves, Griechische Mythologie, Bd. I u. II, 1960; K. Kerényi, Die Mythologie der Griechen, Bd. I u. II, 1966.
2 T. Reik, Aus Leiden Freude, 1983, S. 142.
3 Ebenda, S. 158.

Kapitel 7

1 Vgl. M. Ferguson, Die sanfte Verschwörung, 1982, S. 453.
2 Vgl. P. Schellenbaum, Das Nein in der Liebe, 1984, Kap. 8 u. 13.
3 Ebenda.
4 A. de Carlo, Vögel in Käfigen und Volieren, 1986, S. 70 (Hervorhebungen von mir).
5 Zitiert in: W. Schmidbauer, Die Angst vor Nähe, 1985, S. 194.

Kapitel 8

1 E. Fromm, Anatomie der menschlichen Destruktivität, 1974, S. 303 ff.
2 G. Anders, Die letzte Warnung, in: Psychologie heute, Heft 8/1986.
3 S. Sabetti, Lebensenergie, 1985, S. 289.
4 Lao Tse, Tao Tê King, 1959, S. 97/98.
5 F. Alt, Frieden ist möglich, 1984, S. 90.

Kapitel 9

1 Y. Mishima, Le Japon et l'éthique samouraï, 1985, S. 92 (deutsche Übersetzung des französischen Zitats von mir).
2 Ebenda, S. 33.
3 Ebenda, S. 33.
4 Ebenda, S. 95.
5 Ebenda, S. 30.
6 Vgl. P. Schellenbaum, Homosexualität des Mannes, 1980, 9. Kapitel: ›Die Übermannung des Heiligen Sebastian‹, S. 135 ff.
7 Vgl. J. Hillman, Selbstmord und seelische Wandlung, 1979.

Kapitel 10

1 W. Golding, Herr der Fliegen, 1985, S. 59.
2 P. Highsmith, Der talentierte Mr. Ripley, 1979, S. 77.
3 Ebenda, S. 102 (Hervorhebungen von mir).
4 A. Lowen, Narzißmus, 1983, S. 232.
5 E. Fromm, Anatomie der menschlichen Destruktivität, 1974, S. 306.

Kapitel 11

1 K. Wilber, Wege zum Selbst, 1984, S. 17.
2 Ebenda, S. 140.
3 A. Lowen, Liebe und Orgasmus, 1980, S. 402/403.

4 K. Wilber, Wege zum Selbst, 1984, S. 145 (Hervorhebungen von mir).
5 Homers Ilias, zitiert aus K. Kerényi, Die Mythologie der Griechen, Bd. II, 1966, S. 56.
6 D. Eicke (Hrsg.), Tiefenpsychologie, Bd. 2, 1982, S. 278.
7 E. Fromm, Anatomie der menschlichen Destruktivität, 1974, S. 301.
8 F. Kafka, Die Verwandlung, in: Sämtliche Erzählungen, 1985, S. 56.
9 Ebenda, S. 92.
10 Vgl. S. Sabetti, Lebensenergie, 1985.
11 M. Schär, Seelennöte der Untertanen, 1985.

Kapitel 12
1 G. Benedetti, Todeslandschaften der Seele, 1983.
2 Buddhadāsa Bhikku, Buddhadarma for Students, 1966.
3 Reden des Buddha, 1957, S. 14.
4 Ebenda, S. 55.
5 G. Benedetti, Todeslandschaften der Seele, 1983, S. 97.
6 Reden des Buddha, 1957, S. 55.
7 G. Benedetti, Todeslandschaften der Seele, 1983, S. 132.
8 Ebenda, S. 200.
9 Ebenda, S. 204.
10 Ebenda, S. 227.
11 Zitiert aus: G. Benedetti, Todeslandschaften der Seele, 1983, S. 220.

Kapitel 13
1 P. Schellenbaum, Das Nein in der Liebe, 1984, vor allem S. 152 ff.
2 Zitiert aus dem Programmheft Burgtheater Wien zu Arthur Schnitzlers ›Der einsame Weg‹, Saison 1984/85, H. 7.
3 M. Ferguson, Die sanfte Verschwörung, 1982, S. 98.
4 D. Eicke (Hrsg.), Tiefenpsychologie, Bd. 3, 1982, S. 242.
5 P. Schellenbaum, Die Christologie des Teilhard de Chardin, in: Theologische Berichte, Bd. 2, 1973, S. 266.
6 Zitiert aus: F. Alt, Frieden ist möglich, 1984, S. 87.

Kapitel 14
1 A. Musil, Die Verwirrungen des Zöglings Törless, 1959, S. 37 (Hervorhebungen von mir).
2 H. Hesse, Demian, 1985, S. 160.

Kapitel 15
1 H. Hesse, Der Steppenwolf, 1930, S. 122.
2 P. Watzlawick, Anleitung zum Unglücklichsein, 1985, S. 29.
3 K. Wilber, Wege zum Selbst, 1984, S. 161.
4 H. Ebeling (Hrsg.), Der Tod in der Moderne, 1984, S. 184.
5 Ebenda, S. 187.
6 Zitiert in: K. Wilber, Wege zum Selbst, 1984, S. 388.

Kapitel 16

1 Ovid, Metamorphosen, 1980, 3. Buch, S. 418/19 (Hervorhebungen von mir).
2 Vgl. S. Grof, Geburt, Tod und Transzendenz, 1985, S. 382.
3 M. Buber, Der Weg des Menschen, 1960, S. 17.
4 Zitiert aus: ebenda, S. 39.
5 S. Grof, Geburt, Tod und Transzendenz, 1985, S. 382.
6 K. Wilber, Wege zum Selbst, 1984, S. 114.

Kapitel 17

1 Buchtitel von Alice Miller: Im Anfang war Erziehung, 1981.
2 Vgl. C. Lasch, Das Zeitalter des Narzißmus, 1986.

Kapitel 18

1 M. Jacobi, Individuation und Narzißmus, 1985, S. 29.
2 M. Buber, Das dialogische Prinzip, 1979, S. 181/82.
3 Vgl. P. Schellenbaum, Das Nein in der Liebe, 1984, S. 19ff., S. 142ff., S. 155ff.; P. Schellenbaum, Homosexualität des Mannes, 1980, S. 51ff., S. 99ff., S. 133ff.; P. Schellenbaum, Stichwort: Gottesbild, 1981, S. 7ff., S. 59ff., S. 102ff.
4 H. Kohut, Narzißmus, 1973; H. Kohut, Die Heilung des Selbst, 1979.
5 Das zitierte Buch von M. Jacobi ›Individuation und Narzißmus‹ ist eine schöpferische Verbindung von C. G. Jung und H. Kohut.
6 H. Kohut, Narzißmus, 1973, S. 141.
7 Vgl. Anmerkung 3 dieses Kapitels.
8 H. Hesse, Demian, 1985, S. 214 (Hervorhebung von mir).
9 F. Perls, Gestalt-Therapie, Bd. II, 1985, S. 102ff.
10 C. Lasch, Das Zeitalter des Narzißmus, 1986.
11 M. Buber, Das dialogische Prinzip, 1979, S. 148/49.

Bibliographie

Alt, F.: Frieden ist möglich. München 1984

Anders, F.: Tai Chi Chuan. Bern/München 1978

Anders, G.: Die letzte Warnung. In: Psychologie heute, 13. Jahrgang, Heft 8/1986

Barz, H.: Selbst-Erfahrung. Stuttgart 1973

Battegay, R.: Narzißmus und Objektbeziehungen. Bern 1977

Bauriedl, T.: Beziehungsanalyse. Frankfurt a. M. 1984

Benedetti, G.: Todeslandschaften der Seele. Göttingen 1983

Bhagavadgita. Stuttgart 1955

Bleuler, E.: Lehrbuch der Psychiatrie. Berlin 1975

Buber, M.: Hinweise. Zürich 1953

Buber, M.: Der Weg des Menschen. Heidelberg 1960

Buber, M.: Das dialogische Prinzip. Heidelberg 1979

Reden des Buddha. Übersetzt von Ilse Lore Gunsser. Mit einer Einleitung von Helmut von Glasenapp. Stuttgart 1957

Buddhadāsa Bhikku: Buddhadarma for Students. Bangkok 1966

Camus, A.: Der Mythos von Sisyphos. Hamburg 1959

Capra, F.: Wendezeit. Bern 1985

de Carlo, A.: Vögel in Käfigen und Volieren. Zürich 1986

Chang, I.: Le Tao de l'art d'aimer. Paris 1977

von Ditfurth, H.: So laßt uns denn ein Apfelbäumchen pflanzen. Hamburg/ Zürich 1985

Ebeling, H. (Hrsg.): Der Tod in der Moderne. Frankfurt a. M. 1984

Eggenberger, C.: Die Demut überwältigt den Hochmut. Sakrale Bilderzyklen des Mittelalters. In: Neue Zürcher Zeitung Nr. 297 vom 21./22. 12. 1985

Eicke, D. (Hrsg.): Tiefenpsychologie. Vier Bände. Weinheim/Basel 1982 (Kindlers Psychologie des 20. Jahrhunderts)

Eliade, M.: Kosmos und Geschichte. Frankfurt a. M. 1984

Feldenkrais, M.: Bewußtheit durch Bewegung. Frankfurt a. M. 1978

Ferguson, M.: Die sanfte Verschwörung. Basel 1982

Flach, F. F.: Depression als Lebenschance. Hamburg 1985

Freud, A.: Das Ich und die Abwehrmechanismen. München 1964

Freud, S.: Vorlesungen zur Einführung in die Psychoanalyse. In: Gesammelte Werke. Band 11. Frankfurt a. M. 1940

Freud, S.: Zur Einführung des Narzißmus. In: Gesammelte Werke. Band 10. Frankfurt a. M. 1946. S. 137–170

Freud, S.: Trauer und Melancholie. In: Gesammelte Werke. Band 10. Frankfurt a. M. 1946. S. 427–446

Freud, S.: Das Unbehagen in der Kultur. In: Gesammelte Werke. Band 14. Frankfurt a. M. 1948. S. 419–506

Freud, S.: Abriß der Psychoanalyse. In: Gesammelte Werke. Band 17. Frankfurt a. M. 1941. S. 63–138

Fromm, E.: Analytische Sozialpsychologie und Gesellschaftstheorie. Frankfurt a. M. 1972

Fromm, E.: Anatomie der menschlichen Destruktivität. Stuttgart 1974

Fromm, E.: Die Kunst des Liebens. Frankfurt a. M. 1974

Gandhi, M.: Worte des Friedens. Freiburg i. Br. 1984

Gelpke, R.: Vom Rausch im Orient und Okzident. Frankfurt 1982

Glasenapp, H. (Hrsg.): Pfad zur Erleuchtung. Düsseldorf 1974

Golding, W.: Herr der Fliegen. Frankfurt a. M. 1985

Green, E. und Green, A.: Biofeedback. Freiburg i. Br. 1978

Grof, S.: Geburt, Tod und Transzendenz. München 1985

Hesse, H.: Der Steppenwolf. Berlin 1930

Hesse, H.: Demian. Frankfurt 1985

Highsmith, P.: Der talentierte Mr. Ripley. Zürich 1979

Highsmith, P.: Der Junge, der Ripley folgte. Zürich 1982

Hillman, J.: Selbstmord und seelische Wandlung. Zürich 1979

Jacobi, M.: Individuation und Narzißmus. München 1985

Jung, C. G.: Gesammelte Werke. Olten 1971–1981

Jung, C. G.: Über psychische Energetik und das Wesen der Träume. Olten 1971 (Studienausgabe)

Kafka, F.: Sämtliche Erzählungen. Frankfurt a. M. 1985

Kaplau, P.: Die drei Pfeiler des Zen. Weilheim 1972

Kast, V.: Paare. Stuttgart 1984

Kast, V.: Sisyphos. Zürich 1986

Keilhauer A. und Keilhauer, P.: Die Bildsprache des Hinduismus. Köln 1983

Kerényi, K.: Die Mythologie der Griechen. Zwei Bände. München 1966

Kohut, H.: Narzißmus. Frankfurt 1973

Kohut, H.: Die Heilung des Selbst. Frankfurt 1979

Kübler-Ross, E.: Interviews mit Sterbenden. Stuttgart 1975

Laing, R. D.: Die Stimme der Erfahrung. Köln 1983

Landsberg, P. L.: Die Erfahrung des Todes. Frankfurt 1973

Lasch, C.: Das Zeitalter des Narzißmus. München 1986

Lao-Tse: Tao Tê King. Zürich 1959

Ledergerber, K.: Keine Angst vor der Angst. Freiburg i. Br. 1976

Lem, S.: Lokaltermin. Frankfurt 1985

Lowen, A.: Liebe und Orgasmus. München 1980

Lowen, A.: Narzißmus. München 1983

Lübbe, H.: Neue Apokalyptik und alte Konstellationen. In: Neue Zürcher Zeitung Nr. 80 vom 6./7. April 1985

Mann, T.: Der Zauberberg. Frankfurt 1984

Mann, T.: Der Tod in Venedig. Frankfurt 1985

Mann, T.: Tonio Kröger. Frankfurt 1986

Martin, G. M.: Weltuntergang. Stuttgart 1984

Meister Eckehart: Vom Wunder der Seele. Stuttgart 1966

Mertens, W.: Psychoanalyse. Stuttgart 1981

Miller, A.: Im Anfang war Erziehung. Frankfurt a. M. 1981

Mishima, Y.: Le Japon moderne et l'éthique samouraï. Paris 1985

Mookerjee, A.: Kundalini. Bern 1985